PRINCIPIOS QUE
FUNCIONAN

PRINCIPIOS QUE FUNCIONAN

COLIN POWELL

CON TONY KOLTZ

HarperCollins *Español*

Editora en Jefe: *Graciela Lelli*
Traducción: *Sudaquia*
Edición: *Nahum Saez y Omayra Ortiz*
Adaptación del diseño al español: *www.produccioneditorial.com*

ISBN: 978-0-82970-246-0

Impreso en Estados Unidos de América
16 17 18 19 20 DCI 9 8 7 6 5 4 3 2 1

A

JEFFREY, BRYAN, ABBY Y PJ,

NUESTRO FUTURO

Contenido

PARTE VI: REFLEXIONES

Nota del autor

Me encantan las historias. En el transcurso de mi carrera he reunido algunas muy significativas para mí. La mayoría proviene de mi vida en la milicia, a la que entré a los diecisiete años, como cadete del ROTC (Reserve Officers Training Corps) y en la que permanecí hasta que a los cincuenta y seis años me convertí en un militar jubilado. Otras historias proceden de mi incumbencia como ministro de asuntos exteriores o consejero de seguridad nacional. Y aun otras provienen del mero transcurso de la vida. En este libro, quiero compartir con ustedes una selección de esas historias y experiencias que he vivido con el pasar de los años; cada una de las cuales me enseñaron algo importante sobre la vida y el liderazgo. Se las ofrezco para que las usen como prefieran usarlas.

La Parte I explica mis «Trece reglas», las que han estado circulando desde que fueron publicadas por primera vez en la revista Parade, hace más de veinte años. La Parte II se centra en la importancia de realmente saber quién eres y cómo ser siempre tú mismo. El énfasis de la Parte III está puesto en conocer y cuidar a los demás, sobre todo a aquellos que son tus seguidores. La Parte IV capta mi experiencia en el explosivo ámbito digital que ha transformado al mundo y a nuestras vidas. La Parte V trata acerca de cómo ser un buen gerente y un buen líder. La Parte VI, «Reflexiones», describe serios y divertidos aspectos de mi vida. El epílogo resume de qué trata todo el libro; es acerca de gente en todas sus formas: gloriosas, amorosas y frustrantes.

Como verán, no hay conclusiones ni recomendaciones, solo mis observaciones. Los capítulos son independientes. Pueden leerlos en orden o saltar a cualquiera. Todas las personas tienen lecciones e historias de vida. Estas son las mías. Lo único que puedo decir es que funcionaron para mí.

—Colin Powell

PRINCIPIOS QUE FUNCIONAN

PARTE I

Las reglas

CAPÍTULO UNO

Mis trece reglas

El presidente George H. W. Bush prestó juramento como sucesor del presidente Ronald Reagan el 20 de enero de 1989. Desde ese momento dejé de ser consejero de seguridad nacional, y le pasé la antorcha a mi colega y mentor de toda la vida, el general Brent Scowcroft.

Después de salir de la Casa Blanca, volví al ejército. En abril fui ascendido a general de cuatro estrellas y asumí la dirección del Comando de las Fuerzas Armadas (FORSCOM, por sus siglas en inglés), con sede en Fort McPherson, Georgia, en las afueras de Atlanta. Tenía bajo mi mando a todas las fuerzas despegables del ejército de Estados Unidos, incluyendo la Reserva del Ejército, y estaba encargado de supervisar el entrenamiento de la Guardia Nacional del Ejército. Fui el primer oficial negro del ejército en tener el comando de tropas de cuatro estrellas.

Poco después de asumir el mando de FORSCOM, la revista *Parade*, el conocido suplemento del periódico dominical que cuenta con una audiencia de más de cincuenta millones de lectores, me contactó para realizar una historia de primera plana sobre mí y mi nueva tarea, uno de esos breves artículos personales dirigido a los estadounidenses que leen el periódico los domingos mientras se toman su café. Puesto que la historia fue escrita y el suplemento impreso muchas semanas antes de la fecha de distribución, que era el 13 de agosto, *Parade* no tenía forma de saber que tres días antes de la publicación el Presidente Bush me anunciaría como el próximo jefe militar del Estado Mayor Conjunto. El artículo fue tan oportuno que no pude convencer a todos de que la fecha de publicación fue una mera coincidencia.

Su autor, David Wallechinsky, un periodista experimentado, necesitaba un gancho para cerrar el artículo. Una de mis secretarias, la sargento Cammie Brown, le sugirió que me preguntara sobre un par de docenas de trocitos de papeles colocados debajo del vidrio que cubre mi escritorio: aforismos y citas que he coleccionado o que he escrito a través de los años. David me llamó y me preguntó si podía leerle algunas. Las trece que le leí aparecieron en la nota de recuadro del artículo.

Luego de ser publicadas inicialmente en *Parade* —para mi sorpresa— las trece reglas se popularizaron. Durante los últimos veintitrés años, mis asistentes han repartido cientos de copias de esa lista en diferentes formatos; se han presentado en *PowerPoint* y han sido divulgadas mundialmente por internet.

Estas son mis trece reglas y las razones por las que me he aferrado a ellas:

1. NO ES TAN MALO COMO PIENSAS. SE VERÁ MUCHO MEJOR EN LA MAÑANA.

Bueno, tal vez sí, tal vez no. Esta regla muestra una actitud, no una predicción. Siempre he tratado de mantener en alto mi confianza y optimismo, sin importar lo difícil que sea la situación. Un descanso reparador y el transcurso de solo ocho horas, usualmente reducen la infección. Irse de la oficina en la noche con una actitud de ganador, no solamente te afecta a ti; esa actitud también se transmite a tus seguidores. Esto fortalece su determinación para creer que podemos solucionar cualquier problema.

En la escuela de infantería, se dedicaron a repetirnos constantemente que un oficial de infantería puede lograr cualquier cosa. «No hay ningún desafío lo suficientemente grande para nosotros, ninguna dificultad que no podamos superar». Recordemos a Churchill diciéndole al mundo que los británicos «nunca, nunca, nunca, se rendirán». O la frase más coloquial: «No dejes que los bastardos te desanimen».

«Las cosas van a mejorar. Tú las harás mejores». Nos graduamos creyendo eso y sigo creyéndolo, a pesar de la frecuente evidencia que apunta a lo contrario.

Otra variante de este pensamiento fue inculcada en nosotros: «Teniente, puedes estar hambriento, pero nunca mostrarás hambre; siempre debes ser el último en comer. Puedes estar helándote o exhausto por el calor, pero nunca debes mostrar que estás pasando frío o calor. Puedes estar aterrado, pero nunca debes mostrar el miedo. Tú eres el líder y tus tropas reflejarán tus emociones». Ellos tienen que creer que pese a lo mala que parezca la situación, siempre puedes mejorarla.

Me encantan las películas viejas y de ellas obtengo muchos ejemplos que uso para mi fortalecimiento personal.

La película clásica *The Hustler* [El buscavidas] comienza con una de mis escenas favoritas. Se desarrolla en un salón de billar de Nueva York. Un joven fenómeno del billar, Eddie Felson, interpretado por Paul Newman, ha retado al actual campeón, Minnesota Fats, interpretado por Jackie Gleason. También presentes en la escena se encuentran el empresario de billar, Bert Gordon, un personaje demoniaco interpretado por George C. Scott y un grupo de espectadores.

El juego comienza y queda claro que «fast» Eddie Felson es muy bueno, tal vez estupendo. Y comienza a ganar ventaja sobre Minnesota Fats, juego tras juego, a lo largo de la tarde. Fats comienza a sudar. Los otros se reúnen alrededor para observar. Fast Eddie y su

manager comienzan a olerse la victoria. El rey está a punto de morir,
¡que viva el nuevo rey! Fats, listo para rendirse, mira a Bert como
pidiéndole que lo ayude a terminar con la miseria. Bert simplemente
dice: «Mantente en la lucha, que él es un perdedor». Bert es un
apostador y detecta la debilidad en Fast Eddie: un exceso de confianza del cual puede sacar ventaja. Fats se sigue sintiendo abatido.
Se excusa y va al baño. Luego de lavarse las manos y la cara, sale de
nuevo; parece listo para irse. Le hace señas a su asistente y Fast Eddie
sonríe saboreando la victoria porque piensa que Fats está pidiendo su
abrigo. Pero no es así, Fats extiende su mano para que el asistente le
ponga talco. Luego, con una sonrisa felina dice: «Fast Eddie, juguemos un poco de billar». Y ya conoces el desenlace: aplasta a Eddie.

Muchas veces cuando enfrento una reunión difícil, un encuentro poco placentero, una conferencia de prensa hostil o una vista
malintencionada ante el Congreso, lo último que hago antes de
presentarme es ir al baño, lavarme y secarme las manos y la cara,
verme en el espejo y decirme a mí mismo: «Fast Eddie, juguemos
un poco de billar». Tal vez esté perdiendo, pero no me han eliminado. Un oficial de infantería es capaz de lograr cualquier cosa.

¡Ah! Y una nota aclaratoria: Paul Newman es la estrella de la
película. Al final de la película, hay una revancha en la que vence
a Fats. Yo nunca veo esa escena.

2. MOLÉSTATE, LUEGO SUPÉRALO.

Todo el mundo se molesta. Es una emoción natural y saludable.
Uno se molesta con sus hijos, su pareja, sus mejores amigos, con
sus rivales. Ahora bien, mi experiencia es que permanecer molesto
no es útil. Y esa experiencia fue puesta a prueba por mi colega
Dominique de Villepin, ministro de asuntos exteriores de Francia,
quien nos molestó a mí y a muchos estadounidenses.

Dominique es un diplomático de carrera, graduado de una
de las academias más prestigiosas de Francia, notable historiador

y dotado poeta, y era amigo íntimo del presidente de Francia, Jacques Chirac. Con su cabello plateado, sus trajes y sus corbatas impecables, era toda una figura.

A principios del 2003, el periodo previo a la segunda Guerra del Golfo, hubo repetidos debates sobre el tema en el Consejo de Seguridad de la ONU. La presidencia del consejo conformado por quince países rota todos los meses. A Francia le correspondía la presidencia en enero, con Dominique al mando. Los franceses se oponían vigorosamente a la acción militar contra Irak y se colocaron como líderes de la oposición. No estaban solos. Alemania, Rusia y otro grupo de países se les unieron. Parecía que había más países en contra de nosotros que apoyándonos.

Cada presidente del Consejo normalmente sugiere un tema a discutir durante su período. El tema que Dominique sugirió para una reunión de los quince ministros del exterior que conformaban el Consejo de seguridad fue el terrorismo.

Me sentía intranquilo por esta reunión. ¿Se mantendría en su objetivo? La mayoría de mis colegas en Washington pensaban que los franceses la convertirían en una sesión sobre Irak; una mala idea, ellos no querían que se discutiera a Irak en la mesa de la ONU. Sin embargo, Dominique me aseguró, que la reunión se mantendría enfocada en el terrorismo, y que no habría discusión sobre Irak. Yo acepté su promesa.

La reunión iba bien, hasta que Dominique abandonó la sala para hablar con un amplio grupo de reporteros, donde atacó nuestra posición con respecto a Irak y dejó bien claro que Francia se opondría a cualquier movimiento a favor de la acción militar. Aquello me tomó por sorpresa; las luces de los teléfonos de la Casa Blanca comenzaron a iluminarse. Los noticieros de televisión vespertinos y toda la prensa del día siguiente se encargaron de completar mi vergüenza. A la prensa le encantó la historia, lo cual complicó mi vida en Washington y en la ONU. Estaba furioso y se lo hice saber a Dominique. Mientras tanto, la reacción nacional fue escandalosa.

Los periódicos convocaban a sabotear la compra de vinos franceses y a cambiar el nombre de los quesos franceses por quesos de libertad. En conclusión, Dominique me había arruinado todo.

Dominique estaba muy lejos de ser un mal hombre. Estaba transmitiendo la posición de su gobierno, permanecería como ministro de asuntos exteriores de Francia, y se convirtió en un héroe para aquellos que se oponían a nosotros. Por muchos meses, Dominique fue mi adversario en el tema de Irak, pero yo sabía que no podía tratarlo como a un enemigo.

A pesar de la oposición en la ONU y en otras partes, el presidente George W. Bush se decidió por la acción militar y depusimos a Saddam Hussein.

Como resultado de la caída de Hussein, cuando necesitamos disposiciones de la ONU para restaurar el orden y reconstruir Irak, Francia nos apoyó en seis de estas disposiciones consecutivamente.

En febrero de 2004, la crisis en Haití nos exigió que incitáramos al presidente Jean-Bertrand Aristide a entregar la presidencia e irse del país. Mientras las turbas se iban acercando a su casa, pudimos llevar al presidente Aristide y a su familia al aeropuerto y logramos enviarlo en un avión de Estados Unidos hacia Sudáfrica, en donde pensó que sería bienvenido. Aquello fue un error. Sudáfrica se negó a recibirlo en aquel momento. En medio de la noche, llamé a Dominique para pedirle el favor de que convenciera a alguno de los países africanos francoparlantes a que aceptara a Aristide antes de que nuestro avión se quedara sin combustible. Media hora después, me llamó con una solución, y nuestro ansioso piloto pronto tuvo claras las instrucciones sobre dónde aterrizar con Aristide. Mi colega y amigo acudió a mi rescate.

Luego, enviamos el ejército para estabilizar Haití hasta que la ONU pudiera conformar un grupo de apoyo. Le asignamos el mando a un general de la Infantería de Marina de EE.UU. que en ese entonces tenía un batallón de infantería francesa bajo su comando. Dominique hizo que eso sucediera. Esas acciones favorecían los intereses de Francia, pero él podría habernos hecho las cosas más complicadas si yo lo hubiese convertido en un perpetuo enemigo, en lugar de volverlo un aliado y amigo que solo ocasionalmente se convertía en un adversario fastidioso. Con frecuencia le recuerdo a mi gente que Francia fue nuestro aliado durante la Revolución Americana. Hemos estado casados con los franceses por más de 230... años y en terapia matrimonial por más de 230 años; pero el matrimonio sigue intacto gracias a que compartimos los mismos valores y tenemos creencias similares sobre los derechos humanos, la libertad y la democracia. Los lazos que nos unen son más fuertes que las diferencias que nos separan ocasionalmente.

Hace algunos años, cuando era general de brigada en Fort Leavenworth, Kansas, trabajé para un gran soldado, el teniente general Jack Merrit. Yo era responsable de evaluar cómo debíamos organizar y equipar al ejército en el futuro. El general Merrit y yo nos llevábamos muy bien, pero un día él tomó una decisión que consideré injusta, carente de visión y completamente errónea. Pedí hablar con él. Cuando nos vimos y le dije lo que pensaba, él escuchó pacientemente sin mostrar ningún tipo de emoción. Después de terminar mi diatriba, él, puso su mano sobre mi hombro y me dijo tranquilamente: «Colin, la mejor parte de estar molesto y decepcionado es que se te va a pasar. Que tengas un buen día». Tenía razón, me sentí mejor luego de liberar mi rabia y sí se me pasó.

Jack Merrit no fue el primero en darme esta lección. Originalmente la había aprendido, muchos años antes, en Alemania, cuando era un joven primer teniente y oficial ejecutivo de la compañía. Un día me enfrasqué en una pelea a gritos por teléfono con otro oficial y perdí los estribos. Mi comandante, el capitán William Louisell, observaba mi comportamiento. Cuando colgué, me dijo: «Nunca más actúes de esa forma en mi presencia ni en la de cualquier otra persona». Para cerciorarse de que aprendiera la lección, escribió en mi evaluación: «El joven Powell tiene problemas con su temperamento, pero está haciendo un gran esfuerzo para controlarlo».

El comandante me reprendió, pero también me dio un salvavidas. Todos estos años he trabajado muy duro para asegurarme de que, cuando me moleste, lo supere rápidamente y nunca pierda el control de mí mismo. Excepto con algunas excepciones que no vienen al caso, me ha ido bastante bien.

3. EVITA QUE TU EGO ESTÉ TAN ALLEGADO A TU POSICIÓN QUE CUANDO TU POSICIÓN SE DESMORONE, TU EGO CAIGA CON ELLA.

Esto lo aprendí de un par de abogados. En 1978, mientras trabajaba como asistente del ministro de defensa Harold Brown durante el gobierno de Carter, tuve que actuar como árbitro en una acalorada disputa sobre un asunto confuso. La sala de conferencias del ministro Brown estaba atestada de gente, y tuve que sentarme a la cabeza de la mesa a escuchar a dos abogados atacándose entre sí. Rápidamente repasaron los méritos y deméritos del asunto, y a medida que el debate continuó, para uno de los abogados se convirtió en una cuestión personal. Poco a poco se fue molestando más, hasta llegar al punto de enredarse en una discusión sobre la manera en que lo afectaría el resultado. Perdí la paciencia y suspendí el debate. Ya había escuchado suficiente. Resolví el asunto a favor del otro abogado, basándome en las fortalezas de su presentación y razonamiento.

El individuo que perdió tenía apariencia de abatido, al punto que incomodaba a todos los que nos encontrábamos allí. El otro abogado lo miró y le dijo: «Evita que tu ego esté tan allegado a tu posición que cuando tu posición se desmorone, tu ego caiga con ella». En otras palabras, acepta que tu postura era defectuosa, no tu ego.

Eso no significa que no discutas con pasión e intensidad. Durante el tiempo que Brown fue ministro, W. Graham Claytor era viceministro de la defensa, y yo era su asistente en materia militar. Graham era un viejo malhumorado de Virginia, duro como el acero, con mucha experiencia ejecutiva en el gobierno y en el sector privado. Antes de ser viceministro había sido ministro de la marina y en su vida privada había sido un abogado distinguido, presidente de la Southern Railway y de Amtrak. Yo había visto a Graham enfrentarse a cualquiera con el fin de defender su posición. Si perdía un argumento, no dejaba de ser un aguerrido defensor de la postura que el ministro Brown hubiera decidido.

Yo instaba a todos mis comandantes subordinados y a mi personal a sentirse libres de discutir conmigo. Mi consejo era sencillo: «Disiente de mí, hazlo con sentimiento, trata de convencerme de que estás en lo correcto y de que yo estoy cometiendo un error. Me lo debes; por eso estás aquí. No te sientas intimidado con mis argumentos. Llegará algún momento en que habré escuchado suficiente y entonces tomaré mi decisión. En ese momento espero que ejecutes mi decisión como si fuera la tuya, sin débiles adulaciones proferidas a regañadientes, sin andar murmullando; desde ese momento nos movemos todos juntos para hacer el trabajo que tenemos que hacer. Y no discutas más conmigo a menos que tengas nueva información o que yo me dé cuenta de que me he equivocado y reanude la discusión. La lealtad es enérgica en el desacuerdo, pero también es fiel en la ejecución. La decisión no tiene que ver contigo ni con tu ego; tiene que ver con obtener el mayor número de información, analizarla y tratar de llegar a la respuesta adecuada. Todavía te aprecio, así que moléstate y luego supéralo».

Ninguno siguió este consejo tan bien como el coronel de la marina Paul «Vinny» Kelly, mi asistente en asuntos del Congreso cuando fui director el Estado Mayor Conjunto. El trabajo de Vinny era llevarme al Congreso tantas veces como pudiera para testificar, conversar con los miembros, empujar al personal y hacer todas las demás cosas que te ponen en un buen lugar con la gente que distribuye los fondos públicos. Comprendía la importancia de la actividad, pero Vinny siempre me presionaba para hacer más. A veces entraba a mi oficina al final de la tarde, luego de un día agotador, y me presionaba para que asistiera a otra reunión del Congreso que yo no consideraba necesaria. Solíamos tener discusiones que terminaban con: «Vinny, acaba y lárgate de aquí». Él se iba decepcionado, pero aceptaba mi decisión. Al día siguiente regresaba con nuevos argumentos de por qué debía ir al Congreso. Muchas veces esos argumentos lograban convencerme. Vinny sabía que «el «lárgate de aquí» no era un asunto personal. Su ego no se veía afectado por lo que sucediera. Él aceptaba mis decisiones, pero de igual forma sabía que su trabajo era protegerme y, por ello, si consideraba que él tenía la razón y que yo estaba equivocado, preparaba nuevos argumentos. Él también conocía la primera regla: «Se verá mucho mejor en la mañana». Vinny era un tesoro. Cuando me convertí en ministro de asuntos exteriores, lo saqué de la cancha de golf en la que disfrutaba de su jubilación y lo convertí en viceministro del exterior para asuntos legislativos.

4. ES POSIBLE HACERLO.

Esta cita se encuentra en una placa que tengo sobre mi escritorio. Me la dio. Fue un regalo del gran humorista Art Buchwald. De nuevo, tiene que ver más con la actitud que con la realidad. Tal vez no sea posible hacerlo, pero siempre debes comenzar creyendo que es posible hasta que los hechos y el análisis demuestren lo contrario. Enfrenta cada tarea con una actitud positiva y entusiasta. No te rodees de escépticos que te contradicen a la menor provocación. Pero tampoco excluyas a los escépticos y colegas que te ofrecen argumentos sólidos en contra. «Es posible hacerlo» no debe transformarse en un enfoque ciego por lograrlo, porque te hará chocar una vez tras otra contra la pared. Trato de ser optimista, pero también trato de no ser bobo.

5. TEN CUIDADO CON LO QUE ESCOGES; PODRÍAS OBTENERLO.

Nada original con respecto a esta. No te desboques por las cosas. Sí, hay ocasiones en las que el tiempo y las situaciones te fuerzan a tomar decisiones rápido. Pero generalmente hay tiempo para evaluar las opciones, darles la vuelta, pensarlas a lo largo del día y la noche, y considerar las consecuencias. Tendrás que vivir con tus decisiones. Algunas malas decisiones pueden corregirse. Hay otras que no podrás cambiar.

6. NO PERMITAS QUE LAS ADVERSIDADES SE ATRAVIESEN EN EL CAMINO DE UNA BUENA DECISIÓN.

El liderazgo superior usualmente es un asunto de un excelente instinto. Cuando enfrentes decisiones difíciles, tómate el tiempo disponible para recolectar toda la información que pueda orientar a su instinto. Infórmate lo mejor que puedas sobre la situación, tus oponentes, los activos y las deudas, tus fortalezas y debilidades, las amenazas y los riesgos. Selecciona distintos caminos posibles de acción y luego pon a prueba la información que has obtenido contra cada una de las opciones y analiza los resultados. A menudo, solo análisis de los hechos te indicará la opción correcta. Con mayor frecuencia, tu juicio tendrá que seleccionar el mejor camino a seguir. Este es el momento en que debes usar tu instinto para tomar la decisión correcta. El momento en que debes emplear tu educación, tu experiencia y el conocimiento de las circunstancias externas que tu personal desconoce. El momento en que confrontas tus miedos, tu ansiedad y tu confianza en ti mismo. Es aquí donde te ganas tu sueldo y tu posición. Tu instinto en este momento no es una suposición al azar o una corazonada. Es un instinto que sabe, por tu larga experiencia, cuáles son los factores más importantes y cuáles son aquellos factores adversos que, más allá de lo desfavorables que sean, pueden hacerse a un lado. Como dice el dicho: «El buen juicio es resultado de la experiencia, y la experiencia proviene del mal juicio».

En la víspera del *día D*, el general Eisenhower enfrentó una de las decisiones más difíciles que cualquier comandante militar haya tenido que tomar. El clima estaba incierto, por lo que lanzar una invasión con mal tiempo sería condenarla al fracaso. Pero su meteorólogo predecía una posible mejora para el 6 de junio de 1944. Había estado recolectando información y planificando la operación por meses. Se la sabía de memoria. En la soledad que solamente los comandantes conocen, tomó su decisión. Escribió un mensaje en el que aceptaba toda la responsabilidad si la invasión fracasaba. Sin embargo, su instinto informado le decía: «Es ahora». Estaba en lo correcto.

En las últimas semanas de la Guerra Civil, el ejército del Potomac —del general Grant— sitió Petersburg y estaba comenzando a acorralar lentamente al ejército del general Lee, del norte de Virginia, para aplastarlo del todo. Una noche, uno de los oficiales despertó a Grant para informarle con urgencia: «Hemos recibido información de que el ejército de Lee se está movilizando con planes de atacar uno de nuestros frentes». Grant se frotó los ojos, pensó por un momento y luego le dijo: «Eso no es posible», y se durmió de nuevo.

Ambos generales pudieron haberse equivocado y la historia los hubiese tratado diferente. Eisenhower era un oficial de estado mayor magistral y un excelente administrador, pero también era un gran líder. Él sabía cuándo confiar en su instinto. Grant no hizo un juicio rápido aquella noche. Él conocía a Lee, lo había estudiado como hombre y soldado, y sabía las fortalezas y las crecientes debilidades del ejército del norte de Virginia. Su instinto estaba bien informado y le tomó solamente un minuto para concluir: «Eso no es posible».

Habrá momentos en los que un factor adverso podría paralizarte. No permitas que te detenga completamente hasta que hayas pensado al respecto, lo hayas desafiado y hayas buscado otra opción para resolverlo. Y si concluyes que lo que obtendrás será suficientemente grande como para superar las consecuencias de ese factor adverso, decídete y ejecútalo.

Sin buscar compararme con Eisenhower ni con Grant, en diciembre de 1989, pocos meses después de convertirme en director del Estado Mayor Conjunto, enfrenté una situación similar, aunque más pequeña, sobre la que tuve que tomar una decisión. La noche del primero de diciembre hubo un intento de golpe de estado contra la presidenta filipina Corazón Aquino. Fui de prisa al centro de comando del Pentágono a observar lo que estaba sucediendo. A la presidenta Aquino le preocupaba que la fuerza aérea se uniera al golpe de estado y bombardeara el palacio presidencial. Así que llamó a la Casa Blanca y nos pidió que bombardeáramos las bases aéreas cercanas para evitar que aquello sucediera. Recibí instrucciones de la sala de crisis de la Casa Blanca para ejecutar la operación. Mi experiencia me decía que sería una misión fácil si usábamos los jets F-4 Phantom de la base aérea Clark. Mi experiencia también me decía que morirían filipinos y habría daños colaterales a propiedades. Independientemente de cómo terminara el golpe, los filipinos nos criticarían por la pérdida de vidas y los daños a las propiedades. Mi instinto me dijo que tal vez había una mejor manera de lograr el objetivo de la misión, y era evitando que el palacio fuera bombardeado. El almirante Hunt Hardisty, nuestro comandante en el Pacífico, se encontraba en Washington y se me unió en el centro de comando. La alternativa que se nos ocurrió fue decirles a los pilotos de los F-4 que despegaran y sobrevolaran las bases aéreas filipinas de manera que se mostrara que existían «intenciones hostiles extremas». Si de todas formas cualquier avión se movía hacia la pista, tendrían que disparar enfrente de la nave o hacer un cráter en la pista. Si alguno despegaba, entonces lo derribarían. Los aviones filipinos permanecieron en tierra y el golpe terminó pocas horas después.

Si algún avión hubiera podido despegar, bombardear el palacio y matar a la presidente, mi experiencia y mi instinto me habrían fallado.

Durante la crisis, fue imposible entrar en contacto con el ministro de la defensa de Filipinas, Fidel Ramos. Cuando todo terminó, finalmente pude hablar con él y explicarle lo que habíamos hecho. Él nos agradeció mucho que no ejecutáramos el bombardeo.

Siempre que he enfrentado una decisión difícil, he optado por evaluar primero la situación. Es un proceso militar con el que estoy familiarizado. ¿Cuál es la situación? ¿Cuál es la misión? ¿Cuáles son las opciones que tenemos? ¿Qué diferencia existe entre una y otra? ¿Cuál parece tener la mayor posibilidad de éxito? Ahora bien, sigue tu instinto informado, decide y ejecuta contundentemente; invierte todas tus fuerzas y energía en tu decisión. Luego respira profundo y espera que funcione, recordando que «la esperanza es una pésima cena, pero puede convertirse en un suculento desayuno».

7. NO PUEDES TOMAR LAS DECISIONES DE LOS DEMÁS. NO PERMITAS QUE OTROS TOMEN LAS TUYAS.

En la milicia nos enseñan a asumir la responsabilidad «por todo lo que tu unidad hace o deja de hacer, y por todo lo que haces o dejas de hacer». Ya que al final la responsabilidad definitiva es tuya, asegúrate que la decisión es tuya, y que no está respondiendo a la presión ni a los deseos de los demás.

Esto no significa que tu decisión tenga que ser tomada en completa soledad. Busca los consejos de otros, pero ten en cuenta que siempre hay gente a tu alrededor con todo un arsenal de consejos y que están seguros de cómo debes decidir. En la mayoría de los casos, tus decisiones los afectan a ellos, por lo que tratan de llevarte en la dirección que más les conviene. Nunca olvides que tu instinto informado es usualmente la base más sólida para tomar una decisión.

Por supuesto, la decisión no siempre es tuya. En el ejército, por ejemplo, el cumplimiento del deber requiere en ocasiones la aceptación de esa realidad.

En 1985, fui seleccionado para ser comandante de la división de infantería en Alemania. Deseaba muchísimo la posición, pues es el sueño de todo oficial de infantería, y además, estaba ansioso por volver a comandar tropas. Sin embargo, el ejército decidió que debía permanecer en el Pentágono, sirviendo como asistente militar de alto rango del ministro de la defensa, Caspar Weinberger.

Un año después, pude irme del Pentágono y comandar tropas en Alemania, incluso una unidad más grande. Estaba muy emocionado, pero luego de seis meses, me enviaron a Washington para asumir el cargo de ayudante del asesor de seguridad nacional. Como parecía que aquello sería el fin de mi carrera militar, me resistí. Ya que era un cargo tan importante, pregunté: ¿No debería llamarme el presidente? Me llamó, y dejé mis tropas. Once meses después, me nombraron asesor de seguridad nacional por el resto del mandato del presidente Reagan.

Es difícil criticar las decisiones que el ejército tomó por mí. La mayoría de ellas resultaron espléndidas. Sin embargo, he tenido más libertad para seguir mi instinto y tomar mis decisiones desde que dejé el ejército.

Es fácil que uno tome una posición nada más porque la propuesta es halagadora. Cuando dejé el Departamento de estado, me sentí halagado por las ofertas que recibí para altas posiciones en grandes corporaciones, la mayoría de ellas en el mundo financiero. La recompensa monetaria era impresionante y las responsabilidades no eran demasiadas. Me dijeron que no necesitaba saber nada sobre banca, finanzas o instrumentos financieros exóticos como fondos especulativos y sus derivados. Contaría con expertos para ayudarme. Un banco de inversión me presionó mucho, ofreciéndome sueldos y posiciones cada vez más altas. Las ofertas eran muy tentadoras.

Yo entendía el valor financiero y social de esas posiciones, pero mi instinto me decía que no debía aceptarlas. ¿Me querían por lo que podía hacer por ellos? O ¿les interesaba más bien por la fama que podría generarles? Mi instinto me decía que me pasaría funcionando de trampolín para atraer clientes y fungiendo de anfitrión de cenas. Y la verdad era que no tenía ninguna experiencia relevante ni conocimiento del negocio, y no sentía ningún interés de aprenderlo. Me importaba muy poco el mundo financiero. Al final del día, prefería mi flexibilidad e independencia. Ellos estaban tratando con mucho afán de tomar una decisión por mí, pero preferí aferrarme a mi opción.

Uno de mis mejores amigos me ayudó a confirmar lo que me decía mi instinto. Le expliqué cada una de las ofertas mientras almorzábamos y al final me dijo: «¿Por qué quieres ponerte la camiseta de otro? Tú tienes tu propia marca. Mantente libre y vístete con tu propia camiseta».

Al final, resultó que no solamente mi instinto estaba en lo cierto, sino que también fue profético. Muchas de las recompensas monetarias que rechacé resultaron ser cuentos de hadas. Algunas de esas firmas que me ofrecieron altos cargos, fracasaron o quebraron durante el estallido financiero del 2008 y la subsecuente recesión. ¡Qué mucho me alegró haber esquivado esa bala!

Esas tentaciones no tienen comparación con las decisiones que tuve que enfrentar en 1995, dos años después de jubilarme del ejército. En esos dos años, me alejé del mundo público, disfrutando de mi vida privada, escribiendo mis memorias y dando conferencias alrededor del país. Sin embargo, con la publicación de mi libro, tuve que hacer una gira de seis semanas de promoción, en las que me volví más público que nunca. Las multitudes eran abrumadoras. Nunca me imaginé que tendría aquellos resultados. Y el asunto de si correría o no para un puesto político surgía en cada presentación. La gente estaba hablando sobre una postulación como presidente, como un candidato a la presidencia. Yo me sentía enormemente halagado.

A pesar de que nunca había tenido ambiciones políticas, toda esa atención me obligó a sopesar si debía postularme. Me debatía en cuanto a qué hacer. ¿Qué era lo mejor para mí, para mi familia, para el país? Busqué el consejo de amigos y expertos, y escuché con mucha atención a nuevos amigos que me alentaban a lanzarme. Un fuerte instinto me decía que tenía la obligación y la responsabilidad de postularme. Tenía algunas ideas sobre la dirección que debía seguir el país y sobre cómo arreglar lo que yo veía que estaba dañado. Pero no estaba seguro, porque un instinto igual de fuerte me advertía que buscar la presidencia sería una decisión nefasta para mí.

Los dos meses en que tuve que pelear con esa decisión fueron probablemente los más difíciles de mi vida. Tenía un gran conflicto interno, perdí peso, tenía problemas para dormir. Mi familia estaba dividida entre ambas opciones, lo que no facilitaba para nada la decisión. Mis amigos más cercanos me decían que no me postulara, pero estaban dispuestos a colaborar si decidía tomar ese camino. Ellos me conocían tan bien como yo a mí mismo y sentían que una campaña presidencial no era lo adecuado para mí.

Sin embargo, yo tenía que tomar la decisión. Lo que me llevó a la decisión final fue el hecho de que ninguna mañana me levanté queriendo ser presidente, ni con la pasión y energías necesarias para tener una campaña exitosa. Yo no era una figura política. No era yo. Cuando acepté lo que mi instinto me trataba de decir, la opción estuvo clara y la decisión fue fácil.

Casi todos los días me preguntan si tengo algún remordimiento. La respuesta es no. Esa fue mi decisión, la decisión de mi familia y la decisión correcta. No tengo ningún tipo de remordimientos, ni razones para pensarlo de nuevo. Lo superé y encontré otras actividades que satisfacen mi necesidad y deseo de servir a mi país. Decepcioné a muchas personas, pero hice feliz a otras. Fue mi decisión. Tenía que ser así.

8. REVISA LOS PEQUEÑOS DETALLES.

Todos conocemos el viejo proverbio que comienza así: «Por falta de un clavo…».[1] Esto nos recuerda cómo las pequeñas acciones pueden acarrear grandes consecuencias.

A fin de cuentas, el éxito depende de los detalles; de muchísimos pequeños detalles. Los líderes tienen que estar pendientes de los pequeños detalles, tienen que ser sensibles a lo que sucede en las profundidades de una organización compuesta por pequeñas cosas. Mientras más alto sea tu cargo, más aislado estarás por la pompa y el personal, y más difícil y necesario será estar al tanto de lo que está sucediendo seis pisos más abajo.

Una de las formas es escapándote del último piso y sus pertrechos, y bajar a las entrañas en busca de la realidad. No le avises a nadie que pasarás por allí. Evita avisos previos que ocasionen limpiezas de último minuto, frenéticos preparativos y presentaciones de PowerPoint. Sí, hay veces que debes dar muchos avisos para que la gente se prepare para la visita. Pero siempre he preferido simplemente aparecer allí y dar una vuelta para ver cómo están las cosas. Un taller con mecánicos sucios, repuestos regados por todas partes y ningún jefe en el horizonte me dice más sobre el estado de ese lugar que cualquier reporte formal.

Cuando inspeccionaba los cuarteles de los soldados, miraba debajo de las literas y revisaba lo que había en los casilleros y en los baúles militares (desaparecidos hace mucho tiempo; ahora las tropas viven en unos cuarteles que parecen dormitorios de universidades). También me daba un paseo por las letrinas. No solo para ver que estuvieran limpias, sino también para ver si faltaba papel de baño, si había algún espejo roto o si faltaba algún cabezal en las duchas. Encontrar cualquiera de esas situaciones de inmediato me decía muchas cosas: la unidad tiene pocos recursos de mantenimiento, nadie está revisando estas cosas para arreglarlas o las tropas no están siendo supervisadas lo suficiente. Hay que hallar la causa y tomar las medidas necesarias.

Detestaba encontrar rocas blancas marcando el camino. Y el olor de pintura fresca me decía que alguien había averiguado que iría. Las galletas acabadas de hornear eran otra señal.

Una vez en Corea, nos enteramos de que el almirante que comandaba las fuerzas del Pacífico visitaría nuestro puesto y caminaría por el área de mi batallón. Yo estaba encantado. Vivíamos en unas asquerosas y antiguas barracas prefabricadas modelo Quonset; y no podíamos conseguir repuestos para las estufas ni pintura para el exterior. Como no teníamos mucha pintura, me ordenaron que pintara únicamente la parte del frente del comedor por donde el almirante iba a pasar y que dejara la parte trasera sin pintar. Tan pronto pasamos por allí, él notó la pintura fresca. La pintura estaba tan fresca en comparación a todo lo demás que había visto, que no se dejó engañar. Debimos habernos sentado con él y decirle nuestros problemas en lugar de obligarlo a actuar como un detective.

Los seguidores y las tropas viven en el mundo de los detalles. Los líderes tienen que descubrir maneras —formales e informales— para descubrir lo que hay en ese mundo. Además de darme una vuelta, recurría a un grupo de observadores informales que tenían contacto directo conmigo para darme los detalles que de otra forma no podría obtener. Ellos también me decían si me había equivocado o si me habían tomado el pelo. En los comandos militares, esos eran mis capellanes, mi sargento mayor de comando y su red, mi inspector general y los soldados de las fuerzas armadas que asistían a las noches de «puertas abiertas». En mi posición en el Consejo de seguridad nacional y en el gobierno, siempre tuve amigos externos y agentes internos que merodeaban en la organización y me mantenían informado. Los líderes tienen que conocer con exactitud la realidad, no solamente lo que les llega a través de los reportes y el personal.

Un día en el Departamento de estado, alrededor de las dos de la tarde, me encontraba dando unas vueltas y me encontré con una mujer que salía del edificio. Aparentemente ella no me reconoció o simplemente no me dejó saber que me había reconocido. Le pregunté por qué se estaba yendo tan temprano. «Trabajo con horario flexible», me dijo. «Comencé a las siete de la mañana».

Aquello generó mi curiosidad, ya que no sabía mucho sobre horario flexible. Me puse a conversar con ella sobre cómo funcionaba el horario flexible para ella y sus compañeros. De esa forma me enteré mucho más sobre el programa de lo que me hubiera dicho mi personal. Me di cuenta de que era un buen programa, digno de ser expandido. Mientras tanto, ella seguía sin saber quién era yo.

Para pincharla le dije:

—Ahh, me encantaría poder tener horario flexible, ¿cómo lo conseguiste?

—Pregúntale a tu supervisor inmediato —me respondió ella.

—Lo haré el lunes, cuando él regrese de Camp David —le dije.

Sin hacer pausa alguna, me dijo:

—Bien. Espero que lo obtengas.

Ella salió por la puerta y yo me quedé parado sin saber si me había engañado. Pero aprendí sobre el horario flexible, algo que para mí era una cosa pequeña, pero que para ella y muchos de mis empleados era importante.

9. COMPARTE EL RECONOCIMIENTO.

Cuando algo sale bien, asegúrate de compartir el reconocimiento con toda la organización. Hazle saber a tus empleados que fueron ellos quienes lo lograron, porque lo fueron. Envía premios y reconocimientos, haz llamadas y manda notas, cartas, dales palmadas en la espalda, sonrisas y ascensos; cualquier cosa que se te ocurra para compartir el reconocimiento. La gente necesita ese reconocimiento y aprecio tanto como necesitan comida y agua.

Para nosotros en el mundo militar son muy importantes las ceremonias de cambio de mando, donde el comandante que sale le transfiere la responsabilidad de la unidad a un nuevo comandante mediante la entrega de los colores pertinentes. Estas ceremonias son una celebración de los comandantes. Las tropas son formadas en el campo de desfile. Los funcionarios llegan y los dos comandantes dicen sus palabras. El que se va es reconocido y se le da un premio. Las tropas permanecen de pie y escuchan, usualmente bajo el sol.

El teniente general Hank «el Pistolero» Emerson, uno de los generales más pintorescos, y uno de mis comandantes favoritos, no era muy aficionado a esas ceremonias. Cuando asumí el comando de mi batallón de Camp Casey en Corea, él era mi comandante de división. En esa ceremonia de cambio de mando, por insistencia suya, únicamente dos comandantes con su personal y los comandantes de la compañía se pararon en medio del campo. Ninguna tropa se paró detrás de ellos, pero los invitaron a sentarse en las gradas para ver cómo el comandante antiguo le pasaba al nuevo los colores del batallón. No hubo discursos. Me fascinó.

Unos años después, llegó el momento para el Pistolero de entregar el mando del XVIII Airborne Corps en Fort Bragg, Carolina del Norte, hogar de la famosa 82ª División Airborne. El protocolo y las expectativas requerían la ceremonia tradicional, con miles de tropas. En aquel momento, yo era comandante de brigada en la 101ª División Airborne en Fort Campbell, Kentucky, que formaba parte de su cuerpo. Él me pidió que fuera a Fort Bragg y que comandara la formación en su ceremonia de entrega de mando y jubilación.

Luego de haber practicado la ceremonia a la perfección, llegó el día. Mientras esperábamos parados bajo el sol a que la ceremonia comenzara, el Pistolero me llamó para recibir nuevas órdenes. Me pidió que regresara a la formación y ordenara que todos los oficiales dieran media vuelta para quedar de frente a sus tropas. Luego ordenaría que los oficiales saludaran a sus soldados. Realizamos la ceremonia y los oficiales voltearon como se les había indicado y saludaron a las tropas. Fue un momento muy emocionante. Aquel gesto era la única forma de demostrarles realmente que su éxito pertenecía a todos los soldados que habían estado bajo su comando.

Es el gesto humano el que cuenta. Sí, las medallas, la opción de comprar acciones, las promociones, los bonos y el aumento de salario son buenos. Pero para poder llegar a la gente, uno necesita hacer algo que los toque. Unas palabras amables, una palmada en la espalda, un «bien hecho» a cada uno de ellos —en lugar de enviar un email colectivo— son las mejores formas de compartir el reconocimiento. Es la manera en que le llegas a los sueños, a las aspiraciones, a las ansiedades y los miedos de los que te siguen. Ellos desean ser cada vez mejores, y un buen líder les deja saber cuando lo han logrado.

Cuando las cosas salen mal, es tu culpa, no la de ellos. Tú eres el responsable. Analiza cómo sucedió, toma las medidas necesarias para corregirlo y sigue adelante. Nada de castigos masivos ni flagelaciones. Despide gente si lo consideras necesario, entrena más duro, insiste en desempeños del más alto nivel, sermonéales si eso ayuda a zarandear al grupo. Pero nunca olvides que los fracasos son tu responsabilidad.

Comparte el reconocimiento, asume la culpa y silenciosamente busca y corrige las cosas que salieron mal. Un psicoterapeuta que tenía una escuela para niños severamente perturbados tenía una regla: «En cualquier momento en que atribuyes la culpa de tus acciones a otra persona que no eres tú mismo, estás dando una excusa, no una razón». Esta regla aplica a todo el mundo, pero en especial para los líderes.

10. MANTENTE CALMADO. SÉ AMABLE.

Pocas personas toman decisiones acertadas y viables en una atmósfera de caos. Mientras más seria sea la situación y mientras más se acerque la fecha límite, más nerviosos se pondrán todos y comenzarán a rebotar como agua sobre un sartén caliente. En esos momentos trato de establecer un ambiente de calma, pero mantengo el sentido de urgencia. La calma mantiene el orden y lo restablece cuando se quiebra, nos hace considerar todas las posibilidades y previene que las personas empiecen a pelear a gritos.

Estás en medio de en una tormenta. Al capitán le toca estabilizar el barco, mantener a la vista todos los indicadores, escuchar a todos los líderes de departamentos y guiarlos a través de la tormenta. Si el líder pierde la calma, se perderá la confianza que existe en él y el pegamento que mantiene todo unido comenzará a ceder.

Evalúa la situación, actúa rápidamente, sé decisivo, pero mantén la calma y nunca dejes que los otros se percaten de tus esfuerzos.

El ambiente de calma es parte de un espectro emocional que me esfuerzo en mantener.

Yo trato de tener, y cualquier líder debería intentar tener, una zona de emociones saludables. Dentro de esa zona, uno puede estar algo irritado, algo molesto o ser algo cariñoso. Dentro de tu zona, te sientes calmado (la mayoría del tiempo). Te mantienes interesado. Te preocupas por los demás, pero también mantienes cierta distancia. Eres consistente y, por lo general, predecible (lo que no significa que seas aburrido y monótono, ni que nunca vayas a sorprenderlos ni que nunca vayas a reventar y a regañar fuerte a alguien). Tu equipo conoce muy bien cuál es tu zona y cómo comportarse de acuerdo a ella.

A veces *sí* reviento. Y a veces mis explosiones son acertadas y justificadas.

Una vez, en aquellos días en que se bebía mucho en el ejército, no sabía qué hacer con tantos incidentes de soldados manejando embriagados. Yo era comandante de brigada. Un sargento se encontraba frente a mí para ser castigado por haber manejado ebrio. Era una ofensa grave. Él sabía que podría bajarle de rango y multarlo. Me rogó que lo dejara ir. Me dijo que mi castigo, y no sus acciones, afectarían a su familia, no a él. Entonces exploté. Era él quien estaba lastimando a su familia, no yo. Me levanté de mi asiento y le di un golpe al escritorio tan fuerte que el vidrio que lo cubría se destrozó. Mi equipo vino corriendo a rescatar al sargento, sorprendidos de que el simpático y tranquilo comandante hubiera perdido el control. Francamente, me sentí bien, y no me disculpé para que tuvieran presente que podría suceder de nuevo.

He explotado en otras ocasiones, pero nunca he vuelto a romper el vidrio de otro escritorio. He aprendido a expresar mi desagrado extremo y fuera de mi zona de comodidad sin tener que destruir pertenencias del gobierno.

En medio del «calor de la pelea», ya sea militar o corporativo, la amabilidad, al igual que la calma, tranquiliza a los seguidores y hace que mantengan su confianza. Ser amable te permite conectarte con el ser humano a través de un nexo de mutuo respeto. Si te ocupas de tus seguidores y les muestras cariño, ellos recíprocamente se preocuparán por ti. No te abandonarán ni te dejarán fracasar. Lograrán cualquier cosa que les encomiendes.

11. TEN UNA VISIÓN. SÉ EXIGENTE.

Los seguidores necesitan saber a dónde los están llevando sus líderes y con qué propósito. Misión, objetivo, estrategia y visión son términos convencionales que una organización selecciona para señalar lo que se quiere lograr. Estas son palabras muy útiles, pero yo prefiero otro término: *propósito*. Fíjate con cuánta frecuencia te topas con esto: «sentido de propósito», «¿cuál es el propósito?», «tiene un propósito».

El propósito es el destino de una visión. Energiza esa visión, dándole fuerza y empuje. Debe ser positivo y poderoso, y debe estar enfocado en los aspectos más nobles de la organización.

Los líderes deben implantar su sentido de propósito en el corazón y el alma de cada uno de sus seguidores. El propósito comienza con el líder que está a la cabeza, y por medio del liderazgo contagioso, dinámico y apasionado, es transmitido a toda la organización. Cada seguidor tiene su propio propósito en la organización que se conecta con el propósito del líder.

Hace un tiempo vi un documental sobre el edificio Empire State. Durante casi toda la hora, el documental fue un recorrido por las maravillas del rascacielos; su historia y estructura: cuántos ascensores tiene, cuánta gente ha trabajado allí o lo ha visitado, cuántas oficinas corporativas tiene y cómo fue construido. Pero al final, el documental dio un giro interesante. La última escena mostraba un cuarto debajo del sótano, con aspecto similar a una caverna, que estaba lleno de cientos de bolsas negras de basura. Eran los desperdicios diarios de todo el edificio. Frente a las bolsas de basura se encontraban cinco hombres en ropa de trabajo. Su tarea, su misión, su meta era lanzar todas esas bolsas de basura en los camiones que se encontraban esperando afuera.

La cámara se enfocó en uno de los hombres, mientras el narrador le preguntaba: ¿Cuál es tu trabajo? La respuesta para cualquier persona era obvia, pero el hombre sonrió a la cámara y dijo: «Nuestro trabajo es asegurarnos de que mañana, cuando gente de todas partes del mundo venga a este maravilloso edificio, todo brille, esté limpio y luzca fantástico». Su trabajo era cargar bolsas de basura, pero conocía su propósito. Él no sentía que era solo un recogedor de basura. Su trabajo era vital y su propósito se mezclaba con el del gerente del edificio, ocho pisos más arriba. Su propósito era que esa obra maestra de la arquitectura siempre acogiera e impresionara a sus visitantes, como lo hizo el día de su inauguración, el 1 de mayo de 1931. Para poder lograr su propósito, la gerencia del edificio necesita que todo su equipo realmente crea en eso, como el caballero sonriente en el sótano.

Los buenos líderes establecen visiones, misiones y metas. Los grandes líderes inspiran a cada uno de sus seguidores, en cualquier nivel, a internalizar el propósito general y comprender que su propósito va mucho más allá de los meros detalles de su posición. Cuando todos estamos unidos en un propósito; un propósito que sirve no solo a la organización sino también, esperamos, al mundo más allá de sus paredes, entonces tenemos un equipo ganador.

Hace poco tiempo, hablé en una conferencia para los líderes de una compañía de valoración de crédito. Todo el enfoque de la reunión era lograr reducir las pérdidas, eliminar las solicitudes de alto riesgo, depurar la mala deuda y acelerar los procesos. Todas esas metas son esenciales para el éxito de la compañía, les dije, pero todas son negativas y poco inspiradoras. ¿Acaso el propósito real de la compañía no es conseguir personas adecuadas para darles crédito? ¿No es su propósito ayudar a la gente a comprar casas, educar a sus hijos y planear su futuro? ¿No es de eso que debía hablarse en esta conferencia?

La misión corporativa de Google es idéntica a su propósito: «organizar la información del mundo para hacerla universalmente accesible y útil». Los fundadores se propusieron servir a la sociedad y crearon una compañía extraordinariamente exitosa.

Para lograr su propósito, un líder exitoso debe establecer niveles exigentes de trabajo y asegurarse de que se cumplan. Los seguidores quieren que su unidad sea bien vista por los demás. Nunca vi una buena unidad que no se esforzara para cumplir con las más altas exigencias. El esfuerzo muchas veces estaba acompañado de quejas sobre el esfuerzo requerido. Pero cuando se alcanzaba el nuevo estándar, los seguidores celebraban chocando las manos, con orgullo y deleite juguetón.

Los estándares deben ser alcanzables (aunque el alcanzarlos siempre va a exigir un esfuerzo adicional) y los líderes tienen que proveer los medios para llegar allí. El enfoque siempre debe consistir en ser cada vez mejor. Siempre tenemos que buscar la mejor manera.

12. NO ACEPTES CONSEJOS DE TUS MIEDOS NI DE TUS DETRACTORES.

Esta regla tiene una larga historia. Puedes rastrearla hasta Marco Aurelio, Andrew Jackson, Theodore Roosevelt, Winston Churchill y cientos de otros. Probablemente la historia más conocida es la del discurso inaugural de Franklin D. Roosevelt: «A lo único que debemos temer es al temor mismo».

El miedo es una emoción humana normal. No es en sí mismo mortal. Podemos aprender a estar atentos cuando nos invade y podemos aprender a operar a través de él y a pesar de él. Si, por el contrario, no comprendemos que el miedo es una emoción normal que debe ser controlada y superada, nos paralizará y nos dejará varados en el camino. En ese momento dejaremos de pensar claramente o analizar racionalmente. Tenemos que prepararnos para él y controlarlo; sin dejar que nos controle a nosotros. Si lo logra, no podemos liderar. Si lo llega a hacer, no podemos liderar.

Nunca olvidaré el miedo que sentí la primera vez que estuve en terreno de combate. En 1963 era el consejero de un batallón de infantería vietnamita. Estábamos caminando uno detrás del otro siguiendo un camino por un bosque, cuando fuimos asaltados por el fuego de armas cortas de una emboscada enemiga. Nosotros respondimos con disparos y los enemigos del Viet Cong rápidamente se dispersaron por el bosque. No duró más de un minuto, pero un soldado murió. Lo envolvimos en un poncho y lo cargamos hasta que conseguimos un lugar donde el helicóptero pudiera aterrizar. Aquella noche, mientras trataba de dormir en el suelo del bosque, me consumía la idea de que al día siguiente probablemente volveríamos a ser emboscados. En efecto, así fue. De las entrañas me nacía el temor ante la idea de que yo podría ser el próximo en morir. Era más alto que los vietnamitas y, como consejero estadounidense, era un objetivo más valioso. Yo sobresalía.

Aquella mañana, y todas las mañanas, tuve que usar mi entrenamiento y autodisciplina para controlar mi miedo y seguir avanzando; al igual que todos los vietnamitas, al igual que cualquier soldado desde la antigüedad. Sin embargo, como líder, no podía mostrar miedo. No podía permitir que el miedo me controlara.

Hay detractores por todas partes. Ellos piensan que están en la posición más segura. Tienen puesta la coraza más fácil de portar. Y puede que su negatividad sea acertada y que la realidad esté de su lado. Sin embargo, hay grandes posibilidades de que no sea así. Solo puedes usar su negativismo como una línea en el espectro de opiniones para su decisión. Escucha a todos los que necesites oír y luego actúa siguiendo tu audaz instinto.

Cada uno de nosotros debe trabajar para convertirse en un realista obstinado o estaremos arriesgándonos a perder el tiempo y la energía en sueños imposibles. Pero los detractores también persiguen sueños imposibles. Su miedo y su cinismo no llevan a nada. Impiden el progreso. ¿Cuántos cínicos han construido imperios, grandes ciudades o corporaciones poderosas?

13. EL OPTIMISMO CONTINUO TIENE UN EFECTO MULTIPLICADOR.

En la milicia siempre estamos buscando maneras de respaldar mejor a nuestro cuerpo militar. El tener mejor comunicación, dominio y control sobre tus soldados que el que tu enemigo tiene sobre los de ellos tiene un efecto multiplicador. El tener mejor capacidad logística que el enemigo tiene un efecto multiplicador. El tener comandantes mejor entrenados tiene un efecto multiplicador.

El optimismo continuo, creer en uno mismo, creer en el propósito, creer en que uno va a prevalecer y demostrar pasión y confianza tiene un efecto multiplicador. Si uno cree y ha preparado a sus seguidores, los seguidores creerán.

Ya muy tarde en una noche invernal en Corea, luego de una semana difícil de entrenamiento en el campo, mi batallón de quinientos soldados estaba esperando los camiones que nos llevarían de vuelta a nuestros cuarteles en Camp Casey, a veinte millas de distancia. Sin embargo, recibimos la noticia de que había escasez de combustible y que los camiones no vendrían. Tendríamos que marchar de regreso aquella noche. Las tropas estaban agotadas, pero nos sobrepusimos y comenzamos a marchar a campo traviesa, con algunos entre las filas protestando contra la directiva.

Después de haber comenzado el recorrido, mi oficial de operaciones, el capitán Skip Mohr, me recordó que para que nuestras tropas pudieran participar en la competencia por la insignia del «soldado experto de infantería» teníamos que cumplir con el requisito extraordinario de realizar una marcha de doce millas bajo cronómetro. Él había trazado la ruta en un mapa; nos encontraríamos a doce millas del cuartel en aproximadamente media hora.

—Aceleremos el ritmo y tratemos de lograrlo —me dijo.

—¿No será forzarlos demasiado? —le pregunté en voz alta.

—Usted conoce a estos muchachos —me respondió—. Están hechos de acero y harán cualquier cosa que les pidamos. Ellos lo pueden hacer.

Yo sabía que él tenía razón.

Hicimos una pausa justo antes del lugar que indicaba las doce millas que nos separaban del cuartel. Descansamos diez minutos, nos aflojamos nuestra ropa de invierno y luego continuamos nuestra travesía a través de unas terribles colinas. El camino era difícil y no estaba seguro si podría seguirles el paso a aquellos jóvenes soldados. Pero me esforcé al límite y ellos también lo hicieron, de manera extraordinaria. En la última milla podíamos ver las luces de Camp Casey. Bajamos el paso y marchamos hacia el campamento, en medio de la noche, cantando y despertando a todo el mundo.

Fue una gran noche. Les habíamos exigido mucho a nuestros soldados, pero los habíamos preparado. Creímos en ellos, ellos creyeron en nosotros y tuvimos la confianza y el optimismo de que triunfarían.

PARTE II

Conócete a ti mismo, sé tú mismo

CAPÍTULO DOS

Haz lo mejor siempre, alguien te está mirando

Cuando era adolescente, en el Bronx, el verano era una temporada tanto para la diversión como para el trabajo. Desde los catorce años comencé a trabajar durante los veranos y en las vacaciones de Navidad en una tienda de juguetes y muebles para bebés en el Bronx. El dueño, Jay Sickser, un inmigrante judío ruso, me contrató en la calle, cuando iba pasando frente a su tienda. «¿Quisieras hacer algo de dinero ayudando a descargar un camión?», me preguntó. Yo dije que sí. El trabajo duró unas cuantas horas y me pagó cincuenta centavos la hora. «Eres un buen trabajador», me dijo cuando terminé. «Vuelve mañana».

Ese fue el inicio de un estrecha amistad con Jay y con su familia, que continuó durante la universidad y por los siguientes cincuenta años, mucho después de la muerte de Jay. Trabajaba unas cuantas horas en la tienda durante el verano y largas horas durante la temporada de Navidad. Trabajaba duro, un hábito que había adquirido de mis padres, que eran inmigrantes jamaiquinos. Cada mañana ellos se iban temprano al distrito de la moda en Manhattan y regresaban a casa tarde en la noche. Todos mis parientes eran buenos trabajadores. Todos atravesaron esa experiencia común del inmigrante de llegar sin nada, suponiendo que la vida que se les avecinaba no sería nada fácil. Los jamaiquinos tenían un chiste: «Ese bruto perezoso, solo tiene dos trabajos».

Luego de trabajar en la tienda de Sickser por varios años, Jay comenzó a preocuparse de que me estaba apegando demasiado a la tienda y a la familia. Un día me apartó para hablar conmigo. «Collie», me dijo mirándome seriamente, «creo que deberías estudiar y hacerlo bien. Tú eres muy bueno para solo ser un mandadero. La tienda pasará a la familia. Tú no tienes futuro aquí». Nunca pensé que lo tendría, pero siempre le agradeceré por preocuparse tanto por mí como para decírmelo.

Cuando cumplí dieciocho años pude solicitar una tarjeta sindical, lo que implicaba que podía conseguir un trabajo de tiempo completo en el verano con una mejor paga (aun así seguí trabajando en la tienda de Sickser durante la temporada de Navidad). Me inscribí en la International Brotherhood of Teamsters, local 812; que era el sindicato de trabajadores de la industria de refrescos. Cada mañana iba a la sede sindical en el centro y hacía una línea para que me asignaran a dónde iba a trabajar como ayudante en un camión de refrescos. Era un trabajo duro y me convertí en un experto en lanzar cajas de madera con veinticuatro botellas de Coca-Cola, agarrando la botella de un extremo de la caja sin romperla.

Luego de varias semanas, el jefe notó mi trabajo y me preguntó si me gustaría manejar un camión de Coca-Cola. Como era miembro del sindicato, tenía mi licencia de conducir, y esto me autorizaba para manejar un camión. El problema era que yo nunca había conducido uno en mi vida. Pero, ¿por qué no? Me pagarían mejor.

La siguiente mañana me senté al volante de un viejo camión de los años cuarenta, con una palanca de cambio de velocidades. Un supervisor me acompañó como copiloto. Cargamos trescientas cajas, la mitad de ellas en compartimentos abiertos a cada lado del camión. Le pregunté al supervisor a dónde íbamos. «Wall Street», dijo, y se me empezó a acelerar el corazón mientras me imaginaba tener que manejar por las estrechas calles y callejones de la parte más claustrofóbica y laberíntica de Nueva York. Salí con toda la energía y el ciego optimismo de la juventud, y logré de alguna forma pasar el día y repartir las trescientas cajas de refresco, a pesar de mi frecuente exceso de entusiasmo al manejar. Mi supervisor estaba un poco nervioso de que terminara dejando ciento cincuenta cajas en la calle, cada vez que el viejo camión se inclinaba precariamente en las esquinas, que estaba tomando demasiado rápido. A pesar de que despaché cada una de las cajas, mis talentos para manejar no impresionaron al supervisor, por lo que mi carrera como chofer de camión terminó ahí (aunque me mantuvieron como ayudante). Sin embargo, me llevé a casa con orgullo veinte dólares por el día para mostrarle a mi padre.

El siguiente verano quería algo mejor que estar parado en una multitud cada mañana a la espera de un trabajo para el día. Mi oportunidad llegó cuando la persona que contrataba anunció una mañana que la planta de Pepsi, en Long Island City, estaba contratando conserjes de tiempo completo por el verano para que limpiaran los pisos. Levanté mi mano. Fui el único que lo hizo.

Todos los conserjes en la planta de Pepsi eran negros. Todos los trabajadores en las máquinas embotelladoras eran blancos. No me importó. Lo único que quería era un trabajo para el verano, y trabajé duro trapeando el jarabe y el refresco regado por las paletas volcadas.

Al final del verano el jefe me dijo que estaba satisfecho con mi trabajo y me preguntó si quería regresar. «Sí», le dije, «pero no como conserje». Él estuvo de acuerdo, y el siguiente verano trabajé en las máquinas embotelladoras y como almacenador de paletas, un trabajo mucho más prestigioso y mejor pagado. No era exactamente un triunfo de los derechos civiles como la marcha de Selma, pero me integré al equipo de las máquinas embotelladoras.

Hacer lo mejor casi nunca me daba buenos resultados. No era ni un atleta, ni un estudiante sobresaliente. Jugué fútbol americano,

béisbol, béisbol callejero y todos los otros deportes disponibles en
el Bronx, en todos di lo mejor de mí, pero no era bueno en ninguno. En el colegio era trabajador y dedicado, pero nunca obtuve
notas superiores ni igualé el éxito académico de mis primos. Sin
embargo, mis padres no me acosaron ni me presionaron mucho.
Su actitud era: «Haz lo mejor que puedas, nosotros aceptaremos lo
mejor que puedas dar, pero nada menos que eso».

Estas experiencias establecieron un patrón para los siguientes
años y todas las profesiones que llegaron luego. Da lo mejor de ti
siempre, no importa la dificultad del trabajo o cuánto detestes a tus
jefes, el trabajo, el ambiente o a tus compañeros de labores. Como
dice el viejo refrán: «Si tomas la moneda del rey, tienes que darle al
rey lo que es debido».

Recuerdo la historia que contaba el comediante Brother Dave
Gardner sobre dos cavadores de zanjas. A uno de ellos simplemente le
encantaba excavar. Excavaba todo el día sin decir mucho. El otro tipo
excavaba un poco, se recostaba mucho sobre su pala para descansar y
decía constantemente: «Un día de estos seré dueño de esta compañía».

Pasó el tiempo y el primer tipo comenzó a manejar una máquina
excavadora último modelo y se dedicó a excavar cientos de metros
al día y siempre encantado. El otro tipo seguía haciendo lo mínimo,
sin dejar de repetir: «Un día de estos seré dueño de esta compañía».
No, el primer tipo no terminó siendo dueño de la compañía, pero
se convirtió en capataz y trabajaba desde una camioneta con aire
acondicionado. Constantemente saludaba a su viejo compañero que
seguía recostado sobre la pala e insistiendo en que «un día de estos
seré dueño de esta compañía». Jamás va a suceder.

En mi carrera militar me dieron algunos trabajos que no me
llamaban mucho la atención o me pusieron en situaciones que requerían de más aptitudes de las que correspondían a mi rango o
a mi experiencia. Sin importar si el camino era áspero o suave,
siempre intentaba dar lo mejor de mí y ser leal a mis superiores y a
la misión asignada.

En mi segundo recorrido de servicio por Vietnam fui nombrado oficial ejecutivo de batallón de infantería, segundo al mando de la 23ª División de infantería (Americal). Estaba muy entusiasmado con la misión. Cuando eso sucedió, apenas me había graduado con honores del Command and General Staff College en Fort Leavenworth, Kansas. Poco después de que llegué a Vietnam, una foto de los cinco mejores graduados apareció en el periódico *Army Times*. El general comandante de la división la vio y me asignó al estado mayor de la división para desempeñarme como oficial de operaciones, responsable de coordinar las operaciones de combate de una división de veinte mil personas. Yo era solo mayor y esa era una posición para un teniente coronel. Hubiera preferido permanecer con mi batallón, pero no tuve la opción. Resultó ser una labor muy exigente para mí, pero marcó un momento crucial en mi carrera. Alguien me estaba mirando.

Años después, como general de brigada en la división de infantería, pensaba que estaba haciendo lo mejor posible para entrenar a los soldados y servir a mi comandante. Él estuvo en desacuerdo y me calificó por debajo de mi nivel. Esa evaluación continúa en mi récord. Habría podido acabar con mi carrera, pero líderes en posiciones más altas vieron otras cualidades y capacidades en mí y me movieron a posiciones más retadoras, en las que me fue bien.

Hacer lo mejor posible para tu jefe no significa que siempre te gustará o aprobarás lo que él quiere que hagas. Habrá situaciones en que tendrás prioridades diferentes de las de él. En el ejército tus superiores pueden tener ideas muy distintas a las tuyas sobre cuál debe ser tu misión principal. En algunas de mis unidades, mis superiores se enfocaban mucho en los promedios de reenganche, en la tasa de deserción o en la de ausencias sin autorización (AWOL, por sus siglas en inglés) y la participación en los bonos de ahorro. La mayoría de los que nos encontrábamos debajo hubiéramos preferido mantener nuestro enfoque principal en el entrenamiento. Claro que esos aspectos prioritarios de administración eran importantes en teoría, pero a menudo, en la práctica, resultaban ser una distracción de nuestro trabajo real. Nunca discutí las prioridades de mis superiores, más bien trabajaba duro para lograr de forma rápida y decisiva la tarea que ellos me asignaban. Mientras más rápido podía satisfacer las necesidades de mis superiores, más rápido dejaban de preguntarme por ellas, más rápido podía seguir adelante con mis prioridades. Siempre dale al rey primero lo que le debes.

Para el final de mi carrera en el gobierno había sido nombrado a los trabajos de mayor rango en seguridad nacional en la nación: consejero de seguridad nacional, director del Estado Mayor Conjunto y ministro de asuntos exteriores. Asumí cada una de esas responsabilidades con la misma actitud que tenía en la tienda de Sickser.

Durante mi incumbencia como ministro de asuntos exteriores, trabajé duro en la agenda del presidente Bush y alcanzamos logros importantes que no han recibido el debido reconocimiento. Establecimos buenas relaciones con China, India y Rusia, todas grandes potencias y potenciales adversarios políticos. Logramos un trabajo histórico en prevención de enfermedades en el Tercer Mundo, incluyendo el SIDA, y aumentamos significativamente la ayuda a países en desarrollo. Luego del 11 de septiembre de 2001, logramos que la nación fuera más segura. Eliminamos los horribles regímenes de Hussein y los talibanes en Irak y Afganistán, pero los problemas residuales en esos países expusieron profundas fisuras dentro de los equipos de seguridad nacional. Para el inicio del 2004, nuestro cuarto año, en mi opinión el equipo de seguridad nacional de Bush se había vuelto disfuncional, y todo esto ha sido muy bien documentado. Como era obvio que mi forma de pensar y mis consejos estaban cada vez más fuera de sintonía con otros miembros del equipo, lo mejor que podía hacer era irme. En aquel momento creía firmement que, para su segundo término, el presidente Bush debía escoger un equipo de seguridad nacional completamente nuevo y se lo aconsejé, pero él decidió no tomar mi consejo. Dejé el Departamento de estado en enero de 2005, quedando en buenos términos con el presidente Bush.

En los años subsiguientes a mi servicio gubernamental, he viajado alrededor de todo el país hablando de mi experiencia con mucha gente y en muchos foros diferentes. En esos eventos siempre enfatizo, especialmente a los jóvenes, que noventa y nueve por ciento de los trabajos pueden ser dignos. Hay pocos realmente degradantes. Cada trabajo es un experiencia de aprendizaje, y podemos desarrollarnos y crecer en cada uno de ellos.

Si devengas un salario, gánatelo. Haz lo mejor siempre, incluso cuando nadie te esté observando. Tú sí te estás viendo. No te decepciones a ti mismo.

CAPÍTULO TRES

El barrendero de la calle

S iempre he tratado de mantener mi vida en perspectiva y mi ego bajo control. Mi esposa y mis tres hijos me han ayudado enormemente a ello. Nunca me han tomado muy en serio y siempre me han sostenido una imaginaria máscara de oxígeno sobre la cabeza que está lista para caer en cualquier momento que necesite una bocanada de realidad. La primera vez que llegué a casa vistiendo el nuevo uniforme camuflado de campaña —adoptado por el ejército en 1980— mi hija Annemarie, que para ese momento tenía doce años, levantó rápidamente su vista de la televisión y gritó: «Mamá, llegó el muñeco GI Joe».

A través del tiempo, otros me han ayudado a mantener controlado mi ego. Luego de mi jubilación, me invitaron a dar una presentación en un gran evento con almuerzo en Boston. Había alrededor de unos dos mil invitados y se necesitaba tener dos boletos, uno para entrar al sitio y otro para que la mesera verificara que habías pagado el almuerzo. Me llevaron a una mesa redonda y me sentaron al lado del director del evento. Mientras las meseras le colocaban su plato de ensalada a cada uno de los invitados, iban pidiendo a cada uno sus boletos de comida. Pasaron frente a mí y no me sirvieron ensalada. Cuando llegó el momento del siguiente plato, volvieron a pasar frente a mí sin servirme nada. Fue en ese instante que el director se dio cuenta de que algo estaba mal. Mortificado, le dijo a la mesera: «Jovencita, este es el general Colin Powell, exdirector del Estado Mayor Conjunto y nuestro invitado de honor y orador del día». Su respuesta, simple y al grano, fue: «Él no tiene boleto». El director me entregó uno. Ya me estaba dando hambre.

Me encanta cuando la gente hace su trabajo. Desempeñar bien tu trabajo, con alguien mirándote, sin que se infle tu ego ni te pavonees, no es tarea fácil.

Hace algunos años, presentaron un segmento de interés humano sobre un barrendero de la calle en el noticiero de la tarde. Creo que trabajaba en Filadelfia. Era un hombre negro y barría las calles como en los viejos tiempos, con esas escobas anchas de cerdas duras y un pote de basura con ruedas. Tenía una esposa y varios hijos, y vivían en una casa modesta. Era un familia amorosa y él tenía grandes ambiciones para sus hijos. Disfrutaba mucho su trabajo y consideraba que estaba haciendo un servicio valioso para su comunidad. Él tenía únicamente una ambición profesional en la vida: que lo promovieran para poder manejar una de esas barredoras mecánicas con grandes escobas redondas.

Finalmente logró lo que quería y fue ascendido para manejar una de esas máquinas barredoras. Su esposa e hijos están orgullosos de él. El reportaje terminó con él manejando en una calle con una gran sonrisa. Él sabía quién era y qué era.

Cada ciertos meses, recordaba aquel vídeo como una forma de mantener mis pies en la tierra. Este era un hombre feliz con su trabajo, ofreciéndole un servicio fundamental a su comunidad, trayendo el pan a una familia que lo respeta y lo ama. ¿He sido acaso más exitoso en lo que realmente importa en la vida que lo que él ha sido? No, los dos hemos sido afortunados. Él ha tocado todas las bases importantes en el juego de la vida. Cuando seamos juzgados finalmente, a pesar de mis medallas y títulos, puede ser que él tenga algunos puntos más que yo y que muchas otras personas que conozco.

CAPÍTULO CUATRO

Bastardos ocupados

La 23ª División de infantería (Americal), donde serví en Vietnam por un corto tiempo como oficial de operaciones, fue comandada por un excelente soldado, el general de división Charles M. Gettys. Aprendí mucho del general Gettys. Era un comandante calmado y seguro, al que no le interesaba andar mostrando su rango. Confiaba mucho en su equipo, pero nadie se cuestionaba quién estaba al mando.

Él y yo estábamos conversando casualmente cuando el nombre de otro general surgió en la conversación. Era un oficial en muy alta estima, pero Gettys tenía sus reservas sobre él. «Colin, él es un buen tipo», me dijo, «pero es uno de esos «bastardos ocupados». Siempre tiene que estar haciendo algo, inventádose algo nuevo y trabajando una cantidad de horas ridícula».

La sabiduría de Gettys ha permanecido conmigo y he tratado de aprender de ella. Él me señaló en aquel momento, probablemente de manera intencional, un camino que yo parecía estar inclinado a seguir. Siempre me he esforzado para presentar nuevas y ciertamente he trabajado duro en todas mis labores. Sin embargo, he tratado de no ser un bastardo ocupado. Como solía decir el presidente Regan frecuentemente: «Dicen que el trabajo duro nunca ha matado a nadie, pero ¿para qué correr el riesgo?».

He visto muchos bastardos ocupados a lo largo de los años. No debería llamarlos bastardos, pero las palabras de Gettys quedaron grabadas en mi memoria. La mayoría son buenas personas, no son bastardos. Lo que pasa es que nunca pueden soltar el trabajo.

Un bastardo ocupado no se va de la oficina hasta tarde en la noche. Tiene que ir durante los fines de semana. Llega en la mañana a horas que solo son apropiadas para los reporteros del tráfico en el noticiero de la mañana, y no reconoce que un par de docenas de empleados tiene que presentarse a la misma hora para asegurarse de que él reciba el apoyo sin el que no puede hacer nada y probar que están tan comprometidos con el trabajo como él.

En cada uno de los trabajos de alto mando que he tenido, he intentado crear un ambiente de profesionalismo y de los más altos niveles. Cuando el trabajo tenía que terminarse en un plazo determinado, esperaba que mis subordinados trabajaran sin parar. Cuando esto no era necesario, quería que trabajaran en un horario normal, se fueran a su casa a una hora apropiada, jugaran con sus hijos, disfrutaran de su familia y de sus amigos, leyeran una novela, despejaran su mente, soñaran y se refrescaran. Quería que ellos tuvieran una vida fuera de la oficina. Yo les estoy pagando por la calidad de su trabajo, no por las horas que trabajan. Ese tipo de ambiente siempre me ha producido los mejores resultados.

Y trato de practicar lo que predico. Me encanta arreglar cosas, en especial carros viejos, particularmente Volvos viejos. El director del Estado Mayor Conjunto vive al otro lado del río de Washington, en una mansión en Fort Myer, en una colina desde donde ve toda la ciudad. A cien pies detrás de la mansión hay tres garajes. Cuando fui el director, esos garajes estaban llenos con Volvos de la década de los sesenta, que no funcionaban, que esperaban a que los arreglaran, o que los desmantelaran para usar sus piezas.

Las personas que necesitaban verme en los fines de semana sabían dónde encontrarme: debajo de un Volvo. Si me querían visitar o conversar, a mí no me importaba, en la medida que pudiera seguir trabajando. Me deleitaba analizando el motor para descubrir por qué no funcionaba, luego reducía las posibilidades de fallas a una, lo arreglaba y luego me alegraba cuando arrancaba. Los problemas de la oficina raramente se resolvían con un análisis tan directo. Después de que el carro estaba funcionando, ya no tenía ningún otro interés en él. Pagaba por un trabajo económico de pintura y lo vendía lo más pronto posible. Me encontraba debajo de un Volvo un domingo de 1989 durante la invasión a Panamá cuando recibí una llamada del Centro de operaciones para decirme que habíamos atrapado al dictador Manuel Noriega.

Mientras hacía la transición a ministro de asuntos exteriores, entrevisté a varios candidatos para altas posiciones. Al final del proceso de una de estas entrevistas, un oficial del servicio diplomático muy capaz y talentoso me preguntó si tenía algún inconveniente con que él saliera a trotar en las tardes.

«Por mí, puedes ir a tu casa y trotar todo lo que quieras», le dije. «Confío en que harás tu trabajo sin que tengas que firmar una hoja de asistencia».

El simple hecho de que ese alto oficial me hiciera esa pregunta, afirmó la necesidad de demostrarle a mi equipo que yo no era un bastardo ocupado.

Mi mentor en esta forma de operar fue Frank Carlucci. Cuando el gobierno de Reagan tomó posesión en 1981, Frank fue nombrado viceministro de defensa y yo me convertí en su asistente militar. Como Frank siempre intentaba irse de la oficina a una hora razonable y la evitaba como a una plaga durante los fines de semana, yo trabajaba horas razonables, al igual que el resto del equipo. Nuestra oficina era muy eficiente.

En la primavera de 1981, logré convencer a Frank que me liberara para irme a una misión de campo. El oficial que me sustituyó era un trabajador compulsivo que se quedaba hasta tarde en la noche. A pesar de que Frank raramente venía en los fines de semana y cuando lo hacía era por pocas horas, su nuevo asistente militar sentía que tenía que estar allí. Sin duda, todas esas horas extras generaron más trabajo para todo el equipo. La cantidad de trabajo se expandió para poder cubrir el tiempo. Todo aquel trabajo era cualquier cosa menos necesario o importante. Frank se encontró con papeleo innecesario que no había solicitado, ni necesitaba ni esperaba. ¡Él mismo tuvo que comenzar a trabajar más horas!

Hacia el final de 1986, luego del escándalo Irán-Contra, Frank se convirtió en el consejero de seguridad nacional del presidente Reagan y yo me convertí en su ayudante. Nuestra labor era reorganizar el sistema de seguridad nacional y arreglar las ineficiencias que habían causado el escándalo. Incluso durante esos momentos estresantes y exigentes, con la presidencia bajo riesgo, Frank mantuvo sus viejos hábitos laborales. Una de mis tareas como su ayudante era asegurarme de que no tuviera que trabajar hasta tarde. No tenía que preocuparme. Dándole absoluta libertad y sin ninguna crisis pendiente, Frank salía a las tres de la tarde, jugaba un partido de tenis y se iba a su casa. Él trabajaba duro, era extremadamente organizado y siempre hacía su trabajo a tiempo. Todo el equipo siguió el ejemplo de Frank.

Para el momento en que ascendí a mis puestos más altos, nunca iba a la oficina en los fines de semana, a menos que estuviera comenzando una guerra o que otra crisis requiriera mi presencia. Los viernes me iba de la oficina con mucho trabajo, pues era más eficiente en el silencio y la privacidad de mi hogar. Yo esperaba que mi equipo hiciera lo mismo. Si tienes alguna razón para hacer algo, entonces hazlo, pero no pienses que hacer algo solo por hacerlo va a impresionarme.

El presidente Reagan era magnífico en este respecto. Nadie tenía que decirle que mantuviera horas razonables para el trabajo. Cuando Frank Carlucci recibió su nombramiento como ministro

de defensa, yo entré en funciones como consejero de seguridad
nacional. Igual que Frank lo había hecho antes, una de mis responsabilidades era revisar la agenda del presidente para asegurarme
de que no tuviera que trabajar hasta muy tarde. Al final del día, le
entregábamos un paquete con tareas. Normalmente se encontraba
a las seis en punto en la residencia junto a la señora Reagan. Las
tardes del viernes eran aún mejores. Justo después del almuerzo,
recibía un informe de final de semana del ministro de asuntos
exteriores George Shultz. Reagan escuchaba pacientemente pero
con atención limitada. Alrededor de las 2:15, cuando escuchaba el
motor del helicóptero Marine One aterrizando en el jardín sur, se
animaba. ¡Ya era momento de irse a Camp David! Llegaría alrededor de las tres de la tarde y, a menos que hubiera alguna emergencia, se quedaba ahí hasta el domingo por la tarde. Pocas veces había
huéspedes invitados a Camp David. El presidente se relajaba, leía
documentos de su equipo, libros, y pasaba tiempo con su esposa.
Ese era su tiempo y, aleluya, también era el nuestro para ponernos
al día, para pasarlo con nuestras familias, para descansar y prepararnos para las exigencias de la siguiente semana. Esta era una
nación segura sin que el presidente tuviera que estar dando vueltas
por todos lados durante los fines de semana. Nuestra única preocupación eran los libros que estaba leyendo. A pesar de nuestros
mejores esfuerzos, viejos amigos solían una y otra vez meterle en
su maletín libros realmente raros, generando a menudo preguntas
sin respuesta los lunes en la mañana. Un lunes, el presidente llegó
rebosante con la curiosidad de saber cómo crean contaminación
los árboles.

A Reagan le encantaba descansar en su rancho en las montañas
de Santa Ynez, a las afueras de Santa Barbara en California. A nosotros nos gustaba mucho más. Estábamos condenados a acampar
en las lujosas cabañas suites en la playa del hermoso hotel Santa Barbara Biltmore. Dos veces al día, los miembros del estado mayor nos
reuníamos para organizar lo que teníamos que decirle. Solíamos

llamarlo al rancho, le resumíamos todo lo que estaba ocurriendo, le presentábamos informes de inteligencia y le enviábamos documentos que tenía que revisar. Si no se avecinaba una crisis, podíamos ocuparnos de nuestras responsabilidades en silencio y prepararnos para los retos futuros u optar por la piscina o la playa, asegurándonos de estar al tanto de todo en caso de una emergencia. Era raro que alguien tuviera que darle un reporte en el rancho. Yo fui solo una vez para conversar sobre el tratado que habíamos logrado con los rusos para reducir los inventarios de armas nucleares.

He trabajado duro toda mi vida y siempre esperaba que aquellos que trabajaban para mí hicieran lo mismo. Pero también trataba de no generar trabajo excesivo e innecesario. Aprendí desde temprano que una vida plena incluye mucho más que el trabajo. Necesitamos de la familia, del descanso, de nuestros intereses ajenos al trabajo y del tiempo para perseguirlos. Siempre tengo presente una lección que nos enseñaron a todos los jóvenes tenientes de infantería. «No corras si puedes caminar, no te pares si te puedes sentar, no te sientes si te puedes acostar y no te quedes despierto si te puedes acostar a dormir».

CAPÍTULO CINCO

La amabilidad funciona

Hace muchos años fui rector, —la posición laica más alta— de una pequeña iglesia episcopal suburbana en el norte de Virginia. Durante aquella época, el obispo asignó a nuestra parroquia un viejo sacerdote para servir como pastor auxiliar. El sacerdote estaba pasando por algún tipo de crisis personal, y necesitaba una casa parroquial. Nunca me enteré de la naturaleza de su problema. Fuera lo que fuera, nos alegró tenerlo entre nosotros. Lo recibimos en la familia de la iglesia, tratándolo como a uno de nosotros y lo atendimos como nos atendíamos los unos a los otros. Nadie preguntó sobre su problema ni se entrometió en su vida.

Estuvo con nosotros un año. En su último domingo se le asignó el sermón. Yo lo escuché en mi usual posición episcopal, en la parte trasera derecha de la iglesia. Estoy seguro de que fue un buen sermón, pero una oración me golpeó con una fuerza especial y se ha quedado conmigo por cuatro décadas. Al final del sermón, el sacerdote miró hacia la congregación y con una sonrisa en su rostro concluyó: «Siempre muestren más amabilidad de la que parece necesaria, porque la persona que la recibe la necesita más de lo que puedes imaginar».

Estaba hablando obviamente sobre él, por supuesto. La lección estaba clara: no muestres amabilidad solo para salir del paso o para ser cortés. Muéstrala con sinceridad, muéstrala con pasión, sin esperar nada a cambio. La amabilidad no se trata solo de ser una buena persona; sino reconocer al otro ser humano como alguien que también merece atención y respeto.

Mucho tiempo después, cuando era ministro de asuntos exteriores, logré escaparme un día de mi bella oficina y de los vigilantes de seguridad, para darle un vistazo al garaje del edificio. El estacionamiento lo administran empleados por contrato, la mayoría de ellos son inmigrantes y minorías que ganan solo unos pocos dólares por encima del salario mínimo.

El lugar es muy pequeño para todos los carros de los empleados. El reto cada mañana es organizarlos a todos adentro. El sistema de los empleados consiste en estacionar los carros uno detrás del otro tan pegados que no haya espacio para maniobrar. Como el tercero no puede salir sin que el primero y el segundo salgan antes, la hora pico de la tarde es un caos si el primer carro no sale a tiempo. Inevitablemente, mucha gente impaciente tiene que esperar su turno.

Los empleados nunca antes habían visto al ministro de asuntos exteriores deambulando en el garaje y pensaron que estaba perdido. (Tal vez era cierto en aquel momento, pero nunca lo admitiría). Me preguntaron si necesitaba ayuda para regresar a «casa».

«No», les respondí. «Solamente quería pasar por aquí y conversar con ustedes». Todos estaban sorprendidos, pero contentos. Les pregunté sobre el trabajo, de dónde eran, si había problemas con el monóxido de carbono y pequeñas conversaciones de ese estilo. Me aseguraron que todo estaba bien, así que nos relajamos y seguimos charlando.

Luego de un rato les hice una pregunta que me tenía intrigado: «Cuando los autos llegan cada mañana, ¿cómo deciden cuál queda primero para salir y cuál queda de segundo o tercero?».

Se dieron miradas de complicidad y pequeñas sonrisas. «Señor Ministro», dijo uno de ellos, «la regla que seguimos es más o menos esta. Si cuando llegas, bajas la ventana, miras hacia fuera, sonríes y sabes mi nombre o dices: "Buenos días, ¿cómo estás?" o algo por el estilo, tú eres el primero en salir. Pero si solo miras hacia el frente y ni siquiera ves o te das cuenta de que estamos haciendo algo por ti, entonces probablemente seas el último en salir».

Les agradecí, sonreí y regresé a donde había dejado abandonado a mi estresado guardaespaldas.

En la siguiente reunión con mi equipo, les conté la historia a mis líderes de mayor rango. «Uno nunca puede equivocarse al tratar a todo el mundo en este edificio con respeto, consideración y una palabra amable», les dije. «Cada uno de nuestros empleados es esencial. Todo el mundo quiere ser percibido de tal forma. Ellos no te abandonarán ni te dejarán fracasar. Y harán cualquier cosa que les pidas».

No es una operación de cerebro. Cada persona en cada organización tiene un valor y quiere que ese valor sea reconocido. Cada ser humano necesita ser apreciado y reconfortado. La persona que viene a limpiar mi oficina cada noche no es menos que el presidente, un general o un miembro del gabinete. Ellos merecen y obtienen mi agradecimiento, una palabra amable, un comentario que les haga saber que reconozco su valor. Me esforzaba en que supieran que no eran solo conserjes. No podría hacer mi trabajo sin ellos. No existen posiciones insignificantes en una organización exitosa. Pero existen muchos líderes insignificantes que no comprenden este principio tan simple y sencillo de aplicar.

Ocuparse de los empleados es probablemente la mejor forma de amabilidad. Cuando un joven soldado va al entrenamiento básico, se topa con un sargento de adiestramiento que puede parecerle su peor pesadilla. Les grita implacablemente, los intimida, los hace sentirse miserables. Todos están aterrados. Pero todo eso cambia. Su miedo y odio inicial se convierte en otra cosa para el final del entrenamiento básico. El sargento ha estado con ellos en cada paso del camino, enseñándoles, engatusándolos, forzándolos, sacando de ellos esa fuerza y confianza que no sabían que tenían. Al final, todo lo que ellos quieren es que su rendimiento complazca al sargento. Cuando se gradúan, se van con un vínculo emocional y con recuerdos que nunca olvidarán. Pregúntale a cualquier veterano el nombre de su sargento de adiestramiento y lo sabrá. Mi sargento de adiestramiento del campamento de verano de mi ROTC, hace casi cincuenta años, fue el sargento de segunda clase, Artis Westberry.

Ser amable no es ser blandengue ni cobarde. La amabilidad no es un signo de debilidad, más bien de seguridad. Si has creado una reputación de amabilidad y consideración, aun las decisiones más desagradables serán mejor aceptadas, pues todos comprenderán por qué haces lo que estás haciendo. Ellos se darán cuenta de que tu decisión era necesaria y que no es arbitraria o carente de empatía.

Como dice el viejo refrán: «Para el mundo puede que seas una persona, pero para una persona puedes ser el mundo».

CAPÍTULO SEIS

Todo en orden

Uno de mis primeros mentores, el capitán Tom Miller, un hombre extraordinario, era el comandante de la Compañía B, 2° Batallón Blindado, 48ª Infantería en Alemania durante los últimos años de la década de los cincuenta. Yo fui uno de sus tenientes. Esa fue mi primera misión. Tom era uno de los varios veteranos de la Segunda Guerra Mundial y la Guerra de Corea que seguía comandando compañías en aquellos días, la mayoría de ellas de reservistas o sargentos que habían sido ascendidos durante las guerras. Ninguno de ellos estaba destinado a ser general, pero definitivamente sabían mucho sobre lo que significaba ser soldado.

En aquel entonces no los llamábamos mentores. Era simplemente lo que se suponía que debían hacer los altos oficiales: entrenar y guiar a los jóvenes tenientes que apenas comenzaban, y tratar de mantenerlos lejos de problemas hasta que fueran destetados. Aprendimos muchas cosas durante el día, pero el aprendizaje que tuvimos en el club de los oficiales en la noche fue mucho más importante y divertido.

Una noche, ya tarde, el capitán Miller y varios tenientes estábamos sentados en el bar tomando cerveza. Todos habíamos tomado más de una, pero Tom nos llevaba bastante ventaja, como de costumbre. Nos miró y dijo: «Ahora, escúchenme muchachos, les quiero hablar sobre liderazgo. Todos ustedes piensan que son muy sagaces. Y al final del día dejan la compañía pensando que todo está en orden. Todos los rifles contados, no hay tropas ausentes, todos han hecho revisión de camas y han tenido un buen día de entrenamiento. Piensan que tienen todo controlado. Se están dando palmaditas en la espalda. Y luego, a mitad de la noche, cuando nadie está viendo, todo se estropea drásticamente. Al día siguiente se dan cuenta de que hubo una pelea en la noche y se encuentran con cuatro ventanas quebradas, dos tipos en el hospital, uno perdido, un jeep desaparecido y la policía militar esperando afuera. ¿Y saben qué? Les toca aguantar las represalias y comenzar de nuevo. Es un nuevo día en el que pueden sobresalir».

Tuve muchas mañanas como esa en los siguientes cincuenta años. Todos las tenemos. Los problemas llegan por el simple hecho de estar vivos y aun más cuando tienes responsabilidades. Cuando llegan, toca encargarse de ellos y comenzar de nuevo. Uno nunca está al día. Yo he vivido bajo la premisa de que lo que hacen los líderes es resolver problemas. El día que no estás resolviendo uno o que no estás hasta el cuello de problemas, es probablemente el día en que ya no eres líder. Si tu escritorio está limpio y nadie te está trayendo problemas, deberías preocuparte bastante. Esto significa que la gente piensa que no puedes resolverlos, o que no quieres escuchar sobre ellos. O, aún peor, significa que ellos piensan que a ti no te importan. En cualquiera de los casos, significa que tus seguidores han perdido la confianza en ti y que ya no eres su líder, sin importar cuál sea tu rango o lo que diga en la puerta de tu oficina.

Entonces, sal y busca algún problema, seguro lo encontrarás.

No te detengas allí. Trata de inculcar una actitud de solucionar problemas entre tus subordinados y en tu equipo.

En 1973, era comandante de batallón en Corea. Un día les llamé la atención a mis comandantes y a los sargentos principales debido a los problemas recurrentes que teníamos con los soldados.

No creía que mis líderes estuvieran atendiendo y escuchando adecuadamente a los soldados, y les dejé saber que no estaba contento con esto. Aquella misma tarde salí a hacer mi acostumbrado recorrido por el área del batallón. Cuando iba a girar por la parte trasera de una barraca Quonset, escuché al sargento segundo Walker, uno de mis mejores oficiales no comisionados, hablando a su pelotón en formación. Les decía algo como esto: «¡Ahora escuchen! Esta mañana recibí tremendo regaño del comandante relacionado con los problemas de ustedes. Esto no va a suceder otra vez. Si alguno de ustedes, payasos, tiene algún problema, quiero que rompa filas y se encuentre conmigo en mi cuartel para decirme qué es lo que está pasando, porque lo voy a resolver de una vez. ¿Alguna pregunta?». Sacudí la cabeza y empecé a reírme. Las tropas del sargento segundo Walker pocas veces tenían problemas que él no supiera.

Yo soy una persona inquieta. Me gusta moverme. No me agrada pasar mucho tiempo en mi escritorio. En cada uno de mis nombramientos, desde teniente hasta ministro de asuntos exteriores, siempre he invertido tiempo paseándome entre la gente. A veces salgo sin ninguna ruta específica y aparezco en lugares inesperados, como el cuarto de las calderas del Departamento de estado, por ejemplo, o la estación de policía del Pentágono. En el ejército, a veces caminaba hacia donde me llevaba mi espíritu, y en otras ocasiones seguía una trayectoria en el área de las tropas a horas predecibles. Los oficiales de menor rango, los oficiales no comisionados y las tropas, sabían cuándo y dónde me podían emboscar con sus problemas. Así lograba descubrir cosas que nunca o difícilmente fluirían a través de la cadena de comando.

Le daba seguimiento a cualquier problema que me llegara, pero lo hacía de forma que no cortara la línea de comando. Trataba que mis subordinados supieran que no se debían sentir amenazados por mis paseos, y les daba una oportunidad para que ellos solucionaran los problemas... a menos que ellos fueran el problema.

Los problemas tienen que resolverse, no administrarse. No vas a poder escapar de ellos enterrándolos, minimizándolos, reorganizándote alrededor de ellos, suavizándolos o echándole la culpa a otro. Tienes que hacer cambios reales y efectivos. No puedes engañar a un soldado, no puedes engañar a un trabajador a sueldo, no puedes engañar al cajero de una tienda. Ellos saben cuando algo está mal y lo saben primero. Saben cuando alguien no es un buen trabajador, cuando no está haciendo su trabajo. Están esperando que lo descubras y hagas algo al respecto. Si no lo haces, comenzarán a aflojarse. Si no lo ves o no lo has visto, o no te importa lo suficiente para tomar medidas, ¿por qué a ellos debería interesarles? Los buenos discípulos que saben que a ti te interesa algo, no solo harán un buen trabajo, sino que se preocuparán por ti.

Hay una antigua historia de la época previa al Amtrak, cuando teníamos trenes de pasajeros por todo el país. Un día, el presidente de la New York Central Railroad recibió una indignada carta de un pasajero furioso que había viajado en un vagón con dormitorio de Nueva York a Buffalo. La cama estaba llena de chinches. En menos de una semana, el pasajero recibió una carta del presidente, profundamente apenado. «Apreciamos muchísimo su patrocinio», decía. «Le aseguramos que ya hemos resuelto el problema». El pasajero estuvo temporalmente satisfecho... hasta que leyó una nota —escrita a mano por el presidente a su secretario— que dejaron olvidada en el sobre. Decía: «Envíale una carta de chinches a este idiota».

He mandado muchas cartas sin firma a lo largo de los años. «Resuelvan el problema», le he dicho a mi equipo una y otra vez. «Yo no escribo cartas de chinches».

CAPÍTULO SIETE

¿En qué parte del campo de batalla?

Poco después de convertirme en ministro de asuntos exteriores, recibí una carta reveladora y sorprendente del embajador Geoge Kennan, el gran anciano de la diplomacia estadounidense. Nunca había conocido al embajador Kennan, pero sabía que era el diplomático más respetado, influyente y profético del último siglo. Una carta de Kennan era como un informe desde la zarza ardiente del Moisés de los diplomáticos. Cuando la abrí, esperaba un sabio comentario sobre los grandes asuntos geoestratégicos del momento. En vez de ello, me envió tres páginas de consejos cordiales sobre mi nuevo trabajo.

A pesar de que tenía noventa y siete años (murió a los 101, en 2005), todavía podía producir una prosa clara, sucinta y poderosamente argumentada. Como si necesitara explicarlo, comenzó estableciendo sus credenciales: era el miembro vivo con más edad del servicio diplomático original del 1925-1975, setenta y cinco años de experiencia en relaciones exteriores como diplomático e historiador, protegido de George Marshall, uno de los principales arquitectos del plan que lleva el nombre Marshall, y autor del famoso «telegrama largo» a Moscú, donde se establecieron los fundamentos de la política de contención que conformó la estrategia de Estados

Unidos hacia la Unión Soviética hasta su colapso final. Kennan era un hombre de opiniones fuertes y el portavoz de verdades duras y desagradables, una voz llevada más de una vez a regiones inhóspitas. Siempre fue reverenciado, pero no siempre escuchado.

Después su historia personal, expuso la esencia de la carta. Comenzó recordándome las intenciones de los padres fundadores en los años posteriores al nacimiento del país con respecto a las dos principales responsabilidades del ministro de asuntos exteriores. La primera función era ser el consejero más íntimo y acreditado del presidente en todos los aspectos relacionados a la política exterior de Estados Unidos. La segunda era la responsabilidad de mantener un control administrativo del Departamento de estado y del servicio diplomático. Luego llegó al punto: uno no puede ejecutar correctamente ninguna de esas responsabilidades si está constantemente recorriendo el mundo en su avión. Desde su perspectiva, los ministros de asuntos exteriores más recientes habían invertido demasiado tiempo yendo a otros países para reuniones cara a cara con líderes y dignatarios extranjeros. El rol del ministro de asuntos exteriores es ser el principal consejero del presidente en política exterior, no es ser el embajador errante de más alto rango en el gobierno. Seguramente las comunicaciones modernas hacía posible la diplomacia sin tener que volar a reuniones alrededor del mundo entero. Él no tenía nada en contra de los viajes cortos fuera de Washington cuando lo exigía el deber oficial. Pero las ausencias debían reducirse al mínimo o evitarse cuando se tuvieran alternativas viables.

El problema de los ministros viajando demasiado, él continuó, no se limita a asuntos de estar presente o ausente en Washington. Los embajadores son los representantes de los presidentes ante las demás naciones del mundo; son el enlace oficial e institucional de gobierno a gobierno. Y como el embajador está allí todos los días, su posición debe servir como el principal canal de actividad diplomática. Los envíos demasiado frecuentes y los distintos emisarios especiales tienen a socavar ese rol. ¿Para qué pasar tiempo con el embajador, cuando puedes convencer al ministro de asuntos exteriores para que venga?

En esencia, la carta de Kennan concordaba con la forma en que deseaba llevar a cabo mi trabajo, así que acepté sus recomendaciones; por eso acepté sus recomendaciones. Durante mis cuatro años como ministro de asuntos exteriores viajé bastante, pero no tanto como mis predecesores, y ni siquiera me acerqué a mis sucesores. Condoleezza Rice y Hillary Clinton establecieron marcas mundiales.

Por alguna razón desconocida, los medios de comunicación liderados por el *New York Times*, comenzaron a llevar un registro de mis horas de vuelo. Según ellos, no viajaba lo suficiente. Decían que podía causar más revuelo alrededor del mundo, en vez de perder tanto tiempo en Washington o en la sede de las Naciones Unidas en Nueva York.

Ninguno de ellos respondía la pregunta obvia: ¿Es ese viaje realmente necesario? ¿Qué interés nacional se estaba cumpliendo al tenerme afuera? Y nadie me preguntó si yo tenía alguna buena razón para permanecer en Washington.

La verdad es que durante mi primer año viajé a treinta y siete países, y registré 149.000 millas, esto no es precisamente estar escondido en un búnker.

Por años he sido un viajero frecuente. Aún hoy día, estoy viajando la mitad del tiempo. Pero no añoro estar viajando. Hace muchos años los viajes perdieron el encanto que podían haber tenido. Viajo por trabajo, no por placer. Cualquier viaje que hago, tiene que ser necesario. Debe tener un propósito y una función. Por naturaleza no soy el mejor turista y ya he visto la mayoría de los lugares alrededor del mundo que quería ver. Cuando era ministro, me reuní con líderes, visité escuelas, hablé con niños y fui espectador en eventos culturales, pero raras veces me quedé más tiempo para hacer turismo o ir de compras. Usaba teléfonos, los —para entonces— novedosos sistemas de correo electrónico y celulares para mantenerme en contacto con mis contrapartes extranjeras alrededor del mundo. Asistí a cada una de las reuniones de la OTAN y la Unión Europea, a cada una de las reuniones oficiales de los líderes asiáticos y de la OEA, e hice más viajes a África que ninguno de mis predecesores.

De hecho, durante mis cuatro años como ministro de asuntos exteriores, algunos de los más grandes problemas y decisiones que enfrentaron en Washington D.C. ocurrieron cuando yo estaba a doce horas de diferencia en algún hotel en el extranjero. Estaba en Perú cuando ocurrió el 9/11. Estaba en Asia cuando se tomaron importantes decisiones sobre nuestras políticas de detención e interrogación. Habría preferido estar en Washington en esos momentos.

Mi forma de lidiar con mi tiempo y mis viajes no es exclusiva. Otros ministros pueden tener mejores argumentos. En la actualidad, más viajes al extranjero pueden constituir una mejor y más apropiada forma de usar el tiempo del ministro, en lugar de estar cuidando lo que sucede en el Departamento de estado en Washington. La presencia del ministro de asuntos exteriores en otros países es una forma muy especial de representar a tu país. Esto puede ser tan importante como las reuniones privadas o el asistir a conferencias. El mundo ha cambiado desde el siglo dieciocho. Viajar entre países ahora toma horas, no semanas ni meses. Estar presente cara a cara es fácil. Todos tenemos que adaptarnos a la era en que vivimos. Alguien podría argumentar que Kennan estaba tratando de retroceder a la vida de una época que ha desaparecido.

No existe una manera única de hacer bien un trabajo. Cada ministro, y de igual forma cada líder, tiene que decidir en qué va a enfocar sus esfuerzos.

La respuesta correcta para un ministro de asuntos exteriores es, por supuesto, encontrar el equilibrio entre participar en foros internacionales, mantener la cortesía bilateral con otras naciones y estar presente para tomar el mando de un gran departamento y servir al presidente. Los suplentes, los asistentes, el equipo y las comunicaciones son de gran ayuda, pero el líder solamente puede estar físicamente en un lugar a la vez. Y la presencia física le gana a la electrónica.

Mi solución al problema de conseguir el equilibrio adecuado ha sido moldeada por mi entrenamiento y mi experiencia militar. Para los militares el problema es planteado de la siguiente forma: «¿En dónde debe colocarse el comandante en el campo de batalla?». La respuesta es: «En donde pueda ejercer la mayor influencia y pueda estar lo más cerca del punto de decisión»; el lugar donde la presencia personal puede marcar una diferencia entre el éxito y el fracaso. Un comandante de batallón dirigiendo un ataque en una colina con setecientas tropas bajo su mando, puede ser una figura valiente e inspiradora, pero en ese momento es solo otro soldado de infantería tratando de mantenerse vivo. Él no puede ver todo el campo de batalla, no está en una posición para mover las fuerzas, no puede comunicarse con sus subordinados, organizar refuerzos, o mantener a los altos cuarteles informados. El comandante de un batallón que está disparando un rifle y no puede seguir comandando a su batallón está, como decimos, «decisivamente ocupado». (Un comandante está decisivamente ocupado cuando se encuentra al vilo de ganar o perder y ha perdido su libertad de movimiento).

Sin duda alguna, los líderes corporativos tendrán, distintas respuestas a la pregunta «¿En qué parte del campo de batalla?», que los líderes militares o un ministro de asuntos exteriores. Pero para cada uno de ellos la respuesta tiene que ser «en el punto de decisión». El punto de decisión puede ser muchos lugares. Puesto que es importante para los discípulos poder ver y escuchar a su líder, los ejecutivos corporativos deben ir frecuentemente al primer piso de la fábrica para ver qué está pasando, y luego quitarse del camino para que los trabajadores, jefes y líderes de línea puedan hacer su trabajo. Vuelve a tu oficina y trabaja para asegurar que los que están abajo tengan lo que necesitan para hacer el trabajo. Para eso te pagan.

El punto de decisión puede estar en un programa de televisión explicándole al mundo el revolucionario y novedoso producto listo para ser develado (vean a Steve Jobs) o explicando por qué sobre-invertiste en complejos derivados o en inversiones de alto riesgo (demasiados para nombrarlos). Tal vez donde necesitas estar es en el Capitolio siendo hostigado por un nuevo congresista.

Hay muchísimos ejemplos recientes de ejecutivos que fallaron por no estar en el punto de decisión. Durante la recesión económica de 2008 y 2009, vimos muchos directores ejecutivos en torneos de bridge o jugando golf mientras estaba explotando el infierno en sus sedes corporativas. Ellos no estaban en un lugar donde pudieran influir en las acciones, ni en una posición decisiva para ganar la batalla.

Yo observé con profunda incredulidad mientras los altos ejecutivos de Lehman Brothers, una vez tras otra, mandaban a un nuevo e inexperto director de finanzas a explicar por qué la compañía estaba siendo aspirada por un hoyo negro. Mientras tanto ellos se encerraban en sus oficinas.

La respuesta correcta a la pregunta «¿en qué parte del campo de batalla?» es una conclusión a la que llega el líder valiéndose de su experiencia, confianza en sí mismo y en sus subordinados, así como también en las necesidades de sus superiores. En mi carrera, constantemente me preguntaba en dónde se encontraba mi punto de decisión, cuál era el mejor lugar para ver qué estaba sucediendo, desde dónde podía influir más en el resultado sin perder mi libertad de movimiento. Durante la operación Tormenta del Desierto, ocasionalmente visitaba al general Schwarzkopf en su cuartel general, en Riad. Mi lugar estaba en el Pentágono asegurándome de que él y su tropa de medio millón de soldados tuvieran lo que necesitaban, incluyendo el apoyo político y las relaciones públicas.

A una semana del inicio de la guerra, el ánimo del público se encontraba inestable. Los medios lo criticaban todo. Tras el éxito del primer día y la emoción de ver los misiles de crucero pegar con una increíble exactitud, parecía desde afuera como si la guerra no fuera a ningún lado. «¿Por qué no se ha acabado?», preguntaba la gente.

El ministro de defensa Dick Cheney y yo nos dimos cuenta de que teníamos que actuar para calmar la situación. El punto de decisión para nosotros en aquel momento no estaba en nuestras oficinas ni monitoreando la guerra en las salas de observación, sino en la sala de prensa. Convocamos una conferencia de prensa en la que Dick dio un excelente resumen de la situación estratégica y política; luego yo hablé sobre la campaña militar. Resumí las acciones de la semana previa, concluyendo con unas palabras agudas que detallaban nuestra estrategia para sacar al ejército iraquí de Kuwait: «Primero los vamos a aislar», les dije a los reporteros reunidos, «y luego los vamos a eliminar». Mi línea fue tomada por todos los periódicos y los programas de radio y televisión. Logró su cometido. Le informó a la gente lo que querían saber. La confianza en nuestros objetivos de guerra retornó, de modo que Dick y yo pudimos dejar las líneas del frente y regresar a nuestras oficinas.

El general George Marshall, director del Estado Mayor Conjunto durante la Segunda Guerra Mundial, quería desesperadamente dirigir la invasión a Europa del Día D. Cualquier general hubiese querido dirigir la «gran cruzada». Pero eso no sucedió. La misión se la dieron al general Eisenhower, uno de sus protegidos y menos experimentado que él. El presidente Roosevelt, que sabía cuánto quería Marshall dirigir la misión, lo discutió con él. Al final de la conversación, cuando Marshall se marchaba, Roosevelt le dijo gentilmente: «Bueno, no te mandé porque sentía que no podría dormir tranquilo contigo fuera de Washington». Marshall, ese gran hombre, sabía que su lugar no era en la lancha de desembarco en las Filipinas ni comandando el asalto en las playas de Normandía, sino asegurándose que MacArthur y Eisenhower pudieran hacerlo.

CAPÍTULO OCHO

Esferas y pirámides

La mayoría de las organizaciones son como una pirámide, con los líderes en la parte superior y todos los demás distribuidos en niveles que descienden hasta la base, donde los trabajos físicos más exigentes son asignados normalmente a las personas que están comenzando. Ahora imagínate que cada una de las personas de la organización es una esfera. En la parte inferior de la pirámide, cada esfera es minúscula, pero tiene la capacidad de crecer. Todo lo que se encuentra fuera de la pirámide es el ambiente en el cual vive la organización.

Con el tiempo las personas ascienden dentro de la pirámide de un nivel más bajo a uno cada vez más alto y más angosto. En la medida que van ganando experiencia y mostrando sus habilidades, sus esferas crecen cada vez más y más, hasta que rozan las paredes internas de la pirámide. Durante ese proceso, probablemente, se desarrollen como líderes. Cuando eso sucede, la única forma para seguir creciendo y ascendiendo es expandiéndose fuera de la pirámide. Los líderes en desarrollo comienzan a aprender sobre el mundo fuera de los estrechos límites de la pirámide, el mundo en el que la pirámide existe.

En la mayoría de las organizaciones los líderes son seleccionados por medio de una de dos opciones: o suben desde la base de la pirámide o los traen de afuera. En el ejército, desarrollamos nuestros líderes únicamente desde la parte interna de la pirámide. Si necesitamos un comandante de batallón, él o ella tienen que venir de la misma organización, no lo traemos de IBM.

Como pasan gran parte de su vida dedicados al servicio interno de la organización, los oficiales jóvenes que se están desarrollando puede que no tengan mucha experiencia del mundo fuera de su amada y cómoda pirámide. Los oficiales con experiencia tienen que aprender sobre ese mundo. También tienen que saber cómo contribuyen los otros servicios en la seguridad de la nación. Tienen que ganar experiencia en operaciones de alianzas internacionales, como la OTAN. Tienen que comprender y apreciar el proceso político, el papel del Congreso, los departamentos civiles de gobierno, las relaciones con los medios, la economía y aprender a ser anfitriones de sujetos ajenos a la pirámide. Solamente cuando un oficial ha perfeccionado esas áreas puede seguir ascendiendo a niveles aun más altos, en donde cada vez más le toca tratar con integrantes del mundo externo. Si un líder en ascenso no logra comprender y encajar en el ambiente externo, su esfera nunca logrará expandirse fuera de las paredes de la pirámide, por lo que dejará de crecer.

En el ejército, esa es la forma en que asciendes dentro y más allá de la pirámide. Digamos que eres un joven teniente de infantería. Comienzas como una esfera minúscula escondido en una de las esquinas de la parte inferior de la pirámide. Tu trabajo es dominar tanto la esquina de la pirámide como comandar un pelotón, siendo responsable de cuarenta soldados. Como joven teniente, no te preocupas de los asuntos de geopolítica o cómo está la economía. Tu vida en ese momento está dedicada a prepararte, a ti mismo y a los cuarenta soldados, para la batalla.

El tiempo pasa y tu esfera aumenta de tamaño y comienzas a ascender en la organización. Te conviertes en un experto en tu campo, ya no eres un aprendiz. Eres de mayor valor para la pirámide.

Más tiempo pasa, como unos quince años. Para entonces, ya eres un comandante de batallón extraordinario. Tu esfera ha crecido tanto que comienza a rozar los lados de la pirámide.

Entonces te envían a escuelas militares superiores que se enfocan más allá de las habilidades y conocimientos que un comandante de batallón debe dominar. Ahora aprendes a dirigir organizaciones más grandes y complejas. Comprendes la importancia de trabajar con otros servicios. Es posible que te envíen a una escuela civil para obtener una maestría u otro grado avanzado. Comienzas a trabajar con civiles de alto nivel, incluso con políticos.

Más años pasan. Mientras más alto llegas, tu esfera personal crece fuera de los límites de la estrecha pirámide. Dejas atrás a muchos de tus compañeros, a pesar de que están bien preparados. Algunos de ellos no han logrado crecer lo suficiente para satisfacer las expectativas que tenían con ellos. Para otros simplemente no hay suficiente espacio. No todos los que estén preparados subirán hasta el tope de la pirámide.

Te conviertes en general. Ya no vistes la insignia de tu división original, como por ejemplo los rifles cruzados de la infantería. Cuando asciendes a general de brigada, te ponen una estrella, y recibes una bandera roja con una estrella blanca en el medio. Te dan también un cinturón especial que usan los oficiales generales en el campo. Y te obsequian una pistola edición especial para oficiales generales. Ya no estás en Kansas. Eres un vicepresidente de la compañía.

Más años pasan. Puedes ascender aun más dentro de la pirámide y ganar más estrellas. Tal vez no vuelvas a ver otra unidad de infantería. Incluso puedes llegar hasta el tope y ser director del Estado Mayor Conjunto, en donde tienes la responsabilidad de supervisar a otros servicios, y no solo al ejército. Tu pirámide no es solo la pirámide del ejército; ahora incluye las otras pirámides militares. Estás en la cumbre de tu pirámide militar y no puedes ascender más. En el tope, dedicas la mayor parte de tu tiempo al ambiente externo: relaciones con los aliados, trabajo con las organizaciones internacionales, la Casa Blanca. Tu trabajo es buscar oportunidades, identificar riesgos, obtener recursos y servir de portavoz para las necesidades, aspiraciones y propósitos de todos los servicios. Ahora estás conectado a otras pirámides: la pirámide de inteligencia, la pirámide de la economía, la pirámide del presupuesto.

Si llegas a la cima, has trabajado muy duro mejorándote a ti mismo y expandiendo tu visión más allá de las restricciones de la pirámide; te han llegado oportunidades, has escogido a un magnífico mentor, tus pares se han ido de la pirámide y has tenido mucha suerte.

Probablemente no te encuentres muy cómodo encaramado en la punta de la pirámide. Allí hay exigencias contrapuestas, presiones y decisiones agobiantes. Los errores tienen mayores consecuencias. Eres un objetivo muy visible. Es fácil caerse. A pesar de esas presiones y ansiedades, no debes perder nunca tu conexión con toda la organización. Aun cuando estás mirando hacia fuera, constantemente tienes que encontrar maneras de examinar los niveles más bajo de la pirámide y mirar hasta la esquina más remota. Si no sabes qué es lo que está sucediendo allá abajo, cometerás errores allá en el tope.

Si no llegas tan alto no significa que hayas fracasado. Solo unos pocos pueden ascender hasta el tope. La mayoría no continúa para hacer que la organización funcione. Ellos no son menos importantes ni menos dedicados que el tipo en la cima; ellos contribuyen de igual forma al éxito de la organización. Yo no mido tu éxito por rango o posición, sino por la contribución que estás haciendo.

He conocido muchos oficiales que no debieron ser ascendidos. Eran personas que se desempeñaban muy bien en sus niveles previos, pero su potencial para los niveles superiores fue mal juzgado, y por eso fracasaron. Algunos se sintieron tan abrumados por las responsabilidades y expectativas del nivel al que ascendieron que cayeron en depresión. Cuando estamos evaluando a alguien para un ascenso, su desempeño previo es importante, pero igual lo es su potencial para triunfar en el nivel superior. No es fácil juzgar el potencial, pero el tiempo y la experiencia son de gran ayuda.

Siempre evaluaba a los candidatos por lo que llamo la regla 50-50, que funciona de esta manera: le doy una calificación de cincuenta por ciento por su récord previo. Tienen que haber demostrado competencia, pero esa es solo la antesala para entrar al juego. El otro cincuenta por ciento es esa calificación intangible e instintiva que he aprendido con los años para medir el potencial de alguien para desempeñarse aún mejor en el siguiente nivel. A pesar de que era muy bueno en eso, no era perfecto. A menudo cometía errores. Pasaba por alto algún detalle en mi evaluación, o me dejaba llevar por la amistad o falta de diligencia.

Mientras iba ascendiendo, siempre recordaba la historia del viejo general sentado en la barra del club de oficiales mirando su tercer martini. Un nuevo teniente segundo entra y lo ve. No puede resistir las ganas de sentarse al lado del general y comenzar una conversación. El viejo caballero pacientemente escucha al muchacho y cortésmente responde a sus preguntas. Luego de un rato, el teniente llega donde quería llegar: «¿Cómo logró llegar a ser general?», le pregunta con una cruda ambición no disimulada.

«Bueno, muchacho», dijo el general, «esto es lo que tienes que hacer. Trabajas como un perro, nunca dejas de estudiar, entrenas duro a las tropas y te ocupas de ellos. Eres leal a tus comandantes y a tus soldados. Haces lo mejor que puedes en cada misión y amas al ejército. Estás listo para morir por la misión y por tus tropas. Así es que lo logras».

El teniente replicó con voz suave: «Ahhh, así es que llegas a ser general...».

«No, así fue que te conviertes en teniente primero. Simplemente sigues repitiéndolo y enséñales que tienes agallas», dijo el general mientras terminaba su último martini. Y se fue.

Cuando era teniente segundo, amaba mi trabajo. Amaba al ejército. Daba todo por hacer el trabajo bien. Y estaba satisfecho. No me habían prometido nada y tenía pocas expectativas. Me dijeron que contara tal vez con llegar a ser teniente coronel y retirarme con veinte años de servicio a medio salario. Sé agradecido por cualquier cosa que suceda más allá de ese punto y agradéceles a tus soldados por hacerlo posible. Si golpeas las paredes de la pirámide, siente satisfacción en ellos. Alégrate con esa posibilidad. Y yo lo era.

CAPÍTULO NUEVE

Potencial, no solo desempeño

En el ejército nos evalúan constante y exhaustivamente. Nos hacen evaluaciones todos los años y cada vez que cambiamos de trabajo o uno de nuestros supervisores cambia de posición. Nuestro superior inmediato es quien nos evalúa. Y también lo hace el oficial en el siguiente rango, y su evaluación nos compara con todos los demás que servimos debajo de él. Nuestro desempeño en la escuela es calificado. Observan a nuestros cónyuges en silencio. Nuestras carreras son obsesivamente examinadas y dirigidas.

La razón es simple y obvia. Nosotros no contratamos a nadie de afuera. Si necesitamos un comandante de batallón en quince años, tenemos que comenzar a preparar ahora a algún teniente segundo que muestre potencial. Los sargentos mayores no son contratados en Walmart ni en Hertz. Se requieren muchos años para desarrollarlos más allá del adiestramiento básico. A mí me dijeron cuando era teniente que solamente uno de cien de nosotros se convertiría en general. Ah, ¿pero cuál?

Las evaluaciones de desempeño determinan esa opción. Son parte esencial del sistema de promoción. Nos doblan, nos halan y nos mutilan a lo largo de nuestra carrera.

Si bien es cierto que son necesarias y útiles, las evaluaciones de desempeño no ofrecen un cuadro completo. Solo el desempeño pasado no predice adecuadamente el desempeño futuro. Claro que si el desempeño en el pasado es mediocre o malo, uno satisfactorio o extraordinario futuro es extremadamente improbable y si el desempeño pasado va desde más que satisfactorio a extraordinario, lo más probable es que en el futuro continuará a ese nivel. Pero no es algo seguro.

Tanto en el mundo militar como en el civil, las evaluaciones de potencial son mayormente subjetivas o incluso anecdóticas. «Ella va a llegar muy lejos»... «él tiene potencial de oficial general»... «ella es una ganadora y se va a promover primero que nadie»... «él puede caminar sobre el agua». Este tipo de comentarios se basa en algo más que desempeño. Los líderes y los jefes ven cualidades que separan a unos pocos de la muchedumbre. ¿En qué se fijan?

Para comenzar, se fijan en candidatos que consistentemente hayan tenido desempeño sobresaliente en diferentes posiciones.

Se fijan en alguien que esté aprendiendo y creciendo intelectualmente, alguien preparándose para el siguiente nivel y no solo llegando al tope en su trabajo actual. Alguien con ambición, pero sin que llegue a ser despiadado.

Se fijan en alguien probado por asignaciones y retos que generalmente se le asignan a personas con rangos más altos o más experiencia, pues esto indica que probablemente tendrá un buen desempeño en los niveles superiores.

Se fijan en alguien que sale de su zona de comodidad con el propósito de adquirir nuevas habilidades que quizá no le sean esenciales en ese momento, pero que resultarán útiles en un nivel más alto.

Se fijan en alguien que haya mostrado firmeza de carácter, valentía moral y física, integridad y solidaridad desinteresada, y conservará dichos atributos al ascender de nivel.

Se fijan en alguien que muestre seguridad sobre su próximo paso. Su ego está bajo control y está mentalmente preparado para las nuevas responsabilidades y cargas de una posición más alta. No se le van a subir los humos a la cabeza. Es una persona balanceada.

Se fijan en alguien que cuenta del respeto y la confianza de sus contemporáneos, y que pronto podrían convertirse en sus subalternos.

Aun cuando alguien pase este tipo de evaluación con calificación sobresaliente, es posible cometer errores.

Luego de que un oficial que conocía fue ascendido de coronel a general de brigada, una insuficiencia se hizo evidente que antes no había sido detectada, y no pudo con las cargas y las expectativas que se le presentaron. Una mañana se suicidó en su garaje. No vimos las señales ni las advertencias que debimos haber visto. Él hubiera servido exitosamente como coronel por muchos años, pero lo ascendimos a una posición superior a su potencial.

Este es un caso extremo pero no poco común. Muchas personas no pueden subir al siguiente nivel. He conocido oficiales que han pedido que no los consideren para ascensos. Ellos se sentían satisfechos con sus vidas, sabían que no podían manejar responsabilidades mayores y tenían el valor para actuar de acuerdo a esto. Un ascenso los hubiese hecho miserables.

Por otro lado, a veces pasamos por alto el verdadero potencial de algún oficial.

Existen muchos tipos de posiciones ejecutivas. Alguien que no pueda avanzar en alguna, puede ser espectacular en otra.

El coronel Dick Chilcoat, mi asistente ejecutivo cuando fui director del Estado Mayor Conjunto, llegó altamente recomendado y lo contraté sin haberlo visto antes. A pesar de que era solo unos años más joven que yo, le había dejado de lado múltiples veces cuando llegaba el momento de evaluar su ascenso a general de brigada. Algunos problemas al inicio de su carrera lo habían retenido.

Dick se desempeñó brillantemente conmigo, por lo que consideré que debía ser ascendido. Sin embargo, también sabía que como había perdido la oportunidad de ascender en dos ocasiones, tenía que argumentar en su favor haciendo resaltar otros talentos que no habían sido considerados adecuadamente por las juntas de evalución anteriores. Le di una evaluación superior señalando otra dimensión de su potencial: como profesor. La junta estuvo de acuerdo y fue ascendido a general de brigada. Luego fue ascendido dos veces más y llegó a ser comandante del Army War College y presidente de la National Defense University. Luego de retirarse como teniente general, se convirtió en el decano de la escuela George H. W. Bush de la Universidad A&M en Texas. Era un extraordinario maestro. Dick, tristemente, falleció en 2010.

En otras oportunidades he recomendado a alguien para ser ascendido al siguiente nivel teniendo en cuenta que no podrá llegar más lejos. Esa persona tiene habilidades únicas que necesitamos en el siguiente nivel, pero tiene que mantenerse ahí, no más alto. Sus habilidades no se necesitan en los niveles superiores o no tiene las necesarias para llegar más alto.

No hace falta decirlo, pero sin duda puede ocurrir que el candidato se desarrolle y expanda su potencial; o que ocurra algún cambio en una posición más alta que requiera las destrezas que él o ella tiene.

El líder tiene que entender a sus subordinados. Debe saber identificarlos, entrenarlos, observarlos, enseñarles, estimularlos y evaluarlos para poder formar a la próxima generación de líderes de la organización.

Sin embargo, los líderes no son dioses. Su comprensión nunca es completamente clara, precisa ni acertada. Todo líder es un ser humano... es imperfectamente humano. Los que caminan sobre el agua a veces fallan y los que caminan en silencio a veces terminan en la cima. Los líderes necesitan observar a todos sus subordinados, trabajar con ellos, animar a los que son excepcionales, pero sin dejar de invertir en los demás. Siempre hay que estar preparado para cambiar de pensamiento, sin importar cuán firme sea, pues estamos tratando con seres infinitamente complicados a los que llamamos gente.

El líder nunca debe olvidar que podría terminar algún día trabajando para alguno de ellos.

PARTE III

Ocúpate de las tropas

CAPÍTULO DIEZ

Confía en tu gente

En los primeros días de la presidencia de George W. Bush, el Departamento de estado comenzó a planificar el primer viaje presidencial fuera del país; una reunión con el nuevo presidente de México, Vicente Fox, en su rancho. Había temas importantes que discutir, entre ellos la inmigración, el control fronterizo, las drogas y el intercambio comercial.

Durante los preparativos para el viaje, le pedí al presidente Bush que visitara el Departamento de estado para ponerlo al día con los asuntos relacionados con México. Aquella sería su primera visita oficial al Departamento desde que se convirtió en presidente y yo sabía que animaría a mis tropas. Él accedió enseguida.

La mañana siguiente en mi reunión con el personal, les expliqué cómo quería que se tratara esa sesión informativa. Dos funcionarios de planta jóvenes, encargados de las cuestiones relacionadas con México, serían los encargados de informar al presidente. Los jóvenes funcionarios del servicio diplomático que trabajaban en el salón de decisiones debían saber más que nadie sobre lo que estaba pasando en la tierra mexicana. Cuando llegó el momento de informar al presidente, simplemente los presenté. Ningún oficial veterano hablaría, ni subsecretarios ni adjuntos de las subsecretarías. El grupo me miró escéptico, otra vez. «¿Cuándo quiere que hagamos el ensayo de la presentación?», me preguntaron luego de una pausa tensa. «¿Cuándo quiere revisar las diapositivas que ellos usarán?».

«No quiero un ensayo», les dije. «Ni tampoco necesito ver las diapositivas». Francamente, no quería diapositivas. Nada de PowerPoint. Los dos funcionarios novatos se sentarían frente al presidente en la mesa de conferencia, le dirían lo que sabían y le señalarían aquello en lo que él necesitaba concentrarse y aquello que era importante recordar.

Solo tenía una pequeña preocupación. No conocía a los dos oficiales; ni siquiera sabía sus nombres, pero estaba seguro de que estaban preparados. Se pasarían días a partir de aquel momento hasta la sesión informativa trabajando como locos, consultando a sus jefes y a la embajada en Ciudad de México, leyendo todo lo que podían y preparándose para el gran momento. Tal vez perderían algunas horas de sueño. Quizás sentirían más presión y emoción de la que estaban acostumbrados, y con toda seguridad, sus esposas llamarían a todos sus familiares vivos para compartir la noticia.

De hecho, todo el mundo en el edificio estaba comentando sobre esto. Era lo que esperaba. Era lo que deseaba.

El día llegó; el presidente y su comitiva entraron al salón de conferencias y tomaron asiento en la gran mesa. Esa mesa era histórica, había sido usada en la Cumbre del G7 en 1983 en Williamsburg, Virginia. Cada puesto tiene una placa que identifica al jefe de gobierno que se sentó ahí.

Le di la bienvenida al presidente, presenté a mis líderes clave y luego le presenté a los dos funcionarios y les di el control. Por supuesto, le había informado al presidente sobre mis planes y él estaba entusiasmado de cumplir con su parte. Los dos oficiales tomaron el mando y su desempeño cumplió con mis expectativas completamente. Le proporcionaron al presidente toda la información que necesitaba saber antes de volar a México. El presidente les hizo preguntas complicadas y recibió respuestas contundentes.

Cuando todo terminó, expresó su satisfacción y agradeció a todo el mundo con un apretón de manos y una sonrisa, y desapareció con su séquito de ayudantes. Estoy seguro que los dos oficiales se fueron corriendo a llamar a sus casas, todos sus compañeros de oficina debieron agruparse a su alrededor para que les contaran todo.

He aquí la verdadera recompensa. Las palabras llegaron a la velocidad de la luz al departamento: «¡Estuvo fantástico! El nuevo ministro confió en nosotros. Y por ende, el presidente también». En los últimos diez años, docenas de oficiales del Departamento de estado me han recordado esa historia.

Creo que cuando asumes el mando de un nuevo equipo, debes comenzar a confiar en la gente que está allí, salvo que tengas evidencia fehaciente de que es imposible. Si confías en ellos, ellos confiarán en ti, y esos lazos se harán más fuertes con el paso del tiempo. Ellos trabajarán duro para asegurarse de que a ti te vaya bien. Te protegerán y te cubrirán las espaldas. Te cuidarán.

Esto no es cuento de hadas sobre cómo establecer confianza. Si la sesión informativa hubiera salido mal, habría entendido inmediatamente que tenía problemas más graves de los que había reconocido y que debía tomar acciones drásticas. Sin embargo, mi estilo no es anticipar problemas cuando tengo un nuevo equipo. Me gusta comenzar creyendo que los líderes que estuvieron antes eran inteligentes y dieron lo mejor de ellos. Hace mucho tiempo aprendí a no llegar blandiendo una espada de samurái, como John Belushi en un sketch de *Saturday Night Live*. Eso lo único que hace es poner a la gente a la defensiva, y los hace sentir ansiosos y temerosos. Al que blande la espada se le percibe como una infección, y los glóbulos blancos burocráticos se apresurarán a atacarlo.

Durante aquellos primeros días en el Departamento de estado, les pregunté a mis principales oficiales, mis ministros asistentes, si estaban renuentes a ir al Capitolio a negociar con los miembros del Congreso. Levantaron las manos: nadie quería ir a la «colina». Los entendía. A mí tampoco me entusiasmaba. Pero había que hacerlo.

Les dije que era un peso muy grande para que lo levantara yo solo, que necesitaba que alzaran parte del peso. Su renuencia nacía de su temor a decir lo incorrecto; meterse en problemas, tanto allá como en el Departamento. Les dije que me aseguraría de que entendieran las posiciones del gobierno y que esperaba que las defendieran. Confiaba en que lo harían. No necesitaban confirmar conmigo antes de hacerlo. Simplemente tenían que ir allá y ver qué era lo que el miembro o el comité querían. Siempre debían responder las preguntas en el pleno con una actitud de agrado, diciendo algo como: «¡Qué bueno que preguntó!». Ellos representan al pueblo, y nosotros servimos al pueblo. Y si se meten en problemas, trabajaremos juntos para resolverlos. Somos un equipo.

Sin embargo, habrá momentos en los que tienes que llegar con la espada desenfundada.

Cuando el escándalo Irán-Contra estremeció a la presidencia de Reagan en 1986, nos llevaron a Frank Carlucci, Howard Baker, Ken Duberstein y a mí al Consejo de seguridad nacional y a la oficina del jefe del gabinete de la Casa Blanca para que cortáramos la infección y frenáramos la hemorragia. Lo hicimos, y en el proceso despedimos a un montón de gente. Sin embargo, acogimos a los que se quedaron y las nuevas personas que trajimos al equipo trabajaron bien con las que mantuvimos en sus cargos porque todavía existía entre ambas partes confianza mutua y un compromiso para hacer de los dos últimos años de la presidencia de Reagan todo un éxito. Alcanzamos ese objetivo.

Cuando entré al ejército, me enviaron a Fort Benning, Georgia, para el entrenamiento básico como oficial. Al final del curso, un sargento viejo y muy sabio me dijo: «Bueno, teniente Powell, ha empezado muy bien. Puede que llegue a algo en el ejército. Pero déjeme decirle algo sobre liderazgo. Usted sabrá si es un buen líder si sus tropas lo siguen, solo aunque sea solo por curiosidad. Llegará el día cuando enfrenten un peligro de vida o muerte, tendrán miedo y se sentirán inseguros. Claro, usted los ha entrenado, además tienen el armamento y el equipo necesario para realizar su trabajo. Pero lo importante es que, a pesar del peligro, tengan curiosidad de ver cómo los va a sacar de ese aprieto y se quedarán con usted hasta ver la respuesta».

El sargento realmente no estaba hablando sobre curiosidad, sino sobre confianza. Ellos te seguirán porque confían en ti. Te seguirán porque creen en ti y en lo que tienen que hacer. Así que todo lo que hagas como líder tiene que estar enfocado en forjar la confianza del equipo. La confianza entre los líderes, confianza entre los seguidores y confianza entre los líderes y los seguidores. Y esto comienza con líderes abnegados y confiables.

CAPÍTULO ONCE

Respeto mutuo

Los líderes tienen autoridad legal sobre sus seguidores. Pueden exigir respeto y esperar obediencia en el trabajo, y tienen el poder para tomar medidas contra de los seguidores que no obedecen o no cumplen con los estándares de desempeño esperados. Los líderes pueden despedirlos, reducir su salario y degradarlos de rango. En la milicia tenemos castigos bastante severos para quienes desobedecen órdenes.

Es posible que solo la obediencia logre que hagan el trabajo; sin embargo, esto no inspira ningún compromiso con el trabajo. Tampoco inspira orgullo en el trabajo ni en el producto, ni genera pasión por la excelencia. Esto viene cuando los seguidores se sienten parte de un equipo que está bien dirigido. Y eso se consigue cuando ellos respetan a sus líderes y cuando creen que son respetados por sus líderes. Se consigue cuando ellos confían en sus líderes y cuando creen que sus líderes confían en ellos. Tienen que saber que los valoran.

Es posible que puedas correr una cadena de producción sin contar con el respeto de los trabajadores. Ellos cumplen con la cuota de producción, cobran su paga por hora o pieza terminada y ese es el acuerdo que tienen con sus líderes. A cambio de su salario ellos acceden a ser parte de la maquinaria.

Aun en las cadenas de producción en un fábrica, la confianza y el respeto entre líderes y seguidores pueden inspirar a los trabajadores a sobrepasar las expectativas y motivarlos a no decaer.

El respeto de los seguidores por sus líderes no puede ser impuesto; hay que ganárselo. Los seguidores tienen que otorgárselo al líder.

Te ganas su respeto conociéndolos y respetándolos, y a través de tu propia competencia y ejemplo personal. Además, los líderes tienen que mantener cierta distancia, no pueden establecer relaciones muy cercanas. Los seguidores quieren líderes que sean abnegados, no egoístas. Quieren líderes que tengan valentía, tanto física como moral, que siempre hagan lo correcto y arriesguen su carrera haciéndolo. Ellos quieren líderes fuertes pero justos, nunca abusivos. Líderes que no solo sean modelos a seguir, sino también inspiren a los seguidores a ser sus propios modelos a seguir.

Cuando existe este tipo de ambiente en una organización, puedes sentirlo en todas partes. Los seguidores te cuidarán y se encargarán de que tú y tu organización tengan éxito. Ellos internalizarán la pasión por el éxito.

En 1974, en un día miserable en Corea, mi batallón fue llamado a formarse *inmediatamente* en el auditorio del asentamiento para escuchar el discurso de un oficial que nos visitaba desde el Pentágono. Sin previo aviso, esperaban que llenáramos el auditorio en veinte minutos. La unidad estaba dispersa por todo el asentamiento. Yo me quejé brevemente, pero me dijeron que no perdiera mi tiempo, y que lo hiciera de inmediato.

El auditorio estaba cerrado. Tuvimos que quitar el candado con un hacha. Las tropas fueron arrastradas por doquier al sitio. Recogieron soldados de otros batallones que merodeaban los alrededores. Incluso arrastramos a un soldado en su camino a la cárcel y sus dos escoltas de la policía militar. Llenamos el teatro justo a tiempo. El oficial del Pentágono llegó, dio un discurso de diez minutos sobre las relaciones raciales y se fue.

Las tropas desconcertadas se reunieron afuera del auditorio preguntándose qué rayos había ocurrido. Yo me sentí miserable e imaginé a las tropas murmurando sobre la estupidez de la milicia y del idiota del comandante del batallón. Mientras caminaba a mi oficina, uno de los sargentos de la compañía se me acercó y me dijo alegremente: «Mi comandante, otro gran día para ser soldado».

«Me parece que no», le dije. «Acabo de movilizar a todo el batallón para un espectáculo de circo».

«No hay problema, señor», me contestó. «Las tropas están bien. Ellos saben que usted los necesitaba allí y que jamás se inventaría algo como eso. Todos están con usted».

Inmediatamente me alegré. Ninguno de los reconocimientos que he recibido ha tenido para mí tanto significado como ese.

Si quieres respetar a tus seguidores, tienes que conocerlos. Cuando estaba empezando como teniente me enseñaron debí conocer todo lo que pudiera sobre las varias docenas de soldados de las que era responsable. Yo tenía un cuadernito con una sección para cada soldado, su nombre, día de cumpleaños, número de serie, número de serie de su rifle, miembros de su familia, residencia, educación, especialidad, fecha de rango y mis observaciones iniciales y subsiguientes sobre su desempeño, conducta, apariencia, ambiciones, fortalezas y debilidades.

A medida que me fui moviendo a organizaciones más grandes, dejé de estar en contacto diario con todos mis seguidores y el cuadernito ya no me funcionó. Usaba reportes directos de mi equipo para mantenerme informado sobre todo el mundo que estaba bajo mi mando. No quería simplemente un informe formal y tarjetas de progreso. Quería la verdad desnuda. ¿Quién estaba siendo grosero? ¿Quién estaba siendo agradable? ¿Quién estaba inspirando a sus seguidores? ¿Quién tenía problemas familiares o emocionales? Intentaba con ahínco descubrir lo que la gente no quería que descubriera. Necesitaba saber si algo de esto afectaba su desempeño y necesitaba estar seguro de que ellos estuviesen haciendo lo que quería y esperaba que hicieran. ¿Estaban trabajando en armonía conmigo?

Durante mis cuatro años como ministro de asuntos exteriores traté de conocer a cada uno de nuestros embajadores; los representantes principales del presidente en las otras naciones. Me di a la tarea de juramentarlos en una ceremonia formal con un gran audiencia de familiares y amigos (solo no pude estar presente cuando andaba fuera del país). Presidí 145 de esas ceremonias. Consideraba que eran actos que podían fortalecer el vínculo de confianza y respeto entre el embajador y yo. Les dejé claro a todos los embajadores que podían llamarme directamente a cualquier hora, los siete días de la semana, a la oficina o a mi casa. Nunca estaría demasiado ocupado para ellos.

Luego de que asumían sus cargos, supervisaba de cerca su desempeño. Mis asistentes regionales en la secretaría de estado me mantenían al tanto de cómo les iba, sobre todo si se avecinaba algún problema. A su vez, mantenía al presidente informado de sus desempeños. En tres ocasiones, por información que había recibido a través de canales informales, se tuvo que despedir discretamente a embajadores de su cargo antes de que los canales formales se enteraran del problema.

Otro de los atributos necesarios para ganar el respeto es la competencia. Si no conoces tu trabajo, no lo puedes hacer bien, entonces no hay razón para que tus seguidores te respeten. Estoy seguro que, años atrás, justo cuando yo estaba escribiendo una página sobre cada uno de mis soldados, ellos estaban, a su manera, escribiendo en su cuadernito mental una nota sobre mí. ¿Parece inteligente el teniente? ¿Puede mantener el paso con nosotros en el entrenamiento físico? ¿Puede disparar un rifle o manejar un tanque tan bien como lo hacemos nosotros? ¿Se preocupa por nosotros? ¿Escucha nuestros problemas? ¿Alguna vez ha tratado de engañarnos? ¿Es duro o permisivo? ¿Habla mal de su jefe o de otros tenientes? ¿Nos protege? ¿Acepta la culpa y comparte el crédito? ¿Le caemos bien?

No tengo dudas que mis asistentes en la secretaría de estado tenían listas mucho más largas que constantemente se intercambiaban los unos con los otros.

Un líder necesita conocer a sus seguidores y tiene que ser competente, pero también es un individuo; el líder necesita preservar su privacidad, un lugar para él donde sus seguidores no puedan entrar. Necesita mantener distancia. Hay una vieja expresión atribuida a Esopo: «La familiaridad engendra desprecio». Tal vez sería mejor decir que mucha familiaridad pone a todos al mismo nivel. El líder está con las tropas, pero por encima de ellas. Siempre debe mantener un aura de impredecible misterio.

Aunque todos los líderes quieren agradar a sus seguidores y estos quieren agradar a sus líderes, la simpatía no es necesaria. Sin duda ayuda a que la organización opere con menos problemas. Sin embargo, si no hay respeto, es posible que la organización no funcione bien. La simpatía tiene que venir del respeto, no del líder tratando de ser buena gente o de hacerse amigo de los seguidores. Ellos no necesitan que seas indulgente con ellos.

Cierto aire de separación es esencial. Los seguidores no son tus amigos; son tus seguidores, tus subordinados. Si no eres diferente a ellos, si no les das lo que ellos no pueden conseguir por sus propios medios, entonces no te necesitan.

Frecuentemente he escuchado líderes fanfarroneado y jactándose así: «Mi equipo es tan bueno que podría funcionar bien sin mí». Mmm... entonces, ¿para qué te necesitan? El líder siempre está por encima, no más allá, de sus seguidores. Los líderes pueden socializar con sus seguidores pero nunca al punto de pasar el rato con ellos. La cordialidad es buena pero no puede convertirse en familiaridad. Nunca dejes que un seguidor confunda la libertad con la permisividad.

Finalmente, el liderazgo real y el respeto inquebrantable son un asunto de presencia. Surgen en el campo, donde están las tropas. No se producen de las órdenes que vienen de arriba.

Una noche en los años setenta, estaba manejando hacia mi residencia en Fort Campbell, Kentucky, donde comandé por un año la Segunda brigada de la 101ª División Airborne, cuando vi en la oscuridad a un soldado caminando por la carretera hacia la entrada. Probablemente vivía con su esposa en las casas rodantes al otro lado de la entrada a la base. Me paré y le ofrecí un aventón.

—¿Por qué vas a casa tan tarde? —le pregunté ya en el coche.

—Mis compañeros y yo hemos estado trabajando duro para estar listos para una inspección que se avecina del inspector general —respondió. Luego me miró y preguntó—: Señor, ¿quién es usted?

—Soy tu comandante de brigada —le respondí desconcertado.

—¿Cuánto tiempo ha estado al mando? —preguntó.

—Casi un año —le dije.

—¿Es un buen trabajo? —preguntó.

—Sí, estupendo —respondí. Dios, luego de un año de estar al mando de un área de brigada hay un soldado que no me reconoce. Algo está mal.

—¿Cómo creen que les irá en la inspección? —le pregunté.

—Nos irá muy bien —respondió—. Hemos estado trabajando duro por semanas, y mi capitán, los tenientes y los sargentos nos han presionado. Nos han estado diciendo lo importante que es la inspección. Han trabajado tan duro como nosotros. —Y luego, simplemente dijo—: No los vamos a decepcionar. —Entonces pensé que algo estaba bien.

Yo era el comandante de brigada, pero sus compañeros, sargentos y oficiales eran su familia, quienes lo entrenaron y lo ayudaron, quienes lo protegen. Y, sucesivamente, ese sentimiento de cuidado y de familia se transmitirá hacia arriba, y ellos cuidarán de mí. Los logros de una misión comienzan desde abajo.

Lo que más me conmovió fue lo último que dijo: «No los vamos a decepcionar». Como líder, nunca vas a recibir un mejor cumplido de tus seguidores que ese. Esa es la mejor tarjeta de presentación para demostrar cómo estás haciendo tu trabajo. Has creado un equipo ganador. Un equipo que descansa en las bases sólidas de la confianza y el respeto. Ellos nunca te dejarán solo mientras tú no los dejes solos a ellos. Las tropas siempre harán su trabajo y cuidarán de ti. Asegúrate de que a cada hora del día estés tú cuidando de ellos.

CAPÍTULO DOCE

Somos mamíferos

Me encanta ver los canales de televisión dedicados a la naturaleza, especialmente programas sobre nuestros compañeros mamíferos. Puedo ver cualquier programa sobre mamíferos, pero los que tratan sobre leones son mis favoritos.

Una mamá leona tiene una camada de cachorros. Los mantiene en una guarida por unas cuantas semanas, hasta que sus ojos están abiertos completamente y se han apegado a su madre. Papá león está afuera en algún lugar haciendo de rey de las otras bestias; la madre es la que se encarga de la crianza. Luego de un par de meses, se les permite a los cachorros explorar los alrededores. Mami los ve, les pone límites estrictos cerca de casa. Si se desvían fuera de su caja, ella los llama o los arrastra hacia el interior.

Con el tiempo los cachorros crecen y ya conocen bien el territorio dentro de la caja de la madre. Los límites de la caja crecen. Luego, ella los saca de travesía fuera de la caja y les enseña a cazar, pero continúa proporcionándoles comida y estructura. Ellos aún están aprendiendo.

Es alrededor de los dos años que los cachorros pueden salir por su cuenta. Pero antes de ese paso, los cachorros han aprendido la sabiduría colectiva de miles de generaciones observando a sus padres y familiares. Ellos aprenden a sobrevivir como leones y lo que significa ser león. Aprenden la manera apropiada de comportarse en el grupo. Aprenden a cazar observando y siguiendo a los adultos, no a través de una presentación en PowerPoint. Aprenden lo que se espera de ellos del mismo modo. Los adultos los guían y no los dejan ir más allá de su edad y su nivel de experiencia. Ser abandonados por sus padres, sobre todo la madre, implica usualmente una muerte segura.

También me encantan los elefantes.

Nunca olvidaré un documental de elefantes de *National Geographic*. Lo vi hace años (aunque aún lo pasan frecuentemente). Varios elefantes adolescentes fueron apartados de su manada y transferidos a una reserva solitaria donde no había otros elefantes. Se desató el infierno. Al cabo de unas semanas los adolescentes comenzaron a actuar erráticamente, tornándose a menudo combativos e incluso atacando y matando rinocerontes, que normalmente no son enemigos naturales ni competencia de los elefantes. Sus niveles de testosterona estaban fuera de control.

Los guardabosques comenzaron a preocuparse y pensaron que tendrían que matar a los adolescentes. Pero las opiniones más sabias prevalecieron. Y terminaron por importar varios elefantes adultos. Estos se asentaron después de un tiempo y casi inmediatamente, en presencia de los adultos, los jóvenes delincuentes se calmaron y aprendieron que los elefantes no matan rinocerontes. Incluso los niveles de testosterona bajaron al tiempo que les fueron trasmitidos a los delincuentes juveniles siglos de experiencia elefante.

Yo no hablo la lengua elefante, pero me puedo imaginar una dura aunque amorosa conversación: «Hey, amigo, los elefantes no hacen eso». O: «No me hagas venir y darte en la cabeza con mi trompa».

El mejor consejo que he recibido no vino de palabras ni de aforismos. Lo obtuve viendo a mis padres. Sin duda, me sermonearon, me enseñaron algunos cuentos de viejos y conservaron la sabiduría familiar de varias generaciones. Estoy seguro de que internalice y me beneficié de todo eso. Pero el consejo más importante lo tuve de su ejemplo, de cómo vivieron. Los hijos pueden o no escuchar a sus padres, pero siempre ven lo que sus padres hacen. «Haz a los demás» es uno de esos consejos universales que nunca pasa de moda. Los hijos aprenderán y vivirán siguiendo ese consejo si ven a sus padres tratando de ayudar a personas en necesidad. Si los padres se respetan entre sí y crean una atmósfera de amor en la casa, los hijos verán el valor de ese ambiente y tratarán de imitarlo cuando sean adultos.

¿Acaso somos los únicos mamíferos lo suficientemente tontos para olvidar de dónde venimos, quiénes somos o lo que nos es necesario para vivir y crecer bien? ¿Estamos comenzando a perder nuestro entendimiento sobre la importancia de las tribus? Temo que la respuesta es sí.

No vivimos aislados. Hace miles de años, cuando los humanos salieron de las sabanas de África, nuestros ancestros no sobrevivieron aislados; sobrevivieron y trabajaron juntos en grupos. Aprendieron, crecieron y optimizaron sus capacidades en grupos y tribus, no por su cuenta. Esto sigue siendo cierto.

Los adultos necesitan transmitir todas esas generaciones de experiencia. Nuestros hijos necesitan saber que su manada es su familia, y que siempre estará de su lado. Ellos pertenecen a una tribu. Una tribu que los protegerá y los guiará. Ellos deben saber esto y tener el apoyo de la tribu cuando comienzan la escuela.

La educación empieza desde el momento en que el bebé escucha la voz de su madre y reconoce que se trata de la voz de ella. Los bebés necesitan crianza y estructura. Necesitan cajas en donde estén seguros y puedan crecer y aprender, junto con sus padres y su familia viéndolos, corrigiéndolos, pero sobre todo amándolos. Los hijos necesitan aprender temprano en la vida qué es lo que se espera de ellos y aprender que nunca deben avergonzar a la familia. Se les debe enseñar a obedecer a sus familias. Si a un niño no se le habla apropiadamente, se le lee, se le enseñan los números, los colores, la hora, cómo comportarse, jugar limpio, compartir, respetar a los demás y saber la diferencia entre lo bueno y lo malo, estará millas atrás para el momento en que llegue a segundo grado; todo ese tiempo es valioso para que un niño sepa que está retrasado y comience a actuar como tal. Desde ese momento tendrá problemas para mantenerse al día con los otros niños; un problema demasiado común en nuestra sociedad.

Pero puede arreglarse. Los programas de niñez temprana como Head-Start y las clases de regularización por las tardes, así como los maestros, entrenadores, ministros y gente exitosa con la vocación de mentor, pueden mantener lejos a los niños de las tribus perniciosas y defectuosas.

Sobre todo, se les debe enseñar que ellos son, a la larga, los responsables de llegar o no llegar a alguna parte. Superar obstáculos es parte de la vida.

No hay nada complicado en eso. Sin el ejemplo que vi en mi casa y en mi familia extendida, no hubiese tenido éxito en la vida. Todos ellos dejaron que su «luz brillara delante de todos para que conocieran sus buenas obras».

Una vez vi un segmento de televisión acerca de la Arrupe Jesuit High School en Denver, que sirve a los vecindarios pobres de la ciudad. Los setenta y un graduados de ese año habían recibido admisión a la universidad. Una entrevista se enfocó en un estudiante llamado José, quien era el estudiante más sobresaliente de su clase y estaba encargado del discurso de clausura en los actos de graduación. Era el primer miembro de su familia que completaba la secundaria.

«¿Cómo fue eso posible?», preguntó el entrevistador.

«Nunca me dieron la oportunidad de fallar». La respuesta de José fue simple. «Todos se mantuvieron presionándome. Me recogieron cuando caí. Creyeron en mí. Si ellos me veían de esa forma, yo tenía que verme a mí mismo de esa forma». Y luego agregó: «He cambiado la historia de mi familia».

Sí, lo ha hecho. Cuando termine la universidad, alcanzará el éxito; y con el tiempo, criará hijos que nunca tendrán la oportunidad de fallar y que seguirán tras las huellas de su padre.

El ejército no es una tribu, ni una manada ni una familia; pero tampoco es completamente diferente a estas. Por ejemplo, todas ellas forman a los miembros jóvenes del grupo de una forma bastante similar. Naturalmente, las organizaciones militares requieren un nivel de disciplina mucho más alto que las no militares. Solo puedes moldear hombres y mujeres jóvenes como militares dentro del orden y la estructura. En el ejército la gente que ajusta a los nuevos reclutas en ese molde ordenado y estructurado son los sargentos; los viejos experimentados que sirven como modelos a los reclutas que les muestran cómo tienen que vivir y actuar dentro del ejército.

Lo primero que los reclutas aprenden es cómo pararse en formación; una forma eficiente de ponerlos en una caja estructurada y mover a muchos de ellos eficientemente. También les enseña conformidad. Si el sargento de instrucción dice «flanco derecho» y Fulano o Zutano van a la izquierda, todo su pelotón lucirá ridículo y será su culpa. Las culpas se reconocen de inmediato y tienen consecuencias inmediatas.

Los nuevos reclutas llevan un corte de pelo idéntico al de sus compañeros y visten la misma ropa. Sin lujos ni distinciones.

Los sargentos de instrucción tratan a los reclutas con severidad, trabajan con ellos hasta el agotamiento y solo les permiten tres respuestas para cualquier pregunta: «Sí, sargento. No, sargento. Sin excusa, sargento». Por ejemplo: «No me importa cuántas veces te cortes la cara, necesitas una afeitada».

«Sin excusa, sargento».

Trata algo parecido a esto con un chico de dieciséis años en tu casa.

Esto dura unas semanas. Los reclutas llegan a resentir, y hasta detestar, al sargento de instrucción. Luego algo fascinante pasa:

comienzan a aprender cosas. Para el momento que termina el entrenamiento básico, ya no odian a su sargento de instrucción, independientemente de lo duro que haya sido con ellos. Por el contrario, comienzan a agradarles. Tan pronto como se gradúan no vuelven a verlos, pero nunca los olvidan. Una vez, tiempo antes de que muriera, le pregunté al senador Ted Kennedy si recordaba a su sargento de instrucción. Sí, definitivamente lo recordaba y me entretuvo con sus historias por media hora.

En 1989, durante mi tiempo como jefe del comando de las fuerzas armadas, me llevaron a un tour de los sistemas de armamento en la Air Defense Artillery School del ejército en Fort Bliss, Texas.

Cuando me mostraron el sistema del misil *Patriot*, un joven soldado hispano (no parecía tener más de diecinueve años) estaba esperando a un lado de la camioneta de control para darme un breve informe. Hablamos un momento antes de que comenzara su presentación. Tenía curiosidad por saber de dónde venía. Su leve acento no me daba ninguna pista. Para mi sorpresa, era egresado de una secundaria pública de la ciudad de Nueva York, como yo: un muchacho neoyorkino. Llevaba cerca de dieciocho meses en el ejército.

En su presentación describió sin ningún problema cada pieza y función del sistema de control: el rango del radar y los misiles, el número de objetivos a los que podía seguirle la pista y atacar, y los aparatos electrónicos de la camioneta; en ese punto me perdí entre todos los detalles técnicos. Como general, mi cara expresaba total entendimiento, pero mi verdadera incomprensión solo me recordaba por qué no completé mis estudios en ingeniería en el City College of New York (CCNY).

¿Cómo hizo aquel chico de la calle para tener toda aquella información en la punta de sus dedos? Me preguntaba. ¿Realmente entendía de lo que estaba hablando? ¿Lo estaría haciendo todo de memoria? Lo interrumpí un par de veces con preguntas para ver si podía retomar el hilo de su presentación. No se perdió nunca. Realmente sabía.

Esto no me sorprendió. He visto escenas como esta cientos de veces. Miré alrededor para confirmar mi instinto. Efectivamente, un sargento estaba parado justo a la vuelta de la esquina de la camioneta, poco visible, pero lo suficientemente cerca para escuchar todo lo que el joven decía. Mientras el soldado hablaba, el sargento repetía sus palabras. Cuando comencé a hacerle preguntas, el sargento se congelaba; en ese momento el soldado respondía las preguntas por su propia cuenta. Una vez el soldado respondió perfectamente a mis preguntas, el sargento se relajó.

Él era el sargento del soldado, su jefe, el que lo había entrenado, instruido, examinado y esperaba lo mejor de él. Era él quien había inculcado en este muchacho de las calles de Nueva York la confianza para pararse allí y hablar con seguridad frente a un general de cuatro estrellas y un grupo de oficiales de alto rango. El soldado tuvo alguien que creyó en él. Aquel soldado nunca lo decepcionaría.

Cuando terminó su presentación, felicité al joven, le deseé lo mejor y avancé a la siguiente estación que me querían mostrar. He estado en el ejército por mucho tiempo. Cuando estaba como a unos veinte pies de la camioneta, miré sobre mi hombro, y sabía lo que iba a ver. El sargento estaba chocando sus manos con las del chico y sus compañeros le decían sus «hoo-hah».

Todos los seguidores necesitan sentir que pertenecen a un grupo, a una tribu, a una banda. Los líderes son líderes porque transmiten la experiencia de generaciones que han amasado. Ellos le dan propósito al grupo, le dan estructura, mantienen el nivel, atienden y cuidan al equipo, le dan coscorrones cuando es necesario y sobre todo le dan a los seguidores alguien a quien admirar.

CAPÍTULO TRECE

Nunca dejes pasar un error

Esta es una de las primeras lecciones que les enseñan a los jóvenes líderes del ejército

En otras palabras: haz las correcciones al momento. Esto sirve para varios propósitos. El primero, y más obvio, es que la corrección de un error manifiesta atención a los detalles y refuerza los estándares requeridos dentro de la organización. Así, un joven teniente segundo siempre corregirá a un soldado que se equivoque en el saludo cuando pase a su lado o cuando porte su insignia un centímetro fuera del centro. La tolerancia a los pequeños errores y el hábito de pasarlos por alto crean un ambiente que tolerará aun los más grandes y catastróficos.

Segundo, les enseña a los aspirantes a líderes a tener la valentía moral para hablar cuando los estándares no han sido cumplidos. No miras hacia otro lado fingiendo que no lo viste solo para evitar la confrontación o para no parecer quisquilloso.

Tercero, les demuestras a tus seguidores que te interesan y que te importa la unidad y la misión. Si uno de tus seguidores sabe que acaba de cometer un error y sale ileso, pierde su confianza en la competencia de su líder y tendrá menos respeto hacia él.

Cuarto, estableces el ejemplo para que todos tus líderes subordinados se comporten de la misma manera. Los estándares altos y el respeto mutuo deben fluir hacia arriba y hacia abajo de la organización.

Quinto, evita que los errores y las metidas de pata lleguen a otro nivel o, peor aún, que se propaguen. Atiéndelos en el momento. No asumas que otro se va a encargar de él luego, incluso si es responsabilidad de otro.

El cuidar de los detalles y las correcciones al momento no deben transformarse en necedad. A unos soldados que acaban de regresar sucios y cansados del campo no se les debe llamar la atención por estar sucios y algo descuidados. Debe prevalecer el sentido común.

He descubierto que las correcciones hechas de una forma firme y justa, y con una explicación son apreciadas, no resentidas. Trata siempre de convertir el encuentro en una experiencia positiva de aprendizaje mutuo.

Estas verdades son conocidas por cada buen maestro de escuela, entrenador, maestro de violín, padre y jefe de construcción. Los errores que se han convertido en hábitos muy arraigados —como la postura de un bateador, la posición de los dedos de un violinista, los modales de un niño en la mesa, las destrezas de un techador— vuelven locos a los instructores de manejo, a los entrenadores, a los capataces y a los padres. Tienes que identificarlos temprano y entrenar apropiadamente con las acciones, destrezas y comportamientos correctos. Los líderes que no tienen las agallas para corregir los errores o faltas menores no van a tener las agallas para lidiar con los más complicados.

CAPÍTULO CATORCE

Los chicos en el campo tienen razón y el personal está equivocado

Siempre que asumía el mando de una unidad, anunciaba mi favoritismo por los chicos del campo; consideraba sus palabras como una verdad irrefutable. Hasta que me demostraran lo contrario, mis empleados estaban equivocados. Eso no hacía muy feliz a mi personal, pero eso era bueno.

Mi favoritismo por los chicos en el campo puede parecer irracional, pero he aquí cómo a mí me funcionó. Primero, le dejaba saber a mi personal que nuestros clientes eran los líderes en el frente y sus tropas. Mi equipo nunca trabajó para mí, trabajaba para ellos. La solución de los problemas venía en ambas direcciones. Una vez que los miembros del equipo entendían que un comandante de campo podía delatarlos conmigo, ellos trabajaban como locos para resolver el problema en el campo. Se dieron cuenta que no podían hacerme feliz si las filas no estaban felices.

¡Ah! Y esta es la otra cara de la moneda. Cuando alguno de mis comandantes se quejaba de alguna metida de pata de mi personal, él sabía que indagaría en el asunto totalmente convencido de que él tenía la razón. Si descubría que el comandante estaba equivocado y mi personal estaba en lo correcto, y que el comandante lo sabía, entonces era momento de arreglar cuentas. Ese tipo de acciones definitivamente no le ganaba ninguna simpatía conmigo.

Luego de un par de semanas, todo mi personal lo entendía. «¡Caray! Pero es que estamos juntos en esto», les decían a los chicos de campo. «Por favor, vamos a trabajar juntos en sus problemas antes de decirle al comandante la próxima vez que esté por ahí tomando café. Por cierto, tu informe mensual de mantenimiento era todo un desastre y llegó tarde. ¿Cómo te podemos ayudar para arreglar el del próximo mes? El viejo es un poco chiflado en lo que se refiere a estos asuntos y nosotros necesitamos protegernos mutuamente».

En todos mis años de experiencia, las filas estaban en lo correcto el setenta por ciento de las veces.

CAPÍTULO QUINCE

Se necesita todo tipo de persona

Cuando comandé la 2ª Brigada de la 101ª División Airborne, tuve varios comandantes talentosos con personalidades radicalmente diferentes. Podía decirle a uno de ellos que tomara una colina y era un hecho. Le podía pedir al otro que tomara la colina, y de inmediato preguntaba: «¿Cuándo? ¿Dónde? ¿Qué tipo de apoyo pueden ofrecerme? ¿Tengo la prioridad en recursos? ¿Luego qué hago?».

Ambos comandantes tomarían la colina y cumplirían la misión. ¿Quién era mejor comandante? El comandante con actitud diligente era emocionante y admirable, pero a veces iba a la carga sin formular las preguntas básicas. Podía meterse en problemas rápidamente. No siempre captaba todas mis instrucciones ni la visión global del campo de batalla. El otro comandante podía fastidiarme con sus preguntas persistentes, pero a menudo llegaba con un plan más hábil y más cuidadoso a la hora de la ejecución.

Mi trabajo era lograr sacar lo mejor de cada uno de ellos y complementar sus fortalezas y deficiencias. Con frecuencia cuestionaba al comandante «diligente», para asegurarme que entendía las respuestas a las preguntas que no había hecho. Su agresividad y su actitud «diligente» exigían ser monitoreada y controlada. Y con frecuencia perdía la paciencia con el molestoso, lo interrumpía y lo enviaba a la acción.

Muy rara vez tendrás un set de subordinados que sean una combinación perfecta. Ellos no son clones, y ni aún los clones son idénticos. En la medida que ellos entiendan lo que quiero y estén en armonía conmigo, puedo aceptar sus diferencias. Dentro del rango de mi personalidad, experiencia, tolerancia y expectativas, puedo trabajar con prácticamente cualquier combinación de subordinados, siempre y cuando puedan hacer el trabajo.

De vez en cuando resulta que un subordinado no está en armonía conmigo, y tengo que relevarlo. Esto nunca es fácil. Y puede ser particularmente difícil cuando un subordinado no ha hecho nada específicamente malo que garantice relevo. Durante mi incumbencia en la 101ª, tuve que relevar a un comandante por una razón difícil de precisar. Él había tenido hasta ese momento una carrera exitosa, no había hecho nada específicamente mal que exigiese su relevo, pero nunca sentí que él estuviera de mi lado, que estuviera en mi espacio. Él se había desempeñado lo suficientemente bien para ser visto como competente, pero eso no bastaba. No estaba satisfecho con su liderazgo. Ejecutaba mis órdenes, pero solo marginalmente y sin pasión ni intensidad. Hacía las cosas con el mínimo entusiasmo y compromiso. Su unidad estaba reaccionando de esa misma forma. No inspiraba nada en sus tropas. Era como estar arrastrando un peso muerto.

Su personalidad lo convirtió en un buen gerente, pero no en un líder que marcara una diferencia. Todo el mundo lo notaba, y tenía que relevarlo. Fue difícil, pero no había actuado precipitadamente ni de manera arbitraria. Había tratado de aconsejarlo, pero no sirvió de nada. Él sabía de mis preocupaciones e insatisfacciones directamente por mí.

Cuando le dije que tenía que relevarlo, le expresé claramente que estaba seguro de que podía ser exitoso en otro trabajo, con fdistintas funciones. Él estaba abatido, pero las necesidades de la unidad estaban primero.

Durante mi transición a ministro de asuntos exteriores recluté a un viejo amigo como escritor de discursos. Él era uno de los mejores redactores de discursos que jamás haya conocido; había trabajado en los niveles más altos del gobierno; y ya había trabajado con él antes y conocía su estilo. Tenía todos los elementos de una decisión brillante.

No duró mucho. Él seguía tratando de apiñar sus pensamientos en mis palabras, en vez de usar sus destrezas para mejorar mis pensamientos y palabras. Una tarde tuvimos una conversación franca y, sin formar ningún alboroto, encontró a otro oficial de alto rango en otro departamento. Le deseé lo mejor, pero este era mi partido, mi pelota.

¿Qué busco en un subordinado? Las características comunes: competencia, inteligencia, carácter, valentía física y moral, tenacidad con empatía, habilidad para inspirar y lealtad. Más allá de esto, quiero subordinados que discutan conmigo y que ejecuten mi decisión con absoluta lealtad, como si la decisión fuese de ellos mismos. El desempeño pasado es revisado con mucha atención, pero trato de percibir el potencial futuro. Quiero individuos creativos e imaginativos, con ideas y la capacidad de anticipar. Atesoro a aquel que ve un problema antes que yo y que hace algo antes de que yo sepa que existe. Atesoro a las personas que ven oportunidades antes que los demás y que huelen los riesgos y las amenazas pronto.

También busco personas que se lleven bien conmigo y con mi equipo. Cuando comandé un batallón en Corea, mi comandante de brigada me pidió que le diéramos el mando a un joven y brillante capitán que formaba parte del personal de la brigada. Era un oficial excepcional, extremadamente talentoso, pero dejaba que su brillo se le subiera a la cabeza. Tenía problemas para entenderse con otros capitanes. Su comportamiento personal dejaba mucho que desear y era el tema de los chismes de la brigada. Era bueno y lo hubiera podido manejar, pero no se hubiera acoplado a mi equipo.

Le sugerí a mi jefe que asignaran al capitán a otra parte. Así fue. Comenzó muy bien, aunque se autopromovía demasiado. Pero después de unos cuantos meses, los problemas de su comportamiento se manifestaron públicamente, resultando en una fea investigación del inspector general que condujo a su despido.

En algunas ocasiones, he dejado ir personas a las que debí haber contratado. En otras, me he quedado con personas que debí haber dejado ir. Muchas veces las personas tienen fortalezas que necesitas, a pesar de que eso signifique tener que soportar sus debilidades y cubrir las malas consecuencias que dichas debilidades traen consigo. A la hora de seleccionar gente, esperas tener un promedio de bateo mayor de 500.

Como siempre tienes que tener sazón en el guiso, también busco personajes peculiares. La organización se revitaliza cuando hay unos cuantos personajes ligeramente bribones y excéntricos en el equipo. Algunas de mis experiencias más memorables y de mis buenas ideas provienen de individuos no convencionales y divertidos. Tipos como Tiger Honeycutt. El general de brigada Weldon «Tiger» Honeycutt fue mi jefe inmediato en la 101ª División Airborne. Un héroe muy condecorado que nunca vaciló con nada ni con nadie.

Un fin de semana el estado mayor de la división convocó a participar en el seminario de dos días sobre «eficiencia organizacional», dictado por un facilitador y académico civil. Su primera instrucción fue hacer una lista de nuestras metas y objetivos, para luego discutir lo que sentíamos sobre ellos. Cuando terminó su presentación inicial, Tiger levantó la mano. «¿Cuánto le estamos pagando a este granuja?», preguntó. Tiger fue excusado del curso.

Todas las mañanas lo saludaba como a todo el mundo: «Buenos días señor, ¿cómo está?».

Su respuesta estándar era: «Mucho mejor que tú. Yo soy general y tú no».

Tipos como Tiger son la sazón que toda organización necesita.

Cuando estoy escogiendo gente, trato de reforzar mis fortalezas y compensar mis debilidades. Quiero personas alrededor mío que sean mejores que yo en áreas en las que no me siento cómodo. Quiero individuos que sean más inteligentes que yo, pero que no lo sepan ni lo muestren.

Al elegir un auxiliar, siempre quiero a alguien que sea más fuerte y repugnante que yo. Yo soy el tipo bueno y el capellán. Él es el que disciplina y ejecuta. El mayor Sonny Tucker fue mi oficial ejecutivo en la 2ª Brigada de la 101ª División Airborne. Su oficina estaba al lado de la mía y podía escuchar todo lo que sucedía allí. Cuando yo estaba insatisfecho con alguien, todo lo que tenía que hacer era decírselo a Sonny. Más tarde ese mismo día podía escucharlo a través de la pared: «Pero bueno, muchacho, has puesto triste al coronel y cuando él está triste, yo estoy molesto. Ahora me voy a comer tu almuerzo». Después de su jubilación, Sonny se convirtió en pastor.

Siempre le doy completa autoridad a mi auxiliar para que actúe en mi nombre.

Al principio de mi nombramiento como ministro de asuntos exteriores, mi auxiliar, Rich Armitage, recibió un documento para firmar mientras yo estaba de viaje. El personal puso el título de «ministro de asuntos exteriores interino» debajo de su firma. «Eso no es necesario», les dije. «Yo estoy siempre disponible a través de los milagros de las comunicaciones modernas. Nunca necesitaré un "ministro interino" mientras yo sea secretario».

El equipo estaba confundido sobre qué debía hacer cuando you estuviera al otro lado del mundo. La respuesta era simple: Rich podía firmar como ministro de asuntos exteriores auxiliar. Su firma era tan válida como la mía. En las pocas ocasiones que la ley exigiera mi firma yo firmaría. Esas eran las únicas excepciones.

El punto era que Rich contaba con mi confianza absoluta y yo tenía la de él. El equipo trató de escribir ese acuerdo como un reglamento. Les dije que ni se preocuparan, pronto verían cómo funcionaba. Nunca hubo ningún problema.

¿Busco buenos gerentes o buenos líderes? Enterremos de una vez esa vieja distinción. Los buenos gerentes son buenos líderes y los buenos líderes son buenos gerentes. Sin embargo, los buenos líderes tienen un toque especial que los diferencia de los buenos gerentes. Un buen gerente obtiene el cien por ciento de las capacidades de su equipo. Los grandes líderes buscan más, llevando a sus seguidores al 110, 120 o 150 por ciento de lo que pensaron que era posible. Los grandes líderes no solo motivan a sus seguidores, sino que los inspiran. Los seguidores son estimulados por sus líderes.

Los mejores líderes tienden a ser los mejores gerentes. Son joyas raras. Mantente siempre buscando a la persona con el potencial de darte el ciento cincuenta por ciento.

Al principio de la década de los ochenta, estábamos trabajando duro para ver si podíamos usar simuladores para hacer que el entrenamiento de cada unidad fuese más económico y eficiente. Yo era general de brigada en la 4ª División de infantería en Fort Carso, Colorado, cuando recibimos el nuevo simulador de tanque de artillería para probarlo.

A la tripulación de los tanques les encanta hacer competencias a campo traviesa y disparar su cañón principal. Es su forma de entrenar para ganar las batallas. Pero hay unas desventajas. El más económico de los proyectiles que ellos disparaban costaba por lo menos $1.000 por pieza, en dólares de 1981. Por esa razón cada tripulación de tanque contaba solo con noventa proyectiles anuales.

Aquí es donde llega el simulador. ¿Se puede conseguir el mismo nivel de pericia usando un simulador? Nos habían dado instrucciones de probar el simulador para descubrirlo.

Las tripulaciones entraron en unas cabinas que imitaban la parte interna de la torre acorazada. El terreno corría en un monitor y los tanques enemigos iban apareciendo, de modo que las tripulaciones los atacaban con sus cañones electrónicos.

Escogimos a dos batallones de tanques para probar el concepto. Uno recibió los noventa proyectiles por tanque, y no entrenó en el simulador. El otro batallón recibió solo cincuenta proyectiles, mas tuvo horas de entrenamiento por tripulación en el simulador. Luego invertimos los batallones y repetimos la prueba.

En la primera prueba, el batallón sin horas de entrenamiento en el simulador sacó más puntos. Pero luego cuando pusimos el mismo batallón a entrenar en el simulador, volvieron a obtener la mejor puntuación. Redujimos las cincuenta rondas a cuarenta y el mismo batallón ganó. Invertimos el proceso de nuevo, y el mismo batallón siguió ganando. Los analistas estaban perplejos.

La respuesta era simple. La diferencia era el comandante de batallón. Él estaba decidido a ser el mejor, sin importar el reto que le lanzáramos. Había inculcado esto una y otra vez en sus soldados. Cada noche trabajaban en eso. Cada hombre estaba decidido a dar lo mejor de sí y mandar al infierno a los analistas. El otro batallón era bueno9, pero el comandante no tenía esa hambre, competitividad, empuje, pasión e imaginación extra que tenía su compañero, y eso infestó a toda su unidad.

No quiero llevar muy lejos esta lección. Los simuladores son muy buenos para entrenar y en la actualidad hacemos cosas con ellos que no habría podido ni soñar hace treinta años. Sin embargo, nunca tendremos suficientes comandantes como ese que siguió ganando sin importar nada.

En general, me gustan las personas que trabajan duro, tienen un propósito, inspiran a la gente, pasan tiempo con su familia, se divierten y no son unos bastardos ocupados. Me gusta un equipo feliz. Trabajo duro para que mis seguidores trabajen así y para cerciorarme de que están disfrutando su trabajo. Eso solo puede suceder si ellos creen en lo que están haciendo y sienten que han sido preparados y equipados para hacer el trabajo.

Impongo estándares altos pero no imposibles. Se pueden alcanzar con esfuerzo máximo.

No me gusta percibir una atmósfera de miedo en una organización, donde los gritos y los abusos de los subordinados es algo común. Probablemente estás pensando: «Bueno y ¿a quién le gusta?». Te sorprenderías. He trabajado en organizaciones llenas de miedo y abuso, y he visto muchas más. En esencia, sus líderes eran unos intimidadores inseguros que sustituyeron Sturm und Drang por liderazgo. Nunca he conocido ningún líder que haya conseguido lo mejor de su gente de esa manera.

«¿Qué es un líder», suele preguntarme la gente.

Mi respuesta simple es: «Alguien que no tiene miedo de tomar el control. Alguien a quien las personas responden y están dispuestas a seguir».

Creo que los líderes deben nacer con conexiones y afinidades naturales con otros. Luego, esas aptitudes son motivadas y desarrolladas por los padres y maestros, y moldeadas por el entrenamiento, la experiencia y la asesoría. Puedes aprender a ser un mejor líder. Y de igual forma puedes desperdiciar tus talentos naturales y dejar de aprender y crecer.

PARTE IV

*Tiempos veloces en
el mundo digital*

CAPÍTULO DIECISÉIS

Brainware

La vida de los diplomáticos depende de la información. Es lo más importante en el plano de la diplomacia. El flujo de información hacia y desde una embajada es enorme. Limita o interrumpe el flujo, y la embajada se convierte en una ballena varada en la playa.

Desde los primeros días de la nación, nuestros diplomáticos alrededor del mundo recolectaban información sobre el país en el que se encontraban, la enviaban a Washington y como respuesta recibían información e instrucciones de Washington para transmitírselas al líder de ese país.

En aquellos tiempos, los mensajes eran escritos a mano y enviados por cualquiera de los medios disponibles, mayormente en diligencias y barcos de vela. A medida que la tecnología de las comunicaciones fue avanzando y aparecieron —a lo largo del siglo XX— los trenes, automóviles, barcos de vapor, telégrafos y cables submarinos, el Departamento de estado tuvo que adaptarse, y se ha continuado adaptando desde finales del siglo XX hasta el inicio del siglo XXI a la llegada de otras innovaciones: la radio, el teléfono, las máquinas de fax, los satélites, los videoenlaces y muchas otras tecnologías que culminan con la revolución de internet y todas sus aplicaciones.

Adaptarse a nuevas tecnologías genera muchos desafíos. Una cosa es instalar un hardware o un software. Mucho más difícil es cambiar el *brainware* o la manera de pensar de las personas. A pesar de que tu gente esté usando las últimas computadoras, conexión a internet, teléfonos inteligentes, iPads o sistemas de procesamiento de información, sus cabezas y cerebros pueden estar todavía en el siglo XX... o antes.

Cuando me convertí en ministro de asuntos exteriores en 2001, llegué como un adicto a la información nacido en el mundo análogo pero intentando con dificultad adaptarme al digital. En ese momento me di cuenta de que las arcaicas barreras temporales, espaciales, políticas, culturales y sociales que existían para recibir, enviar y compartir información habían sido derribadas o masivamente penetradas. Información, capital, riesgo, oportunidad y conexiones sociales, todo ello, daba la vuelta al mundo a la velocidad de la luz. Antes de unirme al Departamento de estado, trabajé varios años en la junta directiva de AOL, por lo que tenía una buena idea de lo que era posible. Además, había aprendido mucho de mi hijo Mike, que fue director de la Comisión Federal de Comunicaciones desde 2001 hasta 2005. Sin embargo, aún no sabía tanto como lo que aprendí viendo a mis nietos, que parecían haber nacido con una conexión digital integrada. Abby y PJ, los dos más jóvenes, para ese momento de dos y cuatro años, comenzaron una ocasión a gritar en la parte de atrás del carro que su tía Linda estaba manejando. «Tía Linda, tía Linda, no encendiste el GPS. No vamos a saber adonde vamos. Nos vamos a perder».

Cuando me convertí en ministro ansiaba ver cómo se estaba manteniendo al día el Departamento con la revolución de la tecnología de la información. El cuadro que vi fue insatisfactoria. Teníamos muchas generaciones de computadoras y sistemas incompatibles, incluyendo un gran número de las antiguas computadoras de escritorio Wang que funcionaban con programas legados. (Wang había quebrado ocho años antes, una era geológica en el mundo de la tecnología).

La mayoría de las computadoras del Departamento de estado no podían conectarse a la Internet. De los escritorios que ofrecían algo de conectividad, muchos tenían dos computadoras: una conectada a la red interna del Departamento de estado no clasificada, y la otra conectada a la red interna de información clasificada. El acceso la Internet era normalmente ofrecido, como mucho, por dos computadoras dedicadas y compartidas por todo el departamento, o incluso por todo un piso. Otros retos incluían la falta de certificaciones de seguridad y *firewalls* (sistemas para prevenir acceso no autorizado a una red determinada), muy poco o ningún tipo de planificación presupuestaria para tecnología de información y la descentralización de todos los sistemas en todo el departamento. Todo esto resultaba en una pérdida de dinero, espacio y personal.

No habíamos invertido nada de dinero en la gente ni en los equipos necesarios para mantenernos al día con la veloz evolución tecnológica.

El otro gran problema que encontré fue una antigua controversia que existía entre el Departamento de estado y la CIA, sobre quién tenía la responsabilidad para diseñar y proveer los conductos de comunicación para la mayoría de nuestros más de 250 puestos consulares y diplomáticos alrededor del mundo. Nuestras embajadas y consulados no solamente reciben a su personal del Departamento de estado, sino que son un conjunto de personas de las múltiples agencias gubernamentales de Estados Unidos. Todos necesitan acceso a la información.

El Congreso no estaba contento con la forma en que los sistemas se estaban manejando. El Departamento de estado y la CIA habían tratado de calmar las críticas y las diferencias de varios de los distritos electorales creando cierta inteligencia burocrática. La responsabilidad de los conductos comunicacionales era intercambiada de un año al otro entre el Departamento de estado y la CIA.

El Congreso reaccionó ante ese disparate creando una nueva dependencia dentro de la Oficina de Administración y Presupuesto (OMB, por sus siglas en inglés), para que manejara los sistemas. Mi única responsabilidad sería seleccionar al jefe de la OMB que, de acuerdo con el dictamen del Congreso, debía venir del sector privado. Por suerte, cuando me convertí en ministro, la solución del Congreso no había sido implementada todavía. Teníamos una pequeña ventana de tiempo para encontrar una solución más adecuada al problema.

Bajo el liderazgo de mi subsecretario de administración, Grant Green, comenzamos a arreglar las cosas. Primero, les suplicamos a los líderes del Congreso que esperaran para crear la dependencia en la OMB hasta que tuviéramos tiempo de revisar la situación.

Luego, hicimos un acuerdo con el director de la CIA, George Tenet, para realizar un estudio que determinara quién entre el Departamento de estado y la CIA estaba mejor preparado para manejar el contrato de instalación y mantenimiento de los conductos de banda ancha en las embajadas. El estudio le dio el visto bueno a la CIA y yo saqué a mi personal fuera del juego, pero no antes de asegurar un acuerdo en el que yo establecería las necesidades comunicativas, aprobaría al candidato de la CIA que mantendría los conductos y enviaría un informe anual sobre el administrador. Tenet estuvo de acuerdo y firmamos el convenio. En el transcurso de un año, nuestras capacidades comunicacionales habían aumentado significativamente, los costos habían disminuido y el Congreso se deshizo de la ley de la OMB. Poco después el Departamento de estado determinó que mucho de nuestro tráfico de comunicación podría enviarse de forma segura a través de los circuitos comerciales de Internet, ofreciéndonos unas capacidades comunicacionales más confiables y menos costosas.

Mientras tanto, trabajábamos en nuestras necesidades de hardware. Luego de una serie de intentos infructíferos con contratistas privados, le pedimos a nuestro personal que determinara la necesidad que teníamos de obtener nuevos equipos. Concluyeron que necesitábamos cuarenta y cuatro mil nuevas computadoras, y convencimos al Congreso para que las financiaran.

En poco tiempo habíamos colocado una computadora conectada a la Internet en cada escritorio de cada embajada y en cada oficina del Departamento de estado. Cada usuario tenía acceso tanto a los sistemas del Departamento de estado, como a la Internet pública. Logramos esta instalación en menos de dos años. La última embajada que pusimos al día fue la de Gabón, y se quejaron por ser la última.

Al mismo tiempo, hicimos un presupuesto para evitar la obsolescencia. Cuatro años después comenzaríamos a sustituir nuestros sistemas, que para ese momento serían anticuados. De igual forma, desarrollamos una nueva capacidad para mensajes que nos llevaría del mundo de las comunicaciones telegráficas y los cables diplomáticos a un nuevo sistema de correo electrónico. También autorizamos que ciertos aparatos móviles pudieran acceder a nuestro sistema. En poco tiempo, nos movimos de 1945 a 2001. Hoy día el sistema es aún mejor.

Este es otro ejemplo que ilustra «el cuidar a tus tropas». Tienes que darles a sus tropas las herramientas que necesitan para realizar su trabajo, o no tendrán razones para creer en ti ni de tomar en serio tu misión y tus objetivos.

Como el Departamento de estado depende del flujo de información de —y hacia— las embajadas, realizaba una pequeña prueba cuando visitaba cualquier embajada: entraba en la primera oficina que se encontrara abierta, incluso si era la del embajador, y si la computadora estaba encendida, trataba de entrar en mi cuenta privada de email. Si podía, la prueba era superada. Significaba que las redes estaban funcionando, y que todos podían utilizar sus computadoras y la Internet.

Traer nuevo hardware y software fue complejo y difícil, pero la mayoría de los problemas eran prácticos y funcionales. Cambiar permanentemente el brainware fue un reto mayor. Yo estaba decidido a revolucionar la forma en que nuestra gente pensaba y trabajaba. Habíamos convencido a todo el Departamento de estado de que estábamos en un mundo transaccional, no en uno lunar. Ya no vivíamos una existencia limitada por el tiempo en la que nuestro trabajo y acciones son medidos por el reloj y el paso de los días. Las computadoras y los emails han eliminado las restricciones físicas, geográficas, del calendario o del reloj para comunicarse. Los mensajes diplomáticos ya no viajan con jinetes a caballo o con mensajeros en trenes, barcos o aviones.

El líder comienza a cambiar el brainware institucional a través de su ejemplo y cambiando el suyo.

Para complementar la computadora oficial del Departamento de estado en mi oficina, instalé una computadora portátil en una línea privada. Mi cuenta de correo electrónico personal en la computadora portátil, me permitía acceso directo a cualquier persona en línea. Comencé a enviarles emails a mis asistentes principales, a los embajadores y cada vez más a mis colegas ministros del exterior, quienes al igual que yo estaban tratando de llevar sus ministerios al mundo de las 186.000 millas por segundo.

El Departamento de estado mantiene en su página web notas de contexto sobre cada uno de los países del mundo. Las embajadas redactan las notas, pero son supervisadas y actualizadas por expertos en países y regiones del Departamento, y por la oficina de asuntos públicos. Cada cierto tiempo revisaba la lista de notas contextualizadas, que indicaba la fecha en que cada nota había sido actualizada. Más de una vez encontré varias que no habían sido actualizadas en más de un año. Molestaba constantemente a mi equipo para que mantuviesen la información actualizada.

«Pero señor ministro, las actualizamos trimestralmente», me dijo mi secretario asistente de asuntos públicos, defensiva e imprudentemente una mañana en una reunión de personal.

«No me digas que actualizamos nuestra página web una vez cada trimestre», le dije. «Walmart actualiza todo su sistema de información cada vez que se realiza una transacción en sus cajas registradoras. Si me levanto y veo en la televisión que un líder extranjero ha muerto y su reemplazo ha sido anunciado, quiero que eso se refleje en las notas contextualizadas de ese país para el momento en que llegue a la oficina. No podremos siempre superar a Wikipedia o Google, pero vamos a intentarlo».

Hace años dicté una conferencia en una reunión de gerentes y altos ejecutivos de las tiendas Walmart. Mientras esperaba tras bambalinas antes de hablar, los líderes corporativos animaban al público como si estuvieran en un estadio de fútbol. De pronto escuché muchos aplausos acompañados de gritos y felicitaciones. Le pregunté a mi anfitrión qué estaba pasando.

—Acaban de anunciar el último informe de ventas —me dijo.

Ingenuamente le pregunté:

—¿De la semana, el mes o del trimestre?

—No, de ayer —me respondió—. Puedo darte el de esta mañana si quieres.

Me sorprendió, pero no me escandalizó. Lo había visto venir. Incluso antes de Google, Amazon y la explosión de la Internet, las megatiendas y los supermercados habían comprendido que la revolución tecnológica, el poder y la velocidad de la información les permitirían pasar del mundo del calendario lunar a un mundo de transacciones.

Cada transacción se registra vertical y horizontalmente en toda la organización e impulsa todo tipo de acciones. Los niveles de inventario disminuyen, la ganancia es calculada, la fórmula para reordenar se activa, los mayoristas y fabricantes son informados, mercancía de reemplazo es ensamblada y cargada en los camiones, las computadoras hacen proyecciones. Todo esto sucede en tiempo real.

Me propuse crear la misma mentalidad en el Departamento de estado. Los grandes cambios solo suceden cuando los seguidores se dan cuenta de que tu cambio ha mejorado sus vidas y aumentado su productividad y desempeño. Solo sabes que has tenido éxito en la implementación de un cambio, cuando tus seguidores creen en el cambio lo suficiente como para transmitir su creencia a la siguiente generación de seguidores. Los cambios reales tienen que sobrevivir a los agentes del cambio.

Nunca dejé de presionar a nuestra gente para aumentar el uso de emails y actualizar la base de datos con cada transacción en lugar de actualizarla de acuerdo a los preceptos arbitrarios de las fechas del calendario. Aunque ya llevo mucho tiempo fuera del Departamento, cuando viajo a algún país extranjero le envío a nuestro embajador un email de cortesía para informarle que estaré de paso y disponible para recibir llamadas de algún líder, si hace falta. Estoy orgulloso de decir que recibo rápidas respuestas. Las computadoras portátiles y de escritorio de las embajadas no se usan como pisapapeles.

A pesar de mi mejor esfuerzo, nunca logré convencer a mi querido amigo Igor Ivanov, el entonces ministro de asuntos exteriores de la federación rusa, a que hiciera la transición digital. La intransigencia de Igor me dio una oportunidad irresistible para ganar puntos con Igor y mi equipo.

Un día, Igor me llamó desde Moscú quejándose sobre las objeciones de nuestra delegación de la ONU al borrador de una resolución que su delegación estaba presentando en Nueva York. Nuestra delegación consideraba que su resolución era incongruente con la resolución aprobada por la ONU unos años antes. Me dijo que estábamos completamente equivocados. Yo no estaba familiarizado con la resolución previa y no tenía ni idea sobre qué estaba hablando. Mientras él hablaba, abrí una ventana con Google en mi nueva computadora y escribí el número de la resolución previa. Recibí el resultado en cuestión de segundos. Dejé a Igor divagar por un momento antes de interrumpirlo.

—Igor, no sé si estás en lo correcto. Si recuerdo bien, el párrafo 2B (1) de esa resolución sugiere que tal vez la estás malinterpretando.

Silencio.

—Colin, ¿estás seguro?

—Bueno, Igor —le dije, mientras miraba el texto de la resolución en mi pantalla— no estoy seguro, pero tal vez deberías decirle a tu equipo que la vuelva a revisar.

Le tomó muchas horas a su equipo encontrarla. Yo estaba en lo correcto y él equivocado. Me encantó.

Nunca convencí a Igor en el tema de las computadoras. Cuando él estaba en Washington, con frecuencia lo invitábamos a cenar. Siempre nos traía algún obsequio.

Como Igor se vestía excepcionalmente bien, con preferencia por las corbatas azules de Hermès, empecé a regalarle corbatas de Hermès. Él estaba impresionado. Debe darte mucho trabajo conseguirlas, me dijo. Lo llevé abajo a la oficina de mi casa y le presenté la maravilla de las compras en línea. Observó escéptico cómo ordenaba una corbata Hèrmes para mí. Me tomó como un minuto.

Se alejó, meneando la cabeza y murmullando: «Nyet, nyet».

Igor no era tecnofóbico. Era un gran maestro de la otra tecnología revolucionara de nuestra época: los teléfonos celulares. Fue precisamente por teléfono celular que tuvimos varias de las conversaciones más importantes que jamás he tenido, siempre en lugares extraños, a distancia de dos continentes y a nueve horas de diferencia de Washington.

Y no había emails que pudieran ser citados, descubiertos o filtrados por Wikileaks. Hmmm, tal vez Igor sabía algo que yo desconocía.

Sin embargo, ni siquiera Igor podía ignorar para siempre al siglo XXI. Ahora que ha dejado el gobierno y está disfrutando de su vida privada y de sus exitosos negocios, se ha puesto al día con otras tecnologías e intercambiamos emails.

CAPÍTULO DIECISIETE

Dime lo que sabes

No puedes tomar una buena decisión a menos que tengas buena información y puedas separar los hechos de las opiniones y las especulaciones.

Siempre he sido un glotón de información. Quería un buzón lleno de mensajes, mucha gente chateando conmigo, constantes llamadas telefónicas de mi equipo o agentes confiables para contarme lo que escuchaban y veían. A través de los años he aprendido a leer rápido para llegar a la esencia de un documento, dejando a un lado el relleno, como los adjetivos y los adverbios innecesarios, las exageraciones y los argumentos cuestionables. Lo mismo hacía al escuchar presentaciones orales: «Solo los hechos, señora, solo los hechos», una expresión que hizo icónica el sargento Joe Friday, un detective de la policía de Los Ángeles, en las décadas de los cincuenta y sesenta, en el programa de televisión *Dragnet*.

Los hechos son información verificada que luego se presenta como realidad objetiva. La clave está en la parte de la verificación. ¿Cómo verificas lo verificado? Los hechos son escurridizos y la verificación también. La verificación de hoy puede no ser la de mañana. Puede resultar que los hechos no sean realmente hechos. Pueden cambiar a medida que la verificación cambia, pueden presentar solo parte de la historia, pero no toda la historia, o puede ser que los encargados de verificar añadan calificativos que al final carezcan de información.

He visto hechos aparentemente verificados diluirse a la luz del día. El 19 de marzo de 2003, la noche antes de que lanzáramos la Guerra del Golfo, estábamos en la Oficina Oval recibiendo un reporte de espías que decían que Saddam Hussein estaba en Dora Farms, una de sus propiedades palaciegas en Bagdad. Esa información abría la posibilidad de realizar un ataque exitoso que destituiría al gobierno. Bombardeamos el palacio. Los espías luego reportaron que estaban seguros de haber visto cuando sacaban el cuerpo de Hussein. Todo era incorrecto.

En Somalia, en 1993, estábamos buscando por todas partes al dictador Mohamed Aidid. Los espías nos seguían informando que lo tenían ubicado, pero ya se había ido del lugar cada vez que atacábamos. La información de los espías siempre tiene que ser desafiada. Si el espía te dice exactamente dónde está el objetivo y lo agarramos, se merece una buena cena.

También es posible que los datos que estás recibiendo no te presenten el cuadro completo de la situación, sino tan solo una parte.

Durante la Guerra del Golfo en 1991, el agente de la CIA encargado de reportar diariamente al presidente Bush, le dijo que los informes del general Norman Schwarzkopf estaban sobreestimando la cantidad de tanques iraquíes y de artillería destruidos por nuestros ataques aéreos. Los analistas de las fotos de satélite de la CIA habían llegado a un número inferior. Esto desató una enorme batalla burocrática. Norm se salió de sus casillas. Citamos a una reunión en la oficina del consejero de seguridad nacional, Brent Scowcroft, para arreglar las cosas, y arrastré al general Norm de su cuartel en Riad para resolver de una vez por todas la cuestión.

La verdad era que los analistas de la CIA de las fotos satelitales no estaban tomando en cuenta el cuadro completo del campo de batalla. Estaban confiando exclusivamente en una visión muy estrecha, algo así como imágenes satelitales del campo de batalla hechas a través de una pajilla de refrescos. El informe de Norm estaba basado varias fuentes confiables: costosos satélites, baratas sesiones informativas sobre lo que habían visto los pilotos y fotos áreas de bajo nivel.

Un par de expertos de la sede de la CIA en Langley, Virginia, asistieron a la reunión en la Casa Blanca: un experto en fotos satelitales y otro experto en fuentes múltiples, que recopilaba los hechos a través de varias fuentes y no solo de una visión angosta como una pajilla. Su visión del campo de batalla, en otras palabras, era muy parecida a la de Norm y a la de otros analistas de fuentes múltiples de la CIA, la Agencia de Defensa e Inteligencia, la Agencia de Seguridad Nacional y la Oficina Nacional de Reconocimiento. Expuse la explicación de Norm y el experto en fuentes múltiples la confirmó: «Sí, esa sería nuestra apreciación», dijo. La visión de Norm prevaleció.

Los hechos verificados no siempre llegan puros, sino con calificativos. Mi radar de advertencia siempre enciende la alerta cuando los hechos vienen acompañados de calificativos. Como por ejemplo: «Mi mejor juicio», «Yo pienso que», «Según mi mejor apreciación», «Las fuentes confiables usualmente dicen», «En gran parte», «Nos han dicho» y otros por el estilo. Aunque no descarto los hechos tan calificados, sí soy cuidadoso a la hora de tomarlos como concluyentes.

No me malinterpreten. No es que menosprecie a los que recolectan evidencia, ni tampoco tengo la intención de condenar a ningún personal de inteligencia ni a la comunidad de servicios de inteligencia. Es un trabajo, duro, estresante y vitalmente necesario. Durante mi carrera he trabajado con agencias de inteligencia y expertos de todo tipo, desde jóvenes tenientes, oficiales de inteligencia a nivel de batallón, hasta las seis ramas de la comunidad de la inteligencia de Estados Unidos. Con raras excepciones, los analistas de inteligencia hacen todo lo que pueden para suministrar toda la información y los hechos que necesitas para entender al enemigo y la situación, y así poder tomar a la mejor decisión.

También descubrí a través de los años que mi equipo de inteligencia me dio el mejor resultado cuando trabajé con ellos en el proceso mismo de reunir la información. Los cuestionaba constantemente; les respondía enviándoles análisis llenos de garabatos en los márgenes; los desafiaba a defender su análisis. Ellos apreciaban el desafío. Querían, al igual que yo, que la historia fuera la correcta.

Con el tiempo, desarrollé para mi equipo de inteligencia un conjunto de cuatro reglas para asegurarme que veíamos el proceso desde la misma perspectiva y para quitar de sus hombros algunos de los pesos de la responsabilidad. Las reglas son sencillas y me han dicho que cuelgan en las paredes de las oficinas de intelegencia alrededor del mundo.

- Dime lo que sabes.
- Dime lo que no sabes.
- Luego, dime lo que piensas.
- Distingue siempre una de la otra.

Lo que sabes significa que estás razonablemente seguro de que tus hechos han sido corroborados. En el mejor de los casos, sabes de dónde vinieron y los puedes confirmar a través de múltiples fuentes. Habrá veces que no tendrás este nivel de seguridad, pero estarás bastante seguro de que tu análisis es el correcto. Está bien proceder solo con eso, si es lo único que tienes, pero en cada caso, dime por qué estás tan seguro y cuál es tu nivel de certeza.

Durante la operación Tormenta del Desierto, nuestra comunidad de la inteligencia estaba completamente segura de que los iraquíes tenían armas químicas. No solo los iraquíes las habían usado en el pasado contra sus ciudadanos y en contra de Irán, sino que había buena evidencia de la continuación de su existencia. Basado en esa valoración, equipamos a nuestras tropas con dispositivos de detección y equipos de protección, y los entrenamos para pelear en un ambiente como ese.

Lo que no sabes es igual de importante. No hay nada peor que un líder crea que tiene información acertada cuando la gente que sabe que no es así no se lo dicen. Me metí en varios aprietos debido a gente que mantuvo silencio cuando debieron hablar. Mi desacreditado discurso ante la ONU en 2003 sobre los programas iraquíes de armas de destrucción masiva no estuvo basado en hechos, aunque pensaba que así era.

Los informes decían que los iraquíes tenían instalaciones de producción de agentes biológicos montadas en camionetas. Destaqué las camionetas en mi presentación solo porque me aseguraron que la información sobre su existencia venía de varias fuentes de información fidedignas. Luego de la presentación, la historia de las camionetas se derrumbó, porque no existían. Además, salieron a la luz varios hechos que debí haber conocido antes de mi presentación. Primero, ningún agente de inteligencia había entrevistado en persona a la única fuente de información —conocido como Curveball— acerca de las camionetas; y algunos miembros del cuerpo de inteligencia lo consideraban una fuente poco confiable. (Debieron haber contado con *varias* fuentes de información). Segundo, basado en lo anterior y en información adicional que nadie me presentó, varios analistas con mucha experiencia tampoco estaban seguros si las camionetas existían o no, y también creían que Curveball no era una fuente fidedigna. Los analistas tenían enormes «no sabemos» que nunca me comunicaron. Algunos de esos mismos analistas luego escribieron libros diciendo que les había asombrado mi confianza en evidencia tan defectuosa.

Sí, la evidencia tenía defectos irreparables. Entonces, ¿por qué nadie se paró y habló durante las intensas horas que trabajamos en mi discurso? «¡En realidad, no estamos seguros de eso! ¡No podemos confiar en eso! ¡No puedes decir eso!». Se necesita mucha valentía para hacer algo así, especialmente si te estás oponiendo a la postura que tus superiores defienden con ahínco, o a la visión general prevaleciente, o si realmente no quieres reconocer tu ignorancia cuando tu jefe te está exigiendo respuestas.

Al líder no puede eximírsele de culpa en estas situaciones. Él también tiene su carga en esto. Él tiene que interrogar implacablemente a los analistas hasta que esté seguro de haberles exprimido todo lo que saben y todo lo que no saben. Al mismo tiempo, el líder tiene que reconocer que se necesita mucha valentía para que alguien se ponga de pie y diga: «Eso está mal», «estás equivocado» o «en realidad no podemos estar seguros de eso». El líder no puede fusilar al mensajero. Todos están trabajando juntos para encontrar la respuesta acertada. Si no es así, entonces realmente tenemos problemas gravísimos.

Necesitamos esa clase de valentía. Tenemos que promoverla entre nuestros subordinados. Destesto el tener que decir: «¿Por qué nadie me dijo nada?».

Si actúo según lo que tú me dices que sabes y no sabes, estoy añadiendo mi experiencia y mi conocimiento más amplio al tuyo. Si mi decisión resulta ser mala, yo soy el responsable, pero también tú lo eres, y debes estar preparado para rendir cuentas. ¡Bienvenido al mundo real!

En 1991, mientras nos preparábamos para la operación Tormenta del desierto, nuestra gente de inteligencia estaba segura de que los iraquíes tenían armas químicas, pero había preguntas sin respuestas sobre si las usarían o no. Algunos analistas y expertos pensaban que sí, mientras que otros opinaban que no. Era la clásica situación en la que la única respuesta sensata era «no sé». Pensábamos que sí las tenían y sabíamos que las habían utilizado. Pero seguramente temían las represalias y la condena mundial que se desencadenaría si las volvían a usar, y no estaba claro si sus tropas ya estaban entrenadas para usar ese tipo de armas. Yo acepté ese «no sé». No podíamos tener ninguna certeza si las usarían o no, sino hasta que las usaran o intentaran hacerlo. Y tuvieron muchos incentivos para no hacerlo.

Dime lo que piensas. A pesar de que los hechos verificados son pepitas de oro a la hora de tomar una decisión, la información no verificada, las corazonadas e incluso algunas opiniones descabelladas, a veces pueden llegar a ser de igual importancia. Sin opiniones descabelladas no habría bolsa de valores ni fondos especulativos.

Tus pensamientos y opiniones son vitales, incluso si no puedes probarlos o refutarlos, e incluso si son solo corazonadas. Puede que estés en lo correcto. Frecuentemente he encontrado que la corazonada de alguien es una visión más certera de la realidad que su propio conocimiento. Sin embargo, si actúo según lo que piensas o por tus corazonadas, entonces yo tendré que cargar con las responsabilidades del resultado, no tú.

Muchos analistas de inteligencia y expertos creían que los iraquíes usarían armas químicas. Esa era su opinión. Los hechos podían interpretarse de cualquiera de las dos maneras. Mi juicio personal era que no las usarían. Tenían demasiado que perder. Les habíamos comunicado que responderíamos de forma asimétrica si las usaban, y les dejamos a su imaginación lo que podría significar eso. Ellos conocían nuestras capacidades.

Más aún, pensaba que podíamos contrarrestar cualquier ataque de armas químicas del ejército iraquí. Sin duda me preocupaban los posibles efectos domésticos: el escándalo público y las reacciones de histeria. Pero sentía que podríamos manejarlo. Al emitir estos juicios estaba confiando en mi experiencia y mi instinto. Si me equivocaba, la responsabilidad recaería sobre mí y no en la comunidad de inteligencia.

Resultó que los iraquíes no usaron las armas químicas.

Distingue siempre una de la otra. Quiero tanta información como el tiempo, el equipo y las circunstancias lo permitan. Pondero todo lo que tengo —hechos corroborados, análisis, opiniones, corazonadas, instinto informado— y después presento un curso de acción. No hay forma posible de hacer esto a menos de que cuidadosamente haya colocado cada uno de ellos —hechos, opiniones, análisis, corazonadas, instintos—, en las cajas adecuadas.

Hace muchos años, uno de mis mejores amigos, y el entonces general de división Butch Saint, fue expulsado de la oficina de estado mayor del ejército por comunicar malas noticias sobre el programa favorito del jefe. Butch sabía antes de entrar que estaba metiéndose en la guarida del león y no le sorprendió en nada cuando fue expulsado. La historia se esparció rápidamente por el Pentágono, como siempre sucede cuando cosas como esas suceden. No mucho después de que me informaron de lo sucedido, me tropecé con Butch en un pasillo. Mientras caminábamos, le dije algunas palabras de consuelo. «¡Eh!», me dijo tranquilamente, «él no me paga para que le haga bromas». Nunca me he olvidado de eso. Butch se jubiló como un general de cuatro estrellas.

CAPÍTULO DIECIOCHO

Dímelo a tiempo

S e cuenta una vieja historia en el ejército sobre un nuevo teniente segundo recién graduado de la escuela de salto aerotransportado y que estaba supervisando su primer ejercicio de aterrizaje. Estaba parado en la zona de aterrizaje, un gran campo abierto, observando los aviones acercarse. Parado a su lado estaba un viejo sargento que había hecho esto en cientos de oportunidades. Los aviones delanteros lanzarían artillería, camiones y municiones.

Todo parecía bien, así que el teniente autorizó el lanzamiento. El primer paracaídas con carga salió y se abrió sin problemas. El segundo no abrió, golpeó al primero y este a su vez colapsó. Los siguientes paracaídas se sumaron al enredo y todos se estrellaron a toda velocidad. Pedazos del desastre volaron por todas partes, la gasolina se encendió y al tocar las municiones se desencadenó un incendio en la maleza que comenzó a esparcirse rápidamente hacia los bosques cercanos.

El joven teniente estaba allí parado contemplando el desastre. Finalmente le dijo al sargento: «¿Le parece que deberíamos llamar a alguien?». El sargento le respondió pacientemente: «Bueno, teniente, en verdad no tengo la menor idea de cómo podría mantenerlo en secreto».

Los empleados tratan, como el diablo, de demorar lo más posible el momento de dar malas noticias a su jefe. Esto tal vez le funcione a algunos jefes, pero no a mí. Siempre he tenido una regla para mis empleados: «Infórmenme del problema tan pronto como sepan de él». Todos conocen el viejo adagio: «Las malas noticias, a diferencia del vino, no mejoran con el tiempo».

Saber que tenía un problema era importante, pero era más importante comenzar el proceso para conseguir la solución. Siempre usaba esa primera notificación para orientar a mi equipo sobre las soluciones alternativas o sobre posibilidades que no quería que consideraran. Esto era solo una guía, no una decisión final. Siempre les aclaraba que no saltaría a un precipicio ni llegaría a una solución precipitada mientras ellos estaban todavía dilucidando la forma del problema.

Pero aún así debía saber sobre el problema. Y quería conocer la historia completa, no una parte. Quería escuchar todo lo malo. Si no me lo decían, se arriesgaban a que lo escuchara de una fuente externa, o que lo descubriera por mí mismo. Ellos sabían que no querían que esto ocurriera.

En el 2003, soldados estadounidenses e interrogadores a cargo de los prisioneros iraquíes en la prisión de Abu Ghraib en Bagdad, sometieron a los prisioneros a horrendos abusos, torturas y humillaciones. Sus acciones fueron escandalosas y claramente ilegales.

Unos meses después, uno de los soldados asignados a esa prisión reportó los abusos a sus superiores y les dijo que los soldados abusadores habían tomado fotos. Los comandantes en Irak actuaron de inmediato, y abrieron una investigación. Poco después, las noticias llegaron hasta el ministro de defensa Donald Rumsfeld y al general Richard Myers, quien era el director del Estado Mayor Conjunto. Estos le comunicaron al presidente Bush, a principios de enero del 2004, que los incidentes en Abu Ghraib estaban siendo investigados. Parecía que nadie les había dicho a los altos dirigentes que los incidentes eran completamente horrendos. El general Ric

Sánchez, comandante militar superior de Irak, anunció la investigación el 12 de enero. Los soldados fueron suspendidos y quedaron a la espera de acciones disciplinarias.

La maquinaria estaba funcionando, pero no completamente. Los canales de comunicación que llegaban a los altos dirigentes nunca fueron encendidos. Las fotos en Abu Ghraib estuvieron disponibles para los dirigentes del Pentágono, pero no parecía que el ministro Rumsfeld las hubiera visto y tampoco se las habían mostrado a la Casa Blanca. Había una mecha encendida, pero nadie le dijo al alto mando que una bomba estaba a punto de explotar.

En abril, el programa *60 Minutes* de CBS presentó la historia al público general. Ellos habían conseguido las fotos y las mostraron en su reportaje. La bomba explotó y se armó la gorda.

Me sorprendió muchísimo cuando vi las fotos. ¿Cómo habían podido hacer esto unos soldados estadounidenses? ¿Cómo era posible que las consecuencias de que salieran a la luz pública no hubiera despertado la preocupación del Pentágono ni de la Casa Blanca? ¿Por qué no había respuesta de los superiores? Don Rumsfeld era un viejo lobo de mar. Si hubieran sabido lo que estaba sucediendo, él y su equipo se habrían dado cuenta de inmediato de la dimensión de la crisis. De igual manera el gabinete del presidente. Sin embargo, habían pasado cuatro meses y nadie le había mostrado el material al presidente ni al ministro.

Si lo hubieran hecho, el problema no se habría solucionado mágicamente, pero las personas a la cabeza habrían tenido tiempo para decidir cómo lidiar con el desastre y llegar al fondo del asunto. El presidente no se enteró a tiempo.

Los líderes tienen que entrenar a su equipo para que tan pronto pase por su mente la pregunta: «¡Ehh! ¿Crees que deberíamos llamar a alguien?», casi siempre la respuesta es: «Sí, hace cinco minutos atrás». Y también es una muy buena regla para la vida, si es que todavía no has incendiado tus bosques.

Las notificaciones a tiempo hacen posible que todos nos unamos para ver el problema desde distintas perspectivas sin perder el tiempo.

Como le he dicho a mi equipo muchísimas veces, a lo largo de los años: «Si quieren trabajar conmigo, no me sorprendan. Y cuando me cuenten algo, quiero escuchar la historia completa».

CAPÍTULO DIECINUEVE

Cuidado con los informes iniciales

«Dewey venció a Truman», probablemente sea el informe inicial incorrecto más famoso en la historia de Estados Unidos. El *Chicago Tribune* publicó con fanfarrias este encabezado la noche de las elecciones de 1948, proclamando que el gobernador Thomas E. Dewey de Nueva York le había ganado al presidente Harry S. Truman, y que ahora era el presidente electo. Error. Una foto del presidente Truman sosteniendo el *Tribune* y sonriendo como el gato de Cheshire mostró vívidamente la realidad.

En la noche del 3 de julio de 1988, durante mi incumbencia como consejero de seguridad nacional durante la administración del presidente Reagan, recibí una llamada: el USS *Vincennes*, un crucero portamisiles, acababa de impactar un avión de combate F-14 iraní en el Golfo Pérsico. Llamé al presidente Reagan para informarle pero le advertí que era el informe inicial y que no me parecía correcto. No entendía cómo un F-14 solitario; que era un avión para combate aéreo, se estrellaría contra un Aegis en alerta máxima, repleto de equipo electrónico y armado con misiles diseñados para contrarrestar amenazas mucho más peligrosas.

Poco tiempo después, llegó otro informe. El avión que el *Vincennes* había derribado no era un F-14, sino un jet Airbus iraní de pasajeros que estaba ascendiendo en su trayectoria de vuelo normal. El error le costó la vida a doscientas noventa personas. La subsecuente investigación concluyó que el comandante del *Vincennes* debió haber sospechado del informe inicial de su centro de información de combate; que le informaba que un avión de combate solitario estaba descendiendo sobre ellos, cuando en realidad se trataba de un avión comercial en ascenso. No debió haber confiando en el informe inicial.

Y después están los informes iniciales de marzo de 2003, que indicaban que los espías de la CIA habían ubicado a Saddam Hussein en Dora Farms. Luego empezaron a llegar otros informes iniciales: «Sabemos que está allí, sabemos en qué cuarto, lo podemos ver». Valía la pena intentarlo, así que atacamos. Y siguieron otros informes iniciales: «Ahora mismo vemos que están sacando a las víctimas. Estamos seguros de haber visto que estaban cargando a Hussein». Los informes de que había muerto resultaron equivocados. No estoy convencido de que hubiera estado aquel día en Dora Farms. Si fue así, salió ileso. Sin embargo, si el informe de que estaba allí hubiera resultado correcto, el ataque a Dora Farm habría valido la pena.

En noviembre de 2003, la ciudad de Tiflis en la República de Georgia estaba en estado de rebelión. Unas turbias elecciones parlamentarias habían provocado una masiva demostración en las calles, exigiendo que el gobierno del presidente Eduard Shevardnadze renunciara. A pesar de los esfuerzos que hizo Shevardnadze por controlar la situación, estaba latente la amenaza de disturbios y violencia. En la tarde del 22, Condi Rice, la consejera de seguridad nacional del presidente Bush, me llamó para informarme que la vecina Federación Rusa estaba enviando unidades de fuerzas especiales Spetsnaz para tranquilizar a los protestantes y restaurar el orden. Una intervención militar de ese tipo en la política de un país vecino y soberano podría complicarlo todo y hasta provocar una guerra civil. Necesitaba confirmar ese informe inicial. Algo no me lucía bien. Me parecía que estaba fuera de contexto.

Los rusos habían ciertamente demostrado durante la Guerra Fría que intervendrían militarmente en países satélites en los que pudiera existir el peligro de que se liberaran del dominio soviético. Hungría en 1956 fue un ejemplo. Checoslovaquia en 1968 fue otro. Pero los rusos y el mundo habían cambiado radicalmente desde 1956 y 1968. Sin duda, los rusos estaban siguiendo la situación en Georgia muy de cerca, pero habíamos estado en contacto con ellos. No había recibido ninguna indicación de que ellos estuvieran inclinados a iniciar la acción militar.

Le pedí a mi equipo que consiguieran toda la información que pudieran y que confirmaran todo con nuestras fuentes de inteligencia. Sabía que harían lo mejor posbile, pero necesitaba tener esa información pronto. Si el informe de Condi era cierto, teníamos una crisis; pero si no era verdad, teníamos que desaparecerlo lo más rápido posible, antes de que llegara a manos de los medios y creara un problema innecesario con los rusos, que podrían pensar que nosotros le habíamos dado credibilidad al rumor.

Mientras tanto, mi confiable colega, Igor Ivanov, el ministro de asuntos exteriores de Rusia, estaba en camino a Tiflis para tratar de mediar entre Shevardnadze y los líderes de la oposición. Igor había sido uno de los auxiliares de Shevardnadze cuando fue ministro de asuntos exteriores de la Unión Soviética. Tenían una relación cercana, y yo también conocía bien a Shevardnadze.

Como Igor no tenía teléfono en su avión, tuve que esperar a que llegara al aeropuerto de Tiflis. Tan pronto aterrizó me llamó de su celular. Sin perder tiempo le dije que habíamos oído que los Spetsnaz podrían estar movilizándose.

«Colin, eso no tiene sentido», me respondió. «¿Para qué haríamos algo así? Lo niego categóricamente».

Igor estaba siempre bien informado y yo confié en él. Le conté sobre nuestra conversación a la doctora Rice y el informe inicial rápidamente se evaporó, mientras Igor continuaba con sus esfuerzos de mediación.

Más tarde aquel mismo día, el gobierno de Shevardnaze renunció. Y pronto celebraron unas nuevas y justas elecciones.

Teníamos que eliminar aquel informe inicial rápidamente, antes de que despegara de la pista, y eso fue exactamente lo que hicimos. La «Revolución Rosa», como se llamaron los eventos de noviembre de 2003 en Georgia, triunfó. (Sin embargo, la Guerra Ruso-Georgina de 2008 demostró que los rusos todavía son capaces de intervenir militarmente en los asuntos de sus vecinos).

Después de cada evento se produce un informe inicial. El informe inicial puede ser completamente preciso y puedes confiar en él, pero solo también puede ser parcialmente preciso; o hasta completamente incorrecto. ¿Cómo podemos evaluar esos informes iniciales para determinar dónde está la mejor probabilidad?

Mi experiencia con cientos de informes iniciales a través de los años me ha hecho crear una lista mental para descifrarlos:

- ¿Tiene sentido esto? Respira profundo y frótate los ojos.
- ¿Encaja con todo lo demás que está sucediendo? ¿Existe algún contexto para este acontecimiento?
- ¿Cuánto tiempo tengo para descifrarlo?
- ¿Cómo puedo confirmarlo? ¡Asígnaselo a tu equipo! ¡Levanta el teléfono!
- ¿Cuáles son los riesgos, costos y oportunidades que podrían perderse si el informe es correcto y nos demoramos en actuar?
- ¿Cuáles son los riesgos, costos y oportunidades que podrían perderse si el informe es falso y actuamos precipitadamente?
- ¿Qué está en juego?
- ¡Se acabó el tiempo! ¡Haz algo! ¡Sigue buscando!

En todos estos años, he visto muchísimos informes iniciales que eran ciertos. Basado en algunos actué y basado en otros no hice nada. De algunos me arrepiento de no haber actuado. Siempre tienes que recordar que un enemigo inteligente puede crear informes iniciales falsos; algunos con el fin de que actúes como ellos quieren, y otros que lucen obviamente falsos con la intención de que los ignores, cuando en realidad deberías actuar. Hitler se negó a aceptar los informes iniciales que decían que los aliados invadirían por Normandía.

Según mi experiencia, un respiro profundo siempre es una buena reacción inicial ante un informe inicial. Intenta esperar a que la papa caliente se enfríe un poco antes de levantarla de la mesa.

CAPÍTULO VEINTE

Cinco audiencias

La operación Tormenta del desierto, en 1991, fue la primera guerra que se transmitió por televisión por cable. CNN inundó las ondas con reportajes desde el lugar de los hechos; le siguieron las otras cadenas de televisión; y las transmisiones por satélite difundieron el conflicto a cada esquina del planeta. Cientos de reporteros llegaron al área de batalla solicitando acceso a todo lo que estaba sucediendo.

Aquellos que estábamos comandando la guerra, teníamos la tarea adicional de satisfacer las demandas de los noticieros. Parte de mi trabajo como director del Estado Mayor Conjunto de Dick Cheney como ministro de defensa, era encargarnos de eso. A mi parecer, lo manejamos bien, a pesar de la considerable crítica.

Siempre he creído en el principio de que la obligación de los medios de comunicación de mantener informados a los estadounidenses me forzaba a cumplir con la tarea de informarles lo más posible sobre lo que estaba ocurriendo. Era mi responsabilidad ayudarlos a comprender nuestras acciones durante la Tormenta del desierto, de modo que ellos pudieran hacer su trabajo. También tenía la obligación de no dar información que pudiera comprometer nuestras operaciones o poner en riesgo a nuestras tropas. A

pesar de que los medios invariablemente querían saber más de lo
que yo quería que ellos supieran y a pesar de que nos criticaban
porque no les decíamos tanto como ellos querían escuchar, los reporteros comprendían cuál era su labor y cuál la mía.

Hicimos un buen trabajo en alcanzar un equilibrio entre nuestras obligaciones contradictorias. Pero no éramos los últimos jueces
en esto. Le tocaba decidir al pueblo norteamericano. Ellos querían
todas las noticias, pero al mismo tiempo confiaban en que prote-
geríamos a sus hijos e hijas en combate.

A pesar de que tal vez no luzca tan obvio, *Saturday Night Live*
(SNL) hizo una excelente representación sobre cómo la mayoría de los estadounidenses pensaba que estábamos manejando a la
prensa. Una escena de *SNL*, nos mostraba a Dick Cheney y a mí
en una rueda de prensa, en la que los reporteros nos planteaban
claramente preguntas difíciles como: «¿A qué hora de la mañana
piensan atacar?». Me parece que la gente comprendía a qué nos
enfrentábamos y qué estábamos tratando de hacer.

El ministro Cheney y yo citamos muchas ruedas de prensa durante el conflicto. Para entonces ya había aprendido bastante sobre
cómo manejarme con la prensa en una era moderna de noticias
electrónicas. Cada vez que aparecía frente a la prensa, comprendía
que estaba hablando a diversas audiencias tenía que satisfacerlas a
todas. En la mayoría de mis apariciones frente a la prensa identifi-
qué cinco audiencias principales:

1. *El reportero que formula la pregunta.* El reportero es la audiencia
    menos importante. Recuerda siempre que no estás hablando
    con el reportero, sino que a través de él o ella estás llegando a
    la gente que observa y escucha. Sin embargo, muéstrale res-
    peto. En una entrevista no existen preguntas tontas. El humi-
    llar a un reportero te hace lucir como un intimidador.
2. *El pueblo norteamericano que está viendo y escuchando.* Ellos
    quieren información, especialmente si sus hijos y seres

queridos están en la batalla. Quieren que se les transmitas un sentimiento de confianza y seguridad que reafirme que sus líderes saben lo que están haciendo. Ellos esperan y merecen sinceridad. Incluidos en esta audiencia están nuestros líderes políticos y nuestros gobernantes. Aunque estén en Washington, es posible que se estén enterando de las noticias por primera vez.

3. *Los líderes políticos y militares en más de 190 capitales extranjeras.* Todos tendrán que comentar y explicar a su propia gente lo que acabas de decir. En la operación Tormenta del desierto muchos de ellos tenían tropas en la batalla bajo el comando de Estados Unidos. Eso significa que no solo le estás hablando a los líderes extranjeros, sino a sus compatriotas y sus familias.

4. *El enemigo, que está viendo y escuchando cuidadosamente.* No quieres darle nada que pueda usar en tu contra. Necesitas ser un experto evadiendo preguntas como: «¿Es cierto que no tenemos suficiente combustible para lanzar la operación?», «¿Es verdad que pueden escuchar las radiocomunicaciones seguras de los iraquíes?», «¿Qué hay de cierto en el informe de que hay fuerzas especiales operando encubiertamente en Bagdad occidental?». Algunas de nuestras respuestas, necesariamente vagas, decepcionaron terriblemente a los reporteros.

5. *Por último, las tropas.* Todos ellos tienen acceso a la radio, televisión, medios impresos y ahora a la Internet. Estás hablando sobre sus vidas. Nunca trates de engañar a esa audiencia. Primero, no va a funcionar. Segundo, están contando contigo. Confían en ti, y jamás debes violar esa confianza.

Si eres un alto dirigente —militar, corporativo o financiero— que está planeando hablar en público, tienes que hacer un análisis profundo de cada una de las audiencias a las que te estarás dirigiendo. Asegúrate que siempre estás hablando a través del entrevistador a las audiencias que realmente importan.

Supongo que hay escuelas que enseñan estas ideas, pero mi educación fue formación en el trabajo. A veces lanzamos a altos dirigentes ante la prensa cuando todavía no han completado su entrenamiento sobre cómo tratar con los medios.

Asigné al teniente general Cal Waller como auxiliar de Norm Schwarzkopf durante la Tormenta del desierto. Conocía a Cal hacía muchos años. Era un oficial brillante, a quien consideraba como uno de mis aprendices. En diciembre de 1990, Dick Cheney y yo llegamos a Riad para actualizar a Norm. Llegamos con un gran contingente de la prensa que nos rogaba que le diéramos información. Norm, Dick y yo estábamos ocupados, por lo que se le encargó a Cal —que tenía menos experiencia con la prensa y había estado en Riad solo un mes—, que hablara con la prensa. Cal, haciendo lo mejor posible para mostrarse cooperador cuando le hacían preguntas, ofreció su opinión diciendo que no estaríamos listos para atacar probablemente mediados de febrero. Fue una gran metida de pata que contradecía lo que nosotros y el presidente habíamos estado diciendo. Cal quedó como un idiota. En efecto, para entonces, tanto la Fuerza aérea como la Marina estaban listas para atacar, pero la Armada necesitaba más tiempo. Mientras tanto, las declaraciones de Cal se convirtieron en titulares alrededor del mundo. Los medios no podían creer su buena suerte.

Cal se sintió muy mal, pero nosotros lo animamos. No se había hecho ningún daño grave y pudimos calmar el vendaval en veinticuatro horas.

Puesto que yo era uno de los mentores más cercanos de Cal, le escribí una nota aquella noche en mi hotel sobre cómo conducirse con la prensa. Esto tiene aplicaciones mucho más allá de una nota entre amigos:

«Cal, en lo que respecta a la prensa, recuerda:

1. Ellos escogen la pregunta. Tú escoges la respuesta.
2. No tienes que responder ninguna pregunta que no quieras.

3. Nunca mientas ni disimules, por supuesto; pero ten cuidado de ser muy franco o abierto.

4. Nunca respondas preguntas hipotéticas sobre el futuro.

5. Nunca reveles el consejo privado que les has presentado a tus superiores.

6. Tus respuestas deben dirigirse al mensaje que quieres que los lectores o espectadores reciban. Los entrevistadores no son tu audiencia.

7. Ellos están haciendo su trabajo. Tú estás haciendo el tuyo. Pero tú eres el único que está corriendo un riesgo.

8. No hagas predicciones ni especules sobre eventos futuros.

9. Ten cuidado con el argot y los refranes, a menos que estés conscientemente tratando de crear una frase pegajosa.

10. No laves la ropa sucia.

11. No respondas ninguna pregunta que tenga una premisa con la que no estás de acuerdo.

12. No te empujes ni te dejes empujar hacia una respuesta que no quieres dar.

13. Si estás atrapado, divaga y balbucea.

14. Nunca tosas ni muevas tus pies de un lugar a otro.

15. Si te hacen preguntas de seguimiento, estás en problemas: desvíate a la derecha, aprieta el acelerador, gana altura o eyecta».

Con el paso de los años, aprendí otro par de lecciones:

Treinta minutos es suficiente tiempo para cualquier entrevista. Si son más largas comenzarás a enredarte y a contradecirte.

Nunca ofrezco una entrevista oficial durante una cena. Estás demasiado relajado y piensas que solo estás pasando un buen rato entre amigos.

No te muevas en la silla, ni te toques la oreja ni te toques la cara. Es una señal de que te han descubierto.

Nunca hagas una pausa para pensar qué vas a decir. Comienza a hablar mientras piensas. En todo caso, puedes repetir la pregunta.

Me aprendí la regla «tú eres el único que está corriendo un riesgo» en 1987, cuando era consejero auxiliar de seguridad nacional, momentos después de mi primera entrevista matutina de televisión dominical, en *This Week with David Brinkley*. Me iba muy bien y estábamos a punto de concluir el programa. El gran reportero Sam Donaldson, uno de los panelistas regulares, tomó el micrófono y en su modo agresivo, preguntó: «¿Por qué debemos confiar en ti? Eres un oficial militar y luego del reciente escándalo del Consejo de seguridad nacional por los Irán-Contra, donde estuvieron al mando oficiales militares, ¿por qué debemos confiar en ti?». En los treinta segundos que me quedaban, me pareció que había hecho un buen resumen sobre las razones por las que podían confiar en mí. Luego del programa, le dije a Sam que pensaba que yo había salido con la mejor parte de aquel intercambio. ¡Gané!

Sam sonrió ante mi ingenuidad. «General», me dijo, «cuando estás con la prensa, tú eres el único que está corriendo un riesgo. Yo nunca voy a perder». Nunca me he olvidado de eso.

Y agregó: «Y nunca te sonrías cuando pienses que nos llevas la delantera».

Ni tampoco les dejes ver que estás sudando.

PARTE V

Cómo llegar al ciento cincuenta por ciento

CAPÍTULO VEINTIUNO

Lo que les digo a mis nuevos ayudantes

Cuando comienzo en una nueva oficina y con un nuevo equipo, siempre me resulta útil darles una idea de lo que espero de ellos. Todos están nerviosos, ansiosos, y me quieren agradar, pero están caminando sobre cáscaras de huevo. He aquí un resumen de mi orientación inicial, escrita hace unos cuantos años por un ex ayudante y que modifiqué un poco. He compartido la lista original muchas veces a lo largo de los años:

CÓMO SOBREVIVIR SIENDO MI AYUDANTE... Y LO QUE NO DEBES HACER

Nunca vaciles en preguntarme qué hacer si no estás seguro.

Entrenaba a mis asistentes para que nunca actuaran siguiendo instrucciones que no habían entendido completamente. Si estás confundido, pídeme que te explique otra vez y con exactitud qué fue lo que te pedí que hicieras. Si sigues sin entender, discútelo conmigo y asegúrate de que lo entendiste. Si aun así no te queda claro, entonces seguramente soy yo el que está confundido. Es probable que no tenga suficientemente claro qué es lo que quiero que hagas. Es momento de que me siente y piense de nuevo en eso. Invariablemente, voy a encontrar un punto débil en mi análisis.

Nunca firmes con mi nombre ni por mí.

Aprendí esto de uno de mis primeros jefes en el Pentágono, John Kester; un abogado meticuloso y quisquilloso en cuanto a la calidad de la correspondencia. Kester nunca dejaba que nadie firmara su nombre ni que usaran una máquina de firmas. Su firma creaba un documento legal que tenía que sostenerse en una corte y en cualquier otro lado. Otro de sus hábitos: la única fecha que permitía en el documento era la del día en que lo estaba firmando. Era un documento legal.

Yo seguí esas reglas a lo largo de toda mi carrera. Como ministro de asuntos exteriores, era mi trabajo firmar elaborados certificados de comisión que se les otorgaban a aquellos funcionarios designados por el presidente y aprobados por el Senado. Nos llegaban por docenas, pero yo firmaba cada uno personalmente. Cuando mi hijo Michael fue nombrado jefe de la Comisión Federal de Comunicaciones, añadí una carita feliz a su certificado.

Tuve que hacer algunas excepciones a esta regla. Durante la operación Tormenta del desierto nos llegaban miles de cartas y documentos del público general. Cómo no podía firmar cada una de las respuestas, y consideraba que cada uno de los ciudadanos que me escribió se merecía y esperaba una respuesta, autoricé a uno o dos ayudantes del equipo a que usaran la máquina de firmas para ese propósito.

Nunca gastes tu dinero en mí.

Siempre les doy a mis asistentes personales ciertos fondos para gastos menores, para pagar por algún imprevisto. Cuando se les están acabando, me piden más. Pero nunca los dejo pagar con su dinero por mi almuerzo, por estampillas o por crema de afeitar. Sin excepciones. Sería un abuso de autoridad permitírselos. Nunca le prestes ni le pidas prestado a un ayudante.

Evita el síndrome de «el general quiere», a menos que en realidad lo quiera.

«Sabes, el baño de abajo en mi oficina luce bastante destartalado». Antes de enterarte qué pasó, alguien ha ordenado una remodelación de $15.000 dólares y el contrato ha sido firmado. Un galón de pintura de veinte dólares era probablemente lo que necesitaba. Pero ahora tendrás que explicarle al Congreso por qué gastaste de más en tu casa de gobierno. Peor, el *Washington Post* está trabajando en un reportaje de tres páginas para delatarte. Incluso las reparaciones aparentemente económicas se vuelven costosas cuando los ingenieros agregan una cantidad más a los costos totales por mantener no solamente la casa, sino el puesto entero.

A menos que seas cuidadoso o estés protegido por la gente a tu alrededor, una simple observación o comentario marginal puede liberar monstruos burocráticos sedientos de complacer al general o al jefe. ¿Cuántos directores ejecutivos han perdido sus puestos por una mesa de $75.000 para la sala de conferencias? Cuando realmente quiera algo, te vas a dar cuenta.

Ofrece tu reacción, pero ten discreción con aquellos que la piden. Las conversaciones entre tú y yo son privadas y confidenciales.

El ex alcalde de Nueva York, Ed Koch, solía preguntarle a todo el mundo que veía: «¿Cómo lo estoy haciendo?».

Todo el mundo quiere saber qué piensan los demás sobre su labor: ¿qué piensa el jefe?, ¿cómo quedó la reunión?, ¿está molesto o no? Ed le estaba preguntado a su jefe, los votantes.

Yo necesito saber qué piensan mis empleados sobre mi desempeño, y ellos necesitan saber qué pienso yo sobre el de ellos. La información que intercambiamos es privada y privilegiada. Lo que sucede en la oficina, se queda en la oficina.

Toda organización ama, se nutre y solicita chismes. Y los subordinados necesitan comentarios sinceros sobre lo que su jefe piensa y siente sin tener que preguntarle. Cada líder eficiente le comunica sus sentimientos y reacciones a la organización. Pero hay momentos en los que la crítica, los elogios o los correctivos no deben venir del líder, sino de alguien cercano a él y autorizado para hablar en su nombre. Si alguno de mis subordinados me presentaba algún informe particulamente deficiente, era muy probable que mi asistente escuchara la pregunta: «¿Qué tan molesto está el general?».

«No te preocupes por eso, él sabe que lo tendrás arreglado para la próxima semana».

O, «Nunca lo había visto tan molesto. Más te vale que tengas todo listo para el final de la semana que viene o te va a lanzar como una piedra».

Los asistentes de confianza ocasionalmente pueden decir mentiras sin importancia o tener conversaciones persuasivas por el bien de la organización. El ego puede ser algo mañoso, y hay que manejarlo con cuidado y ¡hasta darle masajes de vez en cuando!

No soy una excepción. Necesito saber cómo lo estoy haciendo.

Yo vivo dando conferencias. Después de cada presentación, nunca le pregunto al cliente cómo me fue. Mando a mi asistente a la oficina de mi cliente para que le pregunté al ayudante del cliente qué les pareció el evento y la presentación del general. A los asistentes les encantan los chismes y así recibo comentarios muy valiosos. Cuando no conseguimos la respuesta, sé que no estuvo tan bien y tengo que revisar lo que le dije.

Alma y mi familia no tienen nada que ver con la oficina. Nunca me interrumpas con llamadas de Alma a menos que haya una verdadera crisis.

Amo a mi familia profunda y apasionadamente. Ellos son mi vida, pero no toda mi vida. Su lugar en mi vida no se extiende a la oficina.

Mi esposa, Alma, sabe que los buenos vallados hacen buenos matrimonios. Ella se encarga de la casa, los niños y de mí. Yo me encargo de la oficina. Ella nunca se involucra con la política, las personalidades, los chismes ni cualquier otra cosa de la oficina. No me interroga durante la cena para saber qué está sucediendo. Ya habíamos cumplido diez años de casado cuando empezó a distinguir una insignia de rango de la otra. Ella nunca ha olvidado lo que nos dijo el general Bernie Rogers, jefe del estado mayor del ejército, cuando me gradué de la escuela de etiqueta para aspirantes a general, antes de ser promovido a general de brigada: «En los próximos años voy a tener que rechazar a algunos de ustedes porque sus esposas comenzarán a comportarse como si fueran generales. Sé que no me creen ahora, pero es solo cuestión de tiempo». Estaba en lo correcto. Alma es tan astuta como el demonio y siempre sabe lo que está pasando, pero siempre hemos mantenido ese límite estricto en el umbral de nuestro hogar. Ella sabe que cuando me llama a la oficina es posible que no puede contestarle de inmediato.

Si es válido para Alma, también es válido para el resto de mi familia.

Nunca dejes a nadie esperando en el teléfono; llámalo de vuelta.
Esta lo añadí antes de que existieran los mensajes de voz, la llamada en espera, el reenvío de llamadas y esa pesadilla moderna, los árboles telefónicos. Simplemente consideraba que era grosero poner a alguien en esperar, y dejarlo allí por más de un momento. Les estás haciendo perder su tiempo. Si no puedes pasar la llamada de inmediato, dile que le llamaremos luego. Y después asegúrate de que lo hagamos. Siempre intentaba terminar mi día sin ninguna llamada pendiente por hacer.

Cuando me convertí en ministro de asuntos exteriores, dejaba mi puerta abierta para estar al tanto de lo que estaba sucediendo en las oficinas contiguas. Frecuentemente solía escuchar repicar los teléfonos hasta que eran desviados al mensaje de voz. Inaceptable. La oficina de recepción del ministro de asuntos exteriores no puede usar el buzón para mensajes de voz. El teléfono se va responder después del tercer repique, por un ser humano amable, aun si el ser humano soy yo. Quiero que cada llamada sea atendida o transferida a alguna oficina del departamento donde puedan hacer algo. Quería que la gente dijera: «Ah, llamé a la oficina del ministro de asuntos exteriores y me atendieron rapidísimo».

Me gustan las reuniones sin interrupciones. Hago muchas preguntas. Me gustan las preguntas y los debates.
Si estoy en una reunión, estoy en una reunión. Las reuniones deben ser francas y minuciosas, y deben ser un tiempo sagrado.

Me gustan las reuniones que van al fondo del asunto que se está tratando. Y solo puedes lograrlo si todo el mundo se siente libre para hacer preguntas que pelan la piel y se adentran en la esencia del tema. Y me gusta que me confronten. No asumas que ya sé las respuestas. Si las supiera, no necesitaría citar una reunión.

Las reuniones son sacrosantas. No las interrumpas para decirme que alguien me está llamando o que alguien me necesita. Creo que hay que respetar a los otros que están en la reunión. No los quiero hacer perder el tiempo. Su tiempo es tan valioso como el mío. Si me vas a interrumpir, mejor que sea urgente.

Soy adicto a la gente y a las llamadas. Me gusta mantenerme enormemente accesible.
Mientras más ascendía, con más ahínco tenía que luchar para mantenerme accesible a la gente a mi alrededor, y que el personal y las puertas no me aislaran.

En el Departamento de estado mantenía mi puerta abierta de par en par. Trabajaba en una pequeña oficina interior, con una sala de juntas muy bonita justo entre mi oficina y las del resto del equipo. Podía seguir lo que estaba sucediendo, escuchar los teléfonos y las risitas sobre las que podría preguntar luego. La gente que necesitaba verme podía mirar adentro para ver si estaba ocupado. Incluso cuando cerraba mi puerta, si alguien necesitaba verme, solo me hacían señales y si estaba libre, les pedía que pasaran.

Siempre encontraré maneras de saber qué está pasando.
Así que, no dudes en decírmelo. Mientras más alto asciendes, tienes más personal que te protege de ti mismo y que promueve sus propios intereses. Tienen buenas intenciones, pero pueden aislarte de la situación real. Tienes que salir y caminar el piso. Mantén agentes y amigos de confianza que te llamen cuando piensen que el emperador no tiene ropa. En el ejército, los capellanes, los inspectores generales y los sargentos mayores te pueden ofrecer una perspectiva de la situación real. Por encima de todo, no olvides que fuiste parte de esa situación real. Nunca pierdas esa conexión con lo que está sucediendo en los pisos de abajo.

No aceptes compromisos para hablar en público sin que yo lo sepa.
En efecto, no aceptes ningún compromiso de calendario sin que yo lo sepa. Soy un maniático con mi itinerario. Debo controlar mi tiempo. Es el único activo real que tengo. Ninguna reunión es aceptada, ningún evento es aceptado, sin mi aprobación personal. Pero no hay problema si no hay cita en el calendario y necesitas platicar algo. Trato de mantener mi puerta abierta. Si en verdad necesitas verme, y no estoy ocupado ni tomando una siesta, adelante.

Mantén calendarios y archivos precisos. Y mantén un registro fiel de las llamadas y de las personas que he visto. Siempre devolveré llamadas telefónicas.
Mientras más viejo me pongo, más importante se ha convertido esto. Mi memoria sigue siendo casi perfecta, lo único es que opera mucho más lento que en el pasado. Los calendarios precisos y el registro de llamadas han probado ser invaluables. Me han salvado en muchas ocasiones.

Por otro lado, la pregunta de si mantener o no un diario no es una cuestión fácil de responder en estos tiempos (especialmente para las personas con una presencia pública significativa). La revolución de la información, los emails, la ley de libertad de información y ahora WikiLeaks, sugieren que hay que tener mucho cuidado al guardar archivos personales. Esos archivos son importantes para propósitos históricos, pero temo que poco les quedará a los historiadores por la extrema cautela y la discreción con que ahora dejamos registro de nuestras acciones.

En una ocasión tuve que presentarme en una corte federal como testigo para tratar de clarificar algunas palabras ambiguas que había anotado en un calendario. Como eran pocas palabras y no una larga narrativa, los abogados de ambos lados se divirtieron haciéndome preguntas para llenar los espacios en blanco para su beneficio.

Tiendo a preocuparme o a ponerme temperamental. A fin de cuentas estallaré, pero eso aclarará las cosas.

Trato de mantenerme ecuánime, pero soy humano. A veces, algún asunto me consume tanto que soy inconsciente, y hasta grosero, con la gente que me rodea. A veces permito que mi temperamento me gane la partida y exploto. Déjame solo, mantente lejos y en un rato volveré a la normalidad. No lo tomes personal, en realidad me enredé con algún asunto. No puedo tener cerca a personas que se tiran al piso en posición fetal cuando están en mi línea de fuego.

Sé puntual, no me hagas perder el tiempo.

La puntualidad es una señal de seriedad, disciplina, comprensión del valor del tiempo y simple respeto y cortesía. Una de las primeras lecciones que aprendes en el ejército es a ser puntual. En el ejército estar a tiempo no es algo casual. Te vas a acordar de las viejas películas de guerra en las que los líderes sincronizaban sus relojes para que todos pudieran brincar exactamente al mismo tiempo. Yo aprendí en la escuela de infantería a no estar nunca sin un reloj, un bolígrafo y una libreta para notas.

Insisto en la puntualidad. La reunión comienza cuando digo que comenzará, estés o no estés. Llega tarde a una cita y puede que cuando llegues esté cancelada. Las reuniones que comienzan tarde y se demoran demasiado son una pérdida de tiempo para todo el mundo.

Las emergencias pueden suceder, y las reuniones pueden comenzar más tarde o extenderse, pero no puedes llegar tarde simplemente porque no organizaste tu día. Cuando se tiene a la gente esperando simplemente por indisciplina o mal manejo del tiempo, me hierve la sangre.

Los medios escribieron historias sobre el presidente George W. Bush cerrando puertas si no llegabas a tiempo a una reunión. Un día me demoré debido a una llamada telefónica importante; llegué como un minuto tarde a una reunión del gabinete y llegué un minuto tarde a una reunión del gabinete. La puerta estaba cerrada con llave. Luego la abrieron y pude escurrirme adentro. Todo el mundo se rió, pero fue también una lección. Algunos reporteros que no tenían muchas noticias que cubrir aquel día comenzaron la historia que el presidente Bush me había ofendido. No, se lo hacía a todo el mundo y en todo momento, aun a Karl Rove, para mi deleite.

Prefiero la información escrita a la oral. La escritura estimula la disciplina.

Me *encantan* las discusiones y las presentaciones orales. Las exposiciones perspicaces y bien organizadas son buenas. Pero lo escrito le gana a lo oral. Un análisis bien escrito sobre un asunto, haciendo una lista de las alternativas y de los puntos de vista opuestos, distribuida y estudiada previamente, hace más productivas las reuniones. En la callada soledad de mi casa u oficina, puedo encontrar incongruencias y debilidades o fortalezas. Entonces me siento preparado para escuchar los argumentos orales, con las herramientas suficientes para no dejarme influenciar únicamente por la detreza de los protagonistas.

Hago mucho papeleo y me gusta hacerlo.
Siempre fui un buen oficial de estado mayor. Normalmente tenía
que revisar docenas de papeles a diario. Leo rápido. Sé cómo hojear
y dejar de lado el relleno. Y lo disfruto. En todos mis altos puestos
he tenido el hábito de responder todos los documentos el mismo
día que me los envían. En aquellas ocasiones cuando no podía hacer
algo el día que me llegaba, lo trabajaba desde mi casa y enviaba la
respuesta al día siguiente. Si no recibiste respuesta en las siguientes
veinticuatro horas, no fue porque no lo hice. Deberías preocuparte
por no lo recibiste. Usualmente no son buenas noticias.

*Asegúrate de que la correspondencia sea excelente. Nada de
infinitivos con adverbios intercalados.*
Quiero la mejor correspondencia posible. Y redacción humana.
Evita que sea artificial, hinchada, hiperbólica, sobreadjetivada o
llena de necedades burocráticas. Escríbeme como me hablarías. Otra
lección que aprendí de John Kester fue detestar los infinitivos con
adverbios intercalados infinitivos partidos. Este estilo de redacción
ha sido más aceptada en tiempos recientes (y a veces lo uso en mis
escritos), pero todavía insisto en eliminarlos para forzar a la gente a
leer cada oración con cuidado. El eliminar este tipo de infinitivos no
es lo importante. Lo que cuenta es leer cada oración con cuidado.

Nunca, nunca cometas alguna acción ilegal o estúpida.
¿Alguna pregunta?

*Nada de sorpresas. No me gusta que me soprendan despreve-
nido. Las malas noticias no mejoran con el tiempo. Si algún
problema se está gestando, quiero saberlo pronto; avísame lo
antes posible.*
Si operas de una forma estable, y tienes un buen equipo en el que
confías y que confía en ti, entonces nadie sentirá miedo de decirte
lo peor, lo más pronto posible. Tu equipo sabe que puede traerte

un problema sin que te alteres y que les ofrecerás directrices para comenzar a solucionarlo. Los lazos de confianza mutua entre todos los involucrados te ayudarán mucho a conseguir la solución.

Habla con precisión. Frecuentemente omito temas por alguna razón particular. No sobreinterpretes lo que digo.

A mí me gustan las oraciones cortas y asertivas con mucha proteína y nada de grasa. Así que trato de hablar con precisión. No busques más en lo que digo, sino únicamente lo que está allí. Y no te molestes si omito algunas cosas. Omitir es parte de la precisión. No trates de interpretar, expandir o encoger lo que digo. Siempre he dejado algunas cosas en el aire por alguna razón, incluso si no sabes que es así.

No te apresures en las decisiones; tómalas en el tiempo oportuno y de la forma correcta.

El manejo del tiempo es una característica esencial de la toma de decisiones. Una de las primeras preguntas que un comandante considera cuando se enfrenta con una misión en un campo de batalla es: «¿Cuánto tiempo tengo antes de llevarla a cargo?». Tómate un tercio de ese tiempo para analizar y decidir. Deja los otros dos tercios del tiempo para que tus subordinados hagan su análisis y organicen sus planes. Usa todo el tiempo que tienes. No tomes decisiones a la ligera. Piensa sobre ella, haz tu análisis y deja que tu equipo haga su análisis. Recolecta toda la información que puedas. Cuando tengas entre el cuarenta al setenta por ciento de toda la información disponible, piensa entonces en tomar tu decisión. Por encima de todo, no esperes demasiado, ni permitas que se te acabe el tiempo.

En el ejército teníamos la expresión «haber sido rebasado por los acontecimientos». En términos burocráticos, si esto te ocurría, era es una ofensa criminal. La fregaste. Si te tomaste demasiado tiempo estudiando un problema, consultando con tu personal o pensando en el asunto, entonces fuiste rebasado por los acontecimientos. El asunto ya pasó o se tomó una decisión bajo el piloto automático. Ya a nadie le importa qué piensas; el tren partió de la estación.

He descubierto con el paso de los años que mis nuevos empleados acogían bien estas reglas. Gracias a ellas, todos pudimos tocar de la misma partitura. Sin embargo, no fueron mi única técnica para armonizar el nuevo equipo entre ellos y conmigo. Esta próxima regla casi siempre los molesta, pero la indigestión pasa rápido:

«En nuestras primeras semanas», les advierto, «te frustrarás mucho con mis constantes correcciones y mis detallitos quisquillosos. Pensarás que no lo estás haciendo bien. Pero en unas semanas, a medida que nos ajustamos el uno al otro, las pequeñas notas cesarán, las correcciones serán cada vez menos y todo se volverá una rutina cómoda».

Uso mis técnicas de tortura para acelerar el proceso.

Tu equipo necesita convertirse en tu familia lo más rápido posible. Crea un ambiente constructivo y tendrás un equipo ganador que no te decepcionará. En todos mis años como general y alto oficial, nadie presentó ninguna querella en mi contra ante el inspector general.

CAPÍTULO VEINTIDÓS

Un equipo, una pelea

Cuando el general George Joulwan era jefe del Comando Sur hace algunos años, terminaba todos sus mensajes con el eslogan: «Un equipo, una pelea». Y te saludaba de la misma forma. Después de un tiempo, comenzamos a sonreír cuando escuchábamos el eslogan de George. Sin embargo, era una buena idea que valía la pena tomar en serio. Era un constante recordatorio de que su orden para todos era que estuviéramos juntos como un equipo para proseguir la lucha que todos habíamos acordado ganar. Todavía es una buena idea.

Traté de emular el espíritu de esa frase cuando fui director del Estado Mayor Conjunto. El director es un asesor, no ordena nada. Trabaja con influencia y persuasión. Los otros miembros del estado mayor conjunto también son asesores, pero los jefes de la armada, la marina de guerra, la infantería de marina y la fuerza aérea, tienen grandes organizaciones a las que deben manejar y proteger. Era importante para mí comprender la dualidad de las responsabilidades, no solamente reconociendo su rol como jefes en servicio, sino también su gran obligación como miembros del Estado Mayor Conjunto.

Trabajé duro para crear un sentido de «un equipo, una pelea». Para ello comisioné un manual que capturara ese espíritu. En su prefacio escribí lo siguiente:

Cuando un equipo entra en el campo de juego, especialistas individuales se unen para lograr la victoria del equipo. Todos los jugadores tratan de dar lo mejor de sí, porque cada uno de los jugadores, el equipo y su ciudad natal están contando con ellos para ganar.

Lo mismo sucede cuando las Fuerzas Armadas de Estados Unidos van a la guerra. Siempre tenemos que ganar.

Cada soldado tiene que entrar al campo de batalla creyendo que su unidad es la mejor del mundo.

Cada piloto debe despegar creyendo que no hay nadie mejor en los cielos.

Cada marinero debe creer que no hay mejor barco en el mar.

Cada *infante de marina* debe llegar a la orilla creyendo que no hay mejor infantería en el mundo.

Pero todos deben creer también que son parte de un equipo; un equipo unido que pelea unido para ganar.

Esta es nuestra historia, esta es nuestra tradición, este es nuestro futuro.

Avancemos rápidamente unos cuantos años hasta el Departamento de estado. Este Departamento consiste de oficiales del servicio diplomático, y los especialistas que los apoyan; estos son servidores civiles y nativos de otros países que trabajan en el servicio diplomático ofreciéndole apoyo a nuestras embajadas. Los oficiales del servicio diplomático son los más conocidos. Son diplomáticos y embajadores, expertos élite. Nuestros servicios civiles se componen de un personal de apoyo muy profesional y extremadamente capaz.

Todos los años celebramos el «día del servicio diplomático», un día en que todos los oficiales jubilados en esta rama vuelven al Departamento de estado para socializar y ponerse al día.

Yo quería entender los límites culturales y de otras índoles que existían entre los empleados del servicio diplomático y los del servicio civil. Pensando en eso introduje un entrenamiento en liderazgo para gerentes de servicios civiles de nivel medio y alto, y tomé otras medidas para enfatizar su importancia.

Como parte del esfuerzo, decidí cambiar el día del servicio diplomático al día de asuntos exteriores e invitar a los servidores civiles jubilados.

¡Ah! Recibimos quejas de la comunidad de servicios diplomáticos. Ellos sintieron que se les estaba quitando algo. Los rumores fueron que muchos de ellos no asistirían. Estábamos preocupados por la asistencia, pero en el día de asuntos exteriores, el auditorio estaba lleno de oficiales del servicio diplomático, así como un número considerable de servidores civiles. Nadie recibió una cornada. Y la gente del servicio diplomático se dio cuenta del valor de ese tipo de actividad. «Un equipo, una pelea».

Cada buen líder que he conocido comprende instintivamente la necesidad de comunicarles a sus seguidores el propósito común, un propósito que desciende del líder y es internalizado por todo el equipo. Armados con un propósito común, las diferentes partes de una organización se esforzarán por conseguir el propósito; de modo que nadie vaya en una dirección diferente.

También he visto muchas organizaciones que parecen tribus en guerra. Y usualmente fracasan.

CAPÍTULO VEINTITRÉS

Compite para ganar

La milicia promueve la competencia. La guerra es una competencia, la prueba definitiva del propósito, la preparación, la determinación, la valentía, el riesgo y la ejecución. Los negocios son una competencia. En efecto, en casi todos los esfuerzos humanos en los que hay dos equipos, grupos o lados, hay competencia.

La gente necesita probarse a sí misma, demostrarse a sí misma, no solamente que son mejores que el otro tipo o el otro equipo, sino también que han entrenado y aumentado sus habilidades tanto como les es posible. Ganar es estupendo, y siempre es mejor que perder, pero perfeccionar nuestras habilidades y capacidades es también estupendo.

En 1986, cuando comandé los cuerpos V en Alemania, ellos participaron en dos grandes competencias militares internacionales. Una se llamaba la competencia de Boeseslager; la otra fue la Copa de Canadá. Eran dos eventos tipo Serie mundial. Boeselager era una competencia anual para seleccionar la mejor tropa de caballería de la OTAN. La Copa de Canadá era una intensa competencia para determinar cuál era el mejor pelotón de tanques superior. No podías ser competitivo en esas pruebas si no ponías un extraordinario esfuerzo para preparar a tu equipo. Una vez que designabas a la unidad que te representaría, se hacían todo los esfuerzos para encontrar los mejores líderes y expertos de los cuerpos, y transferirlos a esa unidad. En ese momento les dabas prioridad para la munición de entrenamiento, acceso a los campos de tiro y a cualquier otro recurso que necesitaran. Las otras unidades tenían que sacrificarse por esas competencias de nivel similar al *Super Bowl*.

Se podría argumentar que aquellas competencias no eran saludables. Tú no quieres ir a la guerra con tu equipo del *Super Bowl*, sino con cada uno de los equipos en la liga. Sin embargo, hacía todo lo necesario para ganar, dentro de las reglas. No me gustaba mucho la idea de reducir a las otras unidades, pero una vez que decides que vas a ganar, haces todo lo que sea necesario. Reúnes tus recursos, les explicas a las unidades que has reducido por qué hay que hacerlo y luego te enfocas en la victoria.

A pesar de que fui transferido a la Casa Blanca antes de las competencias, los equipos que organizamos fueron y ganaron ambos eventos. Ningún otro cuerpo había ganado ambos eventos el mismo año.

Un ejemplo más práctico me ocurrió al principio de mi carrera, cuando era comandante de batallón en Corea.

Cada día tomaba un tiempo para caminar por el área del batallón a fin de revisar cómo estaba todo. Un día, vi a uno de mis soldados acercarse desde donde se encontraba la sede de la brigada. Se veía un poco apagado y estaba vistiendo su uniforme de gala en lugar del uniforme usual de combate. Me saludó y le pregunté que si estaba bien, temiendo que estuviera saliendo de una corte marcial.

—Acabo de participar en la competencia del soldado del mes —me dijo—, frente a una junta de sargentos mayores.

—¿Y cómo te fue? —le pregunté.

—No muy bien. Lo lamento, comandante.

—Gracias por tu buen intento, soldado —le dije—. Siento mucho que no haya salido bien. —Sentía compasión por él—. Por cierto —le pregunté—, ¿cuándo te enteraste que presentarías ante la junta?

—Anoche.

Le di una palmada en la espalda y fui directo a mi oficina, para tener una reunión en la que confronté a mi sargento mayor comandante y a mis primeros sargentos. «No haremos esto nunca más», les dije. «Nunca más lanzaremos a nuestros soldados a competencias o a la batalla, cualquier batalla, sin prepararlos y tomar el tiempo necesario para que estén listos para ganar. Es lo que hacen los líderes. Nosotros preparamos a nuestras tropas».

Nuestro batallón ganó la competencia del soldado del mes por los siguientes meses, hasta que los comandantes de otro batallón comenzaron a hacer sus mejores esfuerzos para alcanzarnos.

El dar a los soldados tareas para las que no han sido preparados genera una pérdida de confianza en sí mismos y, fatalmente, en su líder.

Pero a veces te pueden sorprender.

En 1976, comandé la 2ª Brigada de la 101ª División Airborne. Hicimos un equipo para participar en la competencia anual de boxeo de la división (un excelente equipo y un tremendo entrenador). Nos preparamos para ganar, pero teníamos un punto ciego. No teníamos a ningún boxeador que pudiera competir en la división peso pluma (120–125 libras). No lo teníamos, hasta que mi ayudante, Jim Hallums, vino a verme un día. Había encontrado a un joven y pequeño soldado, Pee Wee Preston. Pee Wee no había boxeado nunca y era bien bajo de estatura. Sin duda clasificaría para la competencia de peso pluma. La clave estaba en que ningún otro soldado de otra unidad pudiera competir en ese peso. Ganaríamos la división por falta de contrincantes. Le preguntamos a Pee Wee si quería estar en el equipo, y le dijimos que probablemente nunca pelearía. Él estuvo de acuerdo en hacerlo por la brigada, especialmente después de que le aseguramos que si lo hacía, no tendría que ir con su batallón a entrenar en las selvas panameñas. Pee Wee le tenía mucho miedo a las serpientes.

Insistimos en que entrenara tan duro como los demás. Aprendió boxeo básico, a golpear el saco, a hacer fintas, a saltar la cuerda y todo lo que hacían los demás.

Cuando llegó la semana del torneo, a nuestro equipo le iba muy bien. Pee Wee subió al cuadrilátero dos veces, obtuvo los triunfos por falta de contrincante, y nosotros obtuvimos los puntos. Sin embargo, en la tercera noche, explotó el desastre. Una de las otras unidades consiguió, o importó, a un boxeador peso pluma panameño que era una versión miniatura del gran boxeador Roberto Durán. Este tipo pelearía contra Pee Wee. ¡Oh, no!

Le dijimos a Pee Wee que podía olvidar el acuerdo; no tenía que pelear. Pero él quería seguir adelante. Todo su batallón partiría tarde aquella noche para Panamá y estaban en las gradas observando. Él no los podía defraudar.

Pee Wee se subió al cuadrilátero y el otro muchacho cruzó corriendo y comenzó el ataque. Pee Wee nunca le lanzó un golpe de vuelta y se protegió de todos los golpes del otro manteniendo sus brazos arriba, como le habíamos enseñado, protegiendo su cabeza y su cuerpo. Así aguantó el primer asalto. De nuestro lado gritaban para animarlo: «¡Pee Wee! ¡Aguanta muchacho!». En el segundo asalto sucedió lo mismo, pero siguió aguantando. Estaba en forma y no le estaban haciendo daño. El otro muchacho se mostraba corto de aliento y frustrado por el gran esfuerzo de atacar a Pee Wee. El apoyo a Pee Wee se había vuelto más ruidoso. No había lanzado ningún golpe, pero seguía en el juego. Tenía el espíritu. El tercer asalto comenzó y el otro muchacho salió lentamente. Estaba cansado y debilitado por la paliza que le había dado a Pee Wee. ¡No estaba en forma! Sabes lo que viene después: Pee Wee le dio un solo golpe y el otro muchacho bajó sus brazos y abandonó la pelea. Un knock-out técnico para Pee Wee.

Sus compañeros enloquecieron en las gradas. Pee Wee era el campeón peso pluma de la 101ª División Airborne. Se había preparado para una pelea que nosotros pensamos que no tendría que pelear. Pero había sido preparado lo suficiente para ganar.

Luego, desafortunadamente, cuando fuimos a Fort Bragg, Carolina del Norte, para la XVIII Competencia de los cuerpos del Airborne, la 82ª División Airborne trajo un boxeador de verdad y Pee Wee perdió. Pero eso no importa: Pee Wee se representó muy bien a sí mismo y a nosotros.

Hay muchas formas de competencia. Puedes tener una competencia constructiva que vaya mucho más allá de conseguir un campeón. Creo mucho en las competencias intramurales frecuentes dentro de las unidades. Mejor cuarto de suministro, mejor soldado, mejor empleado, mejor armero, lo que sea. Hazlo cada mes y hazlo con estándares que permitan que cualquiera que se esfuerce lo suficiente pueda ganar.

Sin competencia nos volvemos aburridos, distraídos y fofos; mental y físicamente.

CAPÍTULO VEINTICUATRO

Fusta de mando

«¡Es una orden!» ha sido durante mucho tiempo una frase cliché en las películas, usualmente proferida por un general fanfarrón, también conocido como «el jefe». Odio el término tanto como comencé a odiar el término «diplomáticos de pantalones rayados» cuando me convertí en ministro de asuntos exteriores. Los estereotipos son difíciles de eliminar.

En mis treinta y cinco años de servicio, no recuerdo haberle dicho a nadie: «¡Es una orden!». Y ahora que lo pienso, nunca he escuchado a nadie diciéndolo. Sí, hay momentos en los que quieres impartir instrucciones que se lleven a cabo sin ningún tipo de discusión y de manera inmediata, a pesar de las reservas y las renuencias. Simplemente diles que lo hagan.

Sin embargo, siempre hay mejores maneras de conseguir que se hagan las cosas, sin tener que agarrar una rabieta, echar humo y gritar una orden. El líder debe imponer su voluntad. Los líderes inteligentes y talentosos en armonía con sus unidades y cultura, usualmente comandan de la forma más delicada. Si el tiempo lo permite, es muchísimo mejor ganar el apoyo de los seguidores explicándoles qué es lo que estás tratando de lograr y lo importante que es su rol en el logro de la misión. El soldado estadounidense es mejor dirigido que conducido.

El general David Shoup fue comandante de los cuerpos de marina a principios de los años sesenta. A pesar de que era un anacronismo, todavía era común que los oficiales cargaran su fusta de mando; una tradición heredada del colonialismo británico. En las películas de la Segunda Guerra Mundial se puede ver a los oficiales británicos cargando sus fustas de mando y todavía puedes ver la práctica de esa tradición en los países mancomunados. Yo tengo una fusta de mando de cuando era un joven teniente. Lo atesoro mucho. El sargento Artis Westberry, mi instructor en el campamento de verano ROTC en 1957, lo hizo para mí, y lo cargaba con orgullo para apuntar a los soldados y para golpear un lado de mi pierna.

Incluso en aquellos días, ya las fustas de mando estaban pasando de moda en el ejército, aunque los marines se mantuvieron apegados a la tradición. El general Shoup pensó que era tiempo de deshacerse de ellos. Como comandante, pudo haber puesto la orden en una oración para prohibir aquellas tonterías. Pero Shoup era un líder muy sabio y tomó un rumbo un poco distinto. Puso una orden que decía: «Los oficiales están autorizados a llevar sus fustas de mando si sienten que los necesitan».

Las fustas desaparecieron de la noche a la mañana. A menudo me pregunto si estaba riéndose cuando se le ocurrió esa oración. Él conocía a sus soldados. «Nosotros no necesitamos ninguna fusta de mando».

Cada organización tiene fustas de mando» profundamente arraigadas en su cultura. Sí, simplemente puedes hacerlas desaparecer, pero por lo general no es difícil encontrar una forma de exponer su anacronismo y sacarlas de su obsoleta miseria, para el deleite y beneplácito de todos.

CAPÍTULO VEINTICINCO

Van a quejarse de la marca

Hace muchos años, cuando era un oficial novato, estábamos buscando formas de mejorar la moral, conectarnos con la nueva generación de jóvenes soldados y reducir la cantidad de soldados que estaban bebiendo demasiado, y que estaban siendo arrestados por manejar bajo la influencia del alcohol o, peor aún, por causar accidentes.

A alguien se le ocurrió la idea de instalar máquinas dispensadoras de cerveza en las barracas; así las tropas, si lo deseaban, podían beber en casa. Nuestros sargentos pensaron que no era buena idea. El acceso ilimitado a la cerveza motivaría la bebida desenfrenada y como consecuencia tendríamos en las barracas alborotos y riñas de borrachos.

Como era de esperarse, las tropas pensaron que era una idea fantástica y presionaron para que sucediera. No se tomó ninguna decisión, y esto dio pie para que comenzaran las quejas.

¿Acaso la instalación de las máquinas dispensadoras de cerveza terminaría con la quejadera y mejoraría la moral de las tropas? Muchos pensábamos que sí.

Uno de mis sargentos más espabilados tranquilamente me señaló la falla de aquel razonamiento. «Teniente, colocar las máquinas dispensadoras de cerveza no va a acabar con las quejas. Ellos van a quejarse por la marca de cerveza de las máquinas, solo que ahora van a estar borrachos cuando se quejen».

No pusimos las máquinas. El ejército de hoy día ha trabajado muy duro para mantener el alcohol lejos de las tropas. De esta manera, es un ejército mejor y más seguro.

La gran lección que aprendí de este pequeño episodio: en el momento en que examinas las soluciones, tienes que estar seguro de que las evalúas en varios niveles y que tienes en cuenta sus efectos secundarios; cuando creas que has conseguido la que tú crees es la solución, te tienes que preguntar si es una real o solo has establecido una ilusión que acarreará muchos más problemas.

Esa lección aplica a todo tipo de problemas; grandes y pequeños. Quejarse de una marca puede ocurrir en todo tipo de circunstancias. Algunas veces con consecuencias mortales. Cambiemos la escena de la cerveza en las barracas de hace años por la invasión de Irak en el 2003.

En el 2003, marchamos hasta Bagdad, la ciudad se rindió en días y el régimen de Saddam Hussein colapsó. Vimos aquellas victorias como un gran éxito y el final de un gran problema... sin pensar mucho en lo que nos tocaría atender una vez que alcanzáramos la victoria.

¿Acaso el abrir la puerta de la libertad traería estabilidad y paz a la trágica situación de ese país? Muchos líderes estadounidenses pensaban que sí.

Por desdicha, ellos no tuvieron a un sabio sargento que tranquilamente les señalara que no habían respondido la pregunta acerca de cómo los cambios que habíamos comenzado afectarían a la gente de Irak o cómo se prepararía la sociedad iraquí, que era una mezcla de marcas sectarias. Los iraquíes se han quejado de esas marcas por siglos. Sus nuevas libertades no detuvieron sus quejas; provocando desacuerdos y conflictos que convirtieron nuestro maravilloso éxito instantáneo en una crisis terrible y molestosa. Nos tomó años lograr la estabilidad suficiente para que las tropas estadounidenses pudieran retirarse. Por años la ilusión nos llevó a una estrategia defectuosa. Mientras tanto, en Irak, la pelea entre marcas continúa y es probable que dure muchos años más.

Aprendí una segunda lección del episodio de las cervezas en las barracas: rodéate de sargentos, esto es, personas con verdadera experiencia callejera cuyo pensamiento no está contaminado con teorías magníficas.

Antes de invadir Irak, debimos haber escuchado a más personas con la verdadera experiencia callejera de la región (esa gente estaba allí) y menos a los grandes y pesados egos de Washington.

CAPÍTULO VEINTISÉIS

Luego de treinta días, las sábanas te pertenecen

En los viejos tiempos, antes de los sistemas computarizados y centralizados, tener el mando de una compañía de rifles era un proceso mucho más interesante y personal de lo que es ahora. Toda la propiedad de la compañía estaba registrados en un libro; un libro de contabilidad común y corriente escrito con tinta. Antes de asumir el mando de la compañía, el nuevo comandante y el que salía, hacían inventario de todas las propiedades. Cada rifle, litera, silla, sábana y almohada tenía que ser contabilizada. Si faltaba algo, el comandante de salida tenía que buscarlo y encontrarlo, pagarlo o buscar ayuda financiera a través de un proceso conocido como «informe de inspección». Luego debía firmar por los bienes y tomar el mando, el comandante tenía treinta días para descubrir si faltaba otra cosa o había alguna discrepancia. Si en ese espacio de tiempo encontraba que faltaba algo, el nuevo comandante iniciaría acciones que bien podía acarrearle problemas a su predecesor o disminuir la responsabilidad del nuevo comandante. (Una vez me quedé corto de sábanas, y encontré las que necesitaba en la morgue).

Como solíamos decir: «Después de treinta días, las sábanas te pertenecen». En el día treinta y uno, cualquier discrepancia o déficit era tu problema.

Me encanta esta forma rígida y clara de asignar responsabilidad y rendir cuentas. Sin lloriqueos, ni quejas, sin echarle la culpa al tipo que reemplazaste. Sobre todo, no pierdas tu tiempo tratando de negociar los cargos ni culpando al otro tipo o declararte culpable por un delito menor. Demasiado tarde; ya pasó tu periodo de gracia. Las sábanas te pertenecen.

En niveles superiores a una pequeña compañía de rifles, hay una forma más sofisticada de manejar esas transiciones (estoy bromeando). Se llama «Los tres sobres». El líder que sale le deja al nuevo tres sobres marcados «Sobre #1», «Sobre #2» y «Sobre #3» y le dice que los abra progresivamente si se mete en problemas. El nuevo líder comienza sobre laureles gloria. Pero luego de un mes, los problemas comienzan a surgir. Abre el sobre #1 y adentro hay una nota que dice «Échame la culpa». Entonces el nuevo líder va por todos lados quejándose de todo el desastre que heredó. Las cosas se estabilizan otra vez, pero un par de meses después vuelven los problemas. Abre el sobre #2: «Reorganízate». Inmediatamente comienza una gran investigación para determinar qué tipo de reorganización mejoraría la situación. Por meses, la investigación sobre la reorganización mueve cajas y personas de un lado a otro, y crea un nuevo paradigma. Todo el mundo se distrae. El nuevo paradigma parece interesante, pero nada ha sido resuelto y todo el mundo está confundido.

El nuevo comandante, que a este punto ya no es nuevo, se encuentra agobiado, fuera de sí por la preocupación. En un acto de desesperación abre el tercer sobre. La nota dice: «Prepara tres sobres».

Los tres sobres no funcionan con políticos electos. Ellos culparán a sus predecesores lo más que puedan. Si las cosas van mal, no es su culpa. Si las cosas van bien, es solo por los impresionantes esfuerzos que han hecho para arreglar el desastre que heredaron. Si su predecesor viene de su mismo partido, entonces tienen que quejarse en voz baja.

Para seres humanos mamíferos, en puestos de trabajo de libre designación, asume que tu predecesor hizo un buen trabajo, y si no fue así, guarda silencio. Sigue hacia adelante y hacia arriba. Estás al mando. Asume el mando. Y siempre recuerda: «Ahora las sábanas te pertenecen».

CAPÍTULO VEINTISIETE

Espejito, espejito...

Soy bastante bueno reconociendo y analizando mis fortalezas y debilidades, aunque las últimas las mantengo en privado. A pesar de que no las comparto con nadie, mis amigos y familiares están más que dispuestos a explicarme en detalle cuáles son. El autoanálisis es duro, y peor aún si tus amigos y familiares te ayudan. Me alegra bastante que las evaluaciones tipo 360 grados comenzaron a estar de moda mucho después de que tuvieran que evaluarme. Durante el proceso, tu ego es vulnerable, tu autoestima es desafiada, tus decisiones cuestionadas y tu falibilidad se pone de manifiesto. Sin embargo, tal autoanálisis es esencial para mejorarte a ti mismo, mejorar las relaciones con las personas que están a tu alrededor, enfrentar tus demonios y seguir adelante. Mirar profundamente al espejo y ver el reflejo preciso es muy saludable y terapéutico.

Si es difícil para individuos, es mucho más para grupos de individuos en una organización con superiores y subordinados en la que la sinceridad pone a los miembros del colectivo en riesgo, o en la que tu honestidad puede verse como desleal o nociva para el equipo. Una organización que es incapaz de crear un ambiente con ese tipo de evaluaciones está saboteando su propio desarrollo. El reto es ir más allá de las personalidades, los egos y la tendencia de hacerse el ciego a las condiciones desagradables y seguir adelante sin que los sentimientos se hayan magullados irremisiblemente. Esta es la verdadera prueba del liderazgo y de la confianza en el equipo y de los lazos que lo mantienen unido.

El autoanálisis honesto y brutal es particularmente difícil, pero es aún más imprescindible después de un buen lío, una metida de pata o un pobre desempeño. El ejército enfrentó una crisis de ese tipo después de la Guerra de Vietnam. No hubo desfiles victoriosos y el país se deshizo del reclutamiento para el servicio militar obligatorio y se distanció de la naciente fuerza de voluntarios que había puesto en marcha. Estábamos en medio de una revolución contracultural, racial y en problemas de drogas; además de un estremecimiento del sistema político que veía la renuncia de un presidente y un vicepresidente en términos deshonrosos. Teníamos que reformar una institución con unas profundas raíces culturales y una historia de orgullo; una institución que recientemente había fallado en su razón esencial de existir: el éxito en la guerra. Nos propusimos reescribir nuestra doctrina, reorganizar nuestras unidades y entrenar a todos los reclutas voluntarios, muchos de ellos con deficiencias en educación o problemas de conducta. Para mí fue el momento más demandante, emocionante y gratificante de mi carrera. Tuvimos éxito y reconstruimos un ejército de primera clase; tan bueno como cualquiera de los que hubo antes.

Una de las herramientas más poderosas que el ejército usó para lograr su éxito fue la técnica conocida como revisión posterior a la acción (AAR, por sus iniciales en inglés). El concepto de AAR fue por primera vez probado y confirmado por el recién fundado Centro Nacional de Entrenamiento (NTC, por sus iniciales en inglés) en Fort Irwin, California; lo que podría considerarse la institución de entrenamiento más innovadora jamás creada. Ambas, el NTC y el AAR, todavía son herramientas sólidas que se continúan usando hoy día.

El NTC consiste de seiscientos mil acres de desierto, perfectamente adecuado para maniobras de entrenamiento mecanizadas y fuego real en un ambiente absolutamente real. Las unidades vienen al NTC con el fin de entrenar contra un enemigo altamente diestro y entrenado —llamado fuerza opositora (OpFor)— que está estacionado en Fort Irwin. Ambos, tanto los chicos buenos como los malos están ataviados con micrófonos, cámaras y receptores para seguirlos de cerca a través de computadoras en un centro de control centralizado por una computadora en un centro de control.

Entrenar contra un enemigo simulado no es nada nuevo. Los ejércitos han estado tratando de hacer sus entrenamientos lo más cercano a la realidad de combate por mucho, mucho tiempo. Lo que hace al NTC único es la exhaustiva AAR que sigue a la culminación de cada batalla. Los líderes, observadores y evaluadores del AAR se sentaban en el centro de control y ven la repetición de la batalla como si fuera un videojuego. Cada vehículo que se mueve a través del campo de batalla puede ser identificado, cada movimiento de las tropas y de los vehículos, cada acción, cada disparo es grabado y puede ser repetido de diferentes formas. Por ejemplo, la batalla real puede ser superpuesta sobre los planes del comandante, comparando y contrastando realidad con expectativas. He visto muchos aspirantes a Patton poner sus planes originales en la pantalla y luego ver cómo sus tanques y vehículos blindados daban vueltas en la dirección contraria, disparándose los unos a los otros, a medida que los OpFor rodeaban su flanco y los derrotaban. Eso le recuerda al joven Patton dos máximas militares: «Ningún plan sobrevive el primer contacto con el enemigo» e «Incluso la más brillante de las estrategias ocasionalmente tiene que tomar en cuenta la presencia del enemigo».

Luego, todo eso es exhaustivamente analizado. Nada queda para después, nada es ignorado. Durante la revisión, líderes, observadores y evaluadores presentan juntos sus evaluaciones sobre cómo vieron desplegarse la batalla y por qué se tomaron esas decisiones y decidieron esas acciones.

El propósito de la revisión es hacerle una autopsia al ejercicio; no es dar una nota ni ungir al comandante como el futuro Patton o Custer. Aprender y mejorar son los enfoques únicos, no el éxito de la unidad ni el fracaso en la misión. No es un juego de acusaciones.

Luego de la revisión, se espera que los líderes subordinados vuelvan a sus unidades y compartan los resultados de la AAR con todos sus soldados. Cada unidad subordinada conduce su propia AAR.

El sistema AAR funciona porque es un proceso de entrenamiento, no de evaluación. Eso no quiere decir que no se lastimen sentimientos o que no se creen malas impresiones. Las necesidades de la misión tienen que ser la prioridad. A pesar de que las revisiones AAR no intentan buscar culpables, con el tiempo un mal desempeño será naturalmente evidente. Un comandante que consistentemente lo hace mal, o peor, probablemente no es la persona adecuada para el trabajo, ni para ser ascendido. De igual manera, los que consistentemente tienen un buen desempeño se dan a conocer.

Como esto funciona tan bien, el sistema AAR ha sido extendido a todos los entrenamientos del ejército. A través las revisiones AAR, he visto el nacimiento de un nuevo ejército enfocado menos en probar que valen por ganar puntos y más en entrenar a nuestros soldados para que sean más eficaces. En mis primeros días en el ejército, casi siempre las evaluaciones eran un asunto mecanizado, al estilo de las listas de control. Hoy día, el sistema pregunta: «¿Dónde necesito más entrenamiento? ¿Cómo hacemos para que nuestras tropas sean mejores y más preparadas?».

El resultado de ese nuevo sistema de entrenamiento fue demostrado en la operación Tormenta del desierto en 1991 y en los conflictos subsiguientes. Antes de abordar el ataque real, los oficiales y soldados que han pasado por la experiencia del NTC reportan haber reproducido los aspectos esenciales en las demandas del combate real. Eso les dio una ventaja decisiva cuando enfrentaron al ejército iraquí.

Los equipos de la liga nacional de fútbol americano pasan por un proceso similar después de cada semana de juegos. Ellos repasan sus propios juegos, así como los de su próximo oponente, y constantemente se preguntan: «¿Qué podemos hacer para corregir nuestros errores y mejorar?».

El proceso AAR se puede aplicar a cualquier organización que realmente quiera saber cómo va lo que están haciendo, dónde necesitan mejorar y cómo llegar al fondo de un problema o disputa. ¿Qué hemos hecho bien? ¿Qué hemos hecho mal? La única meta es mejorar nuestro desempeño. No se trata de tu ego o el mío. Si somos un equipo, podemos hablarnos claro, en el espíritu de: «¿Cómo podemos mejorar?». No encubriremos nuestros errores, ni nos reorganizaremos alrededor de ellos, ni nos quedaremos viendo el cielo. Esto requiere participación honesta, un enfoque en aprender y un compromiso de no usar la revisión AAR con el fin de asignar grados. Las organizaciones con alto desempeño entienden la necesidad de este tipo de evaluaciones. También he visto otras donde los líderes no tienen las agallas para mirarse en el espejo. En años recientes, todos hemos visto un sinnúmero de lastimosos ejemplos de compañías y organizaciones que viven y tienen éxito en el momento, pero se niegan a ver la realidad de que en el sótano se les están quemando los fusibles. Los líderes nunca deben enterrar un problema; puedes estar seguro de que eventualmente se levantará de su tumba y caminará de nuevo hacia la superficie.

He tratado de aplicar la filosofía AAR en todas mis tareas posteriores al ejército. Durante mis días como ministro de asuntos exteriores, era responsable de entregar un informe anual al Congreso sobre las tendencias en los incidentes terroristas. La CIA preparaba el informe, mi equipo lo revisaba y se enviaba al Congreso con mi nombre.

Un año, el congresista de California, Henry Waxman, atacó mi informe. Me acusó de subestimar el problema del terrorismo y de falsificar información para reportar mucho menos incidentes terroristas alrededor del mundo de los que los datos mostraban. Inicialmente, mi equipo se atrincheró y defendió nuestra posición, la tradicional respuesta burocrática. Sin embargo, yo quería saber quién estaba en lo correcto. Si el congresista Waxman tenía la razón, teníamos que hacer cambios, y teníamos que hacerlos antes de que tuviéramos que defender nuestra posición frente a un comité abierto del Congreso. Si teníamos la razón, estaba listo para enfrentar a Henry, un buen amigo, excepto que estuviésemos frente a frente en una vista televisado.

La siguiente mañana, en la reunión con mi equipo, conduje un AAR. No estaba contento con lo que escuché. En vez de empezar por el principio y analizar exactamente cómo había sido generado el informe original, el equipo comenzó a sacar justificaciones sobre el informe que habíamos impreso y distribuido.

Les pedí que vieran al congresista Waxman como si fuera nuestra OpFor en el NTC; su evaluación negativa de nuestro informe era el equivalente a una victoria de la OpFor en un combate temprano. Pensé que debíamos escuchar sus críticas, considerar que podía estar en lo correcto y arreglar los problemas que él había señalado para no terminar terriblemente expuestos ante su comité en el Congreso. Eso hubiera sido el equivalente a perder la batalla final.

La mañana siguiente, en otra AAR, trajimos a cada uno de los involucrados en la preparación del informe y continué quitándole las capas a la cebolla. Pero también invité a todo mi equipo, para que todo el mundo pudiera ver cómo funcionaba el AAR y pudiera contribuir con sus preguntas.

Mientras cavaba más y más profundo, descubrimos importantes errores en las categorizaciones de la CIA y en el conteo de los incidentes terroristas. Eran solo errores, nada más que eso. No había evidencia de prácticas criminales, corruptas ni malsanas. Entonces, mi equipo agravó los errores de la CIA, pues admitieron que no habían hecho un trabajo adecuado analizando el borrador del informe. Todas las discusiones se llevaron a cabo de manera civilizada y pausada; no se ordenó la crucifixión de nadie.

En la tercera mañana de AAR, todo el que sabía algo sobre el asunto hizo sus comentarios para asegurarnos de que teníamos una idea clara de lo que había salido mal. El enfoque AAR cortó todos los nudos gordianos y llegó de inmediato a los problemas fundamentales. Mi equipo y el de la CIA trabajaron inmediatamente, hombro con hombro, para rehacer el análisis.

Llamé a Waxman y le dije que él tenía razón, y que yo estaba equivocado, y le aseguré que mi equipo estaba trabajando duro para solucionar el problema y enmendar el informe. Como él confiaba en nosotros, nos dio el tiempo que necesitábamos. En las semanas siguientes, entregamos un informe preciso y revisado. El congresista Waxman nos felicitó públicamente, y no hubo ninguna intervención adicional del Congreso. Y lo más importante, corregimos el sistema de preparación de informes, para evitar futuros problemas.

Los problemas que encontré eran organizacionales y necesitaban corrección, y los manejamos discretamente y de forma oportuna fuera del proceso de AAR. La meta de un AAR es sentar a todo el mundo alrededor de la mesa para revisar la batalla, descubrir lo que estuvo mal, descubrir lo que estuvo bien y entrenarnos para ser mejores. Los problemas de liderazgo y personales, revelados por una AAR, normalmente arreglan en privado.

Cada organización necesita ser introspectiva, transparente y honesta consigo misma. Y esto solo funciona si todo el mundo está de acuerdo con las metas y el propósito de la organización, y hay confianza dentro del equipo. Las organizaciones exitosas y de alto rendimiento construyen culturas de introspección y confianza, y nunca pierden de vista su propósito.

CAPÍTULO VEINTIOCHO

Las ardillas

Una mañana al principio de 1988, poco después de asumir mi cargo como asesor de seguridad nacional del presidente Reagan, fui a la Oficina Oval para discutir un problema con él. Estábamos solos. Él estaba sentado en su acostumbrada silla frente a la chimenea, con una vista del jardín de las rosas a través de las puertas francesas con paneles de vidrio. Yo estaba sentado al final del sofá a su izquierda.

Ni siquiera recuerdo cuál era el problema. Sin embargo, sí recuerdo que estaba relacionado a una pelea común entre el Departamento de defensa y el de estado, que se había complicado mucho más debido a los intereses del Departamento de comercio, del Tesoro y del Congreso. Le describí el problema en toda su extensión y complejidad al presidente y le enfaticé que tenía que resolverse aquel mismo día.

Para mi incomodidad, él seguía mirando hacia el jardín a través de las puertas francesas, sin poner mucha atención a mi trágica historia. Entonces hablé un poquito más alto y le agregué detalles. Justo cuando me estaba quedando sin combustible, el presidente se paró y me interrumpió: «Colin, Colin, las ardillas acaban de venir y se llevaron las nueces que les puse esta mañana». Luego se sentó de nuevo en su silla y se volteó hacia mí. Di la reunión por terminada, me despedí y regresé a mi oficina al final del pasillo en la esquina noroeste del Ala oeste.

Tenía la sensación de que algo importante acababa de ocurrir. Me senté, mirando hacia afuera al jardín del norte y hacia el parque Lafayette al otro lado de la avenida Pensilvania, y seguí reflexionando. De pronto lo entendí.

El presidente me estaba enseñando algo: «Colin, te aprecio mucho y me sentaré aquí todo el tiempo que quieras para escuchar tu problema. Déjame saber cuando me traigas un problema que yo tenga que resolver». Sonreí ante esa revelación. En los siguientes meses con él, le conté sobre todos los problemas en los que estábamos trabajando, pero nunca le pedí que resolviera los problemas para los que él me había contratado a mí y al resto del equipo. Reagan creía en delegar responsabilidades y autoridad, confiaba en que la gente que trabajaba para él iba a ser lo correcto. Ponía una enorme confianza en su equipo. El enfoque del presidente le funcionó en la mayoría de los casos. Sin embargo, también podía meterlo en problemas, como lo demostró la debacle del caso Irán-Contra.

Otra mañana en 1988, entré a la Oficina Oval con otro problema. Las fuerzas navales de Estados Unidos en el Golfo Pérsico estaban persiguiendo unas cañoneras iraníes que los habían amenazado. Nuestros barcos se estaban aproximando a las doce millas del límite iraní y el ministro de defensa, Frank Carlucci, quería autorización para traspasar ese límite y perseguir libremente las embarcaciones.

El presidente Reagan estaba sentado en su escritorio, firmando fotos tranquilamente, con absoluto conocimiento de la tensa situación. Él confiaba en nuestra habilidad para manejar la situación y mantenerlo informado. Subió la mirada, mientras me acercaba y me miró a los ojos. Él sabía que estaba a punto de recibir un problema destinado a ser resuelto por el comandante en jefe. Le presenté la solicitud con todas las ventajas y desventajas, posibles consecuencias, necesidades de la prensa, y un resumen de la estrategia del Congreso. Él escuchó todo y simplemente dijo: «Aprobado, háganlo». Le llevé la respuesta a Frank, perseguimos a los barcos de regreso a sus bases y la operación terminó.

En muchas ocasiones mientras trabajamos juntos, le presenté a Reagan decisiones presidenciales sobre las que pensaba a fondo, hacía preguntas, analizaba y, finalmente, tomaba. Siempre estaba disponible para las decisiones que la Oficina Oval tenía que tomar. Sin embargo, era más feliz si los problemas se podían resolver a un nivel más bajo.

En uno de mis más atesorados recuerdos, y la única foto que tengo firmada por Reagan, aparecemos sentados al lado de la chimenea de la Oficina Oval. Estamos uno frente al otro y yo le estoy mostrando unos gráficos para explicarle algún asunto. Él luego me dedicó la foto: «Querido Colin, si tú lo dices, debe ser cierto».

Siempre me ha gustado hacer que las cosas funcionen bien. Desde reconstruir desgastados Volvos, hasta transformar equipos de trabajo ejecutivos en instrumentos afinados, una de mis mayores pasiones ha sido tomar algo que no está funcionando tan bien como debería y llevarlo al más alto nivel de funcionamiento. El presidente Reagan me enseñó cómo alcanzar mejor esa meta, creando y manteniendo confianza y responsabilidades mutuas con mi personal superior. Ellos son tan esenciales para el buen funcionamiento de una organización, como un sistema eléctrico o el eje de transmisión lo es para un Volvo.

En todas mis posiciones superiores luego de haber servido en la administración Reagan, trabajé con ahínco para crear un nivel «reaganesco» de confianza y responsabilidad mutua; confiando en que mis oficiales superiores estarían preparados, harían lo correcto, entenderían lo que quería que se hiciera y estarían listos para aceptar la responsabilidad por sus acciones.

Conservar la confianza y la responsabilidad mutua significaba mantener a mi gente cerca de mí, con líneas de comunicación muy cortas y directas, y con la menor cantidad posible de capas buro-cráticas entre nosotros.

Mi entrenamiento militar descansaba en el concepto de la cadena de mando, donde todo el mundo sabe quién está al mando y solo una persona puede tener el mando a la vez. De ese entre-namiento nace mi convicción de trabajar con subordinados que me reporten directamente, sin muchos ayudantes ni otros factores intermedios ayudándome a trabajar con mi personal.

Mi más reciente experiencia en el gobierno ha sido que la can-tidad de empleados se multiplica y los cargos con títulos rimbom-bantes proliferan inexorablemente como hierba mala, a menos que los jefes los poden regularmente y con saña.

Cuando Frank Carlucci fue nombrado consejero de seguridad nacional a finales de 1986, y me pidió que fuera su auxiliar, solo puse una condición. Quería ser el único auxiliar: nuestros pre-decesores tenían tres. Frank aceptó sin problemas, y los otros dos auxiliares fueron reasignados y se les dieron otros deberes.

Mantuve este modelo cuando reemplacé a Frank como con-sejero de seguridad nacional, y seguí el mismo modelo cuando me nombraron director del estado mayor conjunto en octubre de 1989. Mi línea inmediata de subordinados eran generales de dos y tres estrellas, y almirantes; oficiales experimentados en el tope de su profesión, y con en promedio no menor de veinte años de experiencia.

En aquel momento, el director tenía una organización en la oficina de enfrente conocida como el «grupo personal del direc-tor». Este consistía de cuatro coroneles y capitanes de la marina extremadamente talentosos, que supervisaban todo el trabajo que llegaba de mi línea de subordinados. Eliminé ese grupo personal. Si un general de tres estrellas no podía enviarme trabajo de cali-dad, no quería una capa burocracia cubriéndolo. Mis subordinados —ahora con la línea directa de reporte— aprendieron rápidamente que después que ellos firmaban algo, yo era la próxima parada.

Estaba contando con ellos para hacer lo correcto, y ellos sabían que debía ser así. La confianza, la responsabilidad y el rendir cuentas por los resultados, todo va tomado de la mano.

Cuando me convertí en ministro de asuntos exteriores, reuní un sólido equipo administrativo para la oficina, pero no quise ni tuve ayudantes en la oficina de enfrente trabajando en asuntos esenciales. Para eso tenía a mi línea de subordinados superiores, los ministros auxiliares, y cada uno tenía a su cargo un gran grupo de empleados y se responsabilizaban por las diferentes regiones del mundo y diversas funciones prácticas importantes, las mayores actividades funcionales.

El ministro de asuntos exteriores, históricamente, solo tenía un ministro auxiliar, cuya función principal era servir como alter ego del ministro y su enfoque principal eran los asuntos administrativos. Sin embargo, como el Congreso sintió que el departamento no estaba siendo bien administrado, autorizó un segundo ministro de asuntos exteriores auxiliar, para que se enfocara únicamente en la administración. Como era mi deber, nominé a alguien para esa posición reglamentaria; sin embargo, recordando las razones de mi petición a Carlucci me encargué de que nunca se ejecutara la nominación. Yo quería un solo auxiliar, Rich Armitage. Ninguno de los dos consideraba que la administración del departamento estaba separada de nuestra responsabilidad de administrar la política exterior. Rich estaba más que preparado para llevar a cabo ambas funciones, y fuimos bendecidos con subordinados talentosos que entendían cómo operábamos.

Otra posición autorizada que nunca llené se llamaba «asesor del departamento», cuyo trabajo era hacer cualquier cosa que el ministro quisiera. Era una posición que no necesitaba porque siempre preferí usar a mi línea de líderes que a supernumerarios.

Se podría argumentar que mi enfoque de poca burocracia y de reportarse a mí directamente era miope, y que el ministro de asuntos exteriores debía tener una constelación de ayudantes especiales orbitando en la entrada de su oficina para extender su presencia. Mis sucesores sintieron la necesidad de cubrir la segunda posición de auxiliar, ocasionalmente ocuparon la posición de asesor y también añadieron emisarios especiales en cantidades considerables para atender asuntos de gran notoriedad o sensitivos que tenían importancia particular. Unas veces esos emisarios agregaban valor, otras veces no. Hay cierto lugar para los emisarios especiales en misiones seleccionadas, limitadas en tiempo y alcance, pero los líderes extranjeros se han confundido a veces, porque no saben quién está a cargo de qué. Los emisarios especiales no pueden sustituir a un empleado permanente.

Quiero dejar en claro que mis decisiones y las razones para tomarlas no son juicios de mis predecesores ni de mis sucesores. Solo estoy diciendo que sus preferencias no fueron las mías. Cada alto líder, incluyendo al presidente, debe organizar a su equipo de forma que sea congruente con sus necesidades, experiencia, personalidad y estilo. No existe una respuesta única a la pregunta: «¿Cómo organizo mi equipo?».

Siempre he preferido mantener un equipo de confianza lo más pequeño posible, y trabajar directamente con mis subordinados superiores, a quienes he conferido autoridad e influencia. Debido a que los consideraba una extensión de mí mismo, tenían que estar cerca de mí y tenían que saber que yo creía que cuando ellos decían algo, tenía que ser correcto.

El presidente Reagan me enseñó mucho más sobre liderazgo que solo crear confianza y responsabilidad; él fue un ejemplo de cómo el líder a la cabeza tiene que salirse de la pirámide organizacional para tener una visión más amplia desde la colina más alta de una ciudad que brilla. Él estuvo siempre en lo que llamo un mayor nivel de agregación que el resto de nosotros.

Cierta mañana, todo el equipo de asuntos económicos del presidente marchó hacia la Oficina Oval para discutir un problema. Los japoneses, que se encontraban bien económicamente, estaban comprando muchísimas propiedades en Estados Unidos; incluyendo valores inmuebles icónicos de la nación, como el Rockefeller Center y el Pebble Beach Resorts. El Congreso había comenzado a agitarse, el público estaba hablando y las compras estaban generando preocupaciones económicas y de seguridad. «Tenemos que hacer algo y tenemos que hacerlo ahora», dijo el equipo. Ellos esperaron en silencio a que el presidente respondiera. Y lo hizo.

«Bueno», dijo, «están invirtiendo en Estados Unidos y me alegra que sepan reconocer una buena inversión cuando la ven». Concluida la reunión. Reagan demostró de nuevo su confianza en Estados Unidos. Él estaba por encima de nuestra visión a nivel del piso.

Posdata: los japoneses pagaron demasiado por sus inversiones en Estados Unidos. El Rockefeller Center y Pebble Beach pronto regresaron a nuestras manos. Los japoneses perdieron dinero en las ventas.

Si Reagan estuviera hoy día en la Oficina Oval, diría lo mismo sobre las inversiones chinas en Estados Unidos, y luego se iría a ponerles nueces a las ardillas.

CAPÍTULO VEINTINUEVE

Las reuniones

Cuando era asistente del ministro de defensa, el capitán Weinberger, uno de mis deberes era ayudar a las recepcionistas a mover casi una docena de sillas a su oficina para la reunión matutina del personal. Cuando terminaba, devolvíamos las sillas a su lugar.

La reunión se llamaba «LA/PA». El señor Weinberger quería comenzar el día escuchando, de labios de sus ministros asistentes en asuntos legislativos y públicos, acerca de las historias más candentes de los medios de comunicación y las diabluras en el Capitolio. Los otros ministros de defensa asistentes también asistían para escuchar qué estaba pasando y para traer a la discusión otras cuestiones importantes. Las reuniones duraban alrededor de treinta minutos. Y era una forma útil de comenzar el día.

Una o dos veces al mes, Weinberger presidía una reunión con el Consejo de políticas de las fuerzas armadas; un cuerpo mucho más formal que se reunía en su sala de conferencia. Asistían todos los secretarios en funciones, líderes militares veteranos y el personal de la alta plana de la secretaría. Esta reunión no tenía ninguna sustancia. Era totalmente inútil. Bueno, tal vez no tanto. Los ayudantes podían decirles a su personal y a su familia que se reunían con el ministro una vez al mes. Como era formal, inusual y no tenía un propósito real, teníamos que esforzarnos el día antes de la reunión para encontrar asuntos de los que Weinberger pudiera hablar. Miraba nuestro informe minutos antes de comenzar la reunión. Durante las reuniones, las personas se pasaban haciendo garabatos, mientras él hablaba en forma monótona sobre los asuntos que le habíamos dado para hablar monótonamente.

Las reuniones del gabinete presidencial no son muy diferentes. Asistí a reuniones de gabinete en cuatro administraciones. Todas iguales. Me sorprendería enterarme que han cambiado.

Por razones obvias, esas reuniones no tienen una agenda particular. El gabinete se reúne en el Salón del Gabinete. Los medios de comunicación entran, escuchan al presidente hablar de cualquier tema que interese ese día y luego se van. El presidente da una charla a su gabinete. Los miembros designados del gabinete hacen la presentación de su departamento o discuten un asunto particular del momento. La gente habla. Después de una hora se van. En Estados Unidos realmente no tenemos un gabinete de gobierno.

Cuando era consejero de seguridad nacional, director del Estado Mayor Conjunto, y ministro de asuntos exteriores, usaba una adaptación del modelo LA/PA de Weinberger: una reunión temprano en la mañana con mis informantes directos y mis ayudantes principales, a la que llamaba mis «Oraciones matutinas», solo una manera de comenzar el día juntos. Era una reunión concurrida; con una asistencia hasta de cuarenta personas. Y tenía reglas bastante estrictas.

«Mi reunión matutina no durará más de treinta minutos, usualmente menos, para que todos podamos irnos a trabajar».

«Así comenzamos el día como equipo. Quiero que todos me observen, chequeen mi moral y me digan si luzco bien. Quiero que miren alrededor de la sala a cada uno de ustedes y disciernan cualquier señal sutil de algo que necesite investigar.

»Esta no es una reunión de pararse al frente a hablar por hablar. Si no tienes nada importante que decir, no tienes que hacerlo.

»Este no es momento de regañar a nadie. Estamos compartiendo unos con otros, hablando acerca de nuestras necesidades del día y qué necesitamos hacer, discutiendo cómo resolver problemas. Si alguien realmente metió la pata y necesita asesoramiento, lo haremos luego, a solas, en mi oficina.

»Saldrás de la reunión sabiendo qué hay en mi cabeza; y por ende, lo que debe haber en la tuya. Quiero que cada uno de ustedes se reúna con su equipo y le diga lo que hemos discutido. Tenemos que conectarnos desde arriba hasta abajo.

»Y a propósito, puedes decirle a tu cónyuge y a tus familiares que ves al ministro todos los días».

También les decía que no se sorprendieran si algunas veces les tomaba el pelo o me ponía un poco chistoso.

Un martes en la mañana entré y les pregunté si alguno había visto la lucha entre Hulk Hogan y Undertaker en el programa *Monday Night Raw*. Me topé con las miradas vacías y desconcertadas de los embajadores, altos oficiales del servicio exterior, y otros intelectuales asistentes. Les describí la pelea. Tengo que admitir que era un ballet muy bien coreografiado; sin embargo, los luchadores exhibían una destreza atlética y entrenamiento considerables mientras rebotaban de lado a lado en la lona.

El desconcierto se mantuvo hasta que les expliqué por qué me interesaba el encuentro. Treinta mil personas habían salido un lunes en la noche, en una ciudad mediana del medio oeste para ver esta pelea. Es lo que el estadounidense promedio hace. También les encanta NASCAR y Walmart. Para esa gente es que realmente trabajamos. No podemos olvidar eso.

Uno de mis trabajos como auxiliar del consejero de seguridad nacional, bajo Frank Carlucci, era convocar a comités interinstitucionales para resolver asuntos para el gabinete y el presidente. Esas reuniones eran más formales y serias que las tipo LA/PA, y con asistentes más veteranos. De ellas salían consejos para las decisiones presidenciales. De ahí su nombre: «Reuniones de decisión», porque tenían que terminar en una recomendación para que el presidente tomara una decisión. Los asistentes estaban a niveles de auxiliares y viceministros de los departamentos de estado, defensa, tesorería y comercio. La CIA estaba allí, la oficina del fiscal general, el personal experto del Consejo de seguridad nacional y los expertos de la Casa Blanca. Yo la presidía.

Estaban ocurriendo muchas cosas en aquellos días, y teníamos que citar muchas reuniones. Teníamos que mantener los trenes andando puntuales. Las reuniones necesitaban una estructura estricta.

Siempre se fijaba una agenda y se les enviaba un informe de antemano a cada uno de los asistentes. Si no habías tenido tiempo de leer el informe, entonces manda a alguien que lo hubiera hecho. No nos hagas perder el tiempo.

Comenzaba cada reunión con una descripción de cinco minutos del asunto y su estado actual. Durante los siguientes veinticinco minutos cada agencia con una opinión en el asunto nos haría una presentación sin interrupciones. En los veinticinco minutos siguientes, «nos peleábamos con comida». Cualquiera podía brincar y estar en desacuerdo, apoyar o atacar a quienquiera que quisiera. Insultos, puntos de vista pasionales, peleas por una opinión. «Nada personal, Sonny, solo negocios».

En el minuto cincuenta, tomaba las riendas de la reunión y callaba a todo el mundo, resumía todos los méritos y deméritos de los argumentos y llegaba a una conclusión tentativa que pudiera recomendar al presidente en su decisión. Eso nos tomaba cinco minutos. Luego los asistentes tenían cinco minutos para objetar y clarificar. Si mi recomendación todavía parecía correcta, la ratificaba. Reunión terminada. Los participantes volvían a sus departamentos e informaban a sus secretarios. Si algún secretario estaba en total desacuerdo, él o ella me llamaba aquella noche. Al día siguiente el informe con la decisión, con sus acuerdos, desacuerdos y opciones, iba al presidente.

El informe reflejaba todos los aspectos de nuestros debates. Todos los presentes tenían su opinión. No queríamos redondear el tema y convertirlo en una piedrita de playa que podía irse en cualquier dirección. Cualquier ministro del gabinete que estuviese en total desacuerdo podía ir a ver al presidente.

No recuerdo ninguna instancia en la que algún ministro lo haya hecho. Nos asegurábamos de que cada punto de vista estuviese presente, considerado y reflejado en el informe.

Al igual que con tantos temas, en ocasiones reducíamos el problema a una serie de alternativas, cada una de las cuales se debía trabajar. Luego tratábamos de escoger lo mejor de la variedad.

Todo el Consejo de seguridad nacional funcionaba de la misma manera, con el presidente al mando. Los oficiales del gabinete presentaban sus puntos de vista, mientras Frank o yo servíamos de maestros de ceremonia, delimitando el asunto y guiando la discusión. Usualmente el presidente hacía preguntas, pero pocas veces se tomaba una decisión durante la reunión. Una vez finalizada, se preparaba un informe de decisión para él. Cuando él tomaba su decisión, se repartía una confirmación por escrito.

Como algunos de los miembros del equipo del Consejo de seguridad nacional se volvieron corruptos durante el periodo Irán-Contra, nos asegurábamos de que el proceso fuera formal y bien documentado. Tuvimos éxito restaurando la credibilidad del sistema del Consejo de seguridad nacional.

He dirigido muchos otros tipos de reuniones.

Las reuniones informativas simplemente notifican a los asistentes sobre temas de interés inmediato. Mantenía un límite de tiempo en esas reuniones para evitar que se desviaran del tema y que los sabelotodo tomaran el micrófono para escucharse a ellos mismos hablar.

La reunión oficial más importante del estado mayor conjunto se llamaba «Reunión de tanques». Debe su nombre a que el salón original donde se reunieron los jefes militares durante la Segunda Guerra Mundial estaba localizado en el sótano del departamento de comercio y solo se podía llegar allí a través de una entrada tipo túnel. En los años subsiguientes la reunión se llevaba a cabo en una sala especial del centro nacional de comando militar en el Pentágono. A esa asisten los jefes, sus oficiales de operaciones y muchísimos diputados y anotadores. Esta reunión tenía una agenda formal.

Me parecía que resultaba más útil reunirme con los jefes militares en mi oficina, sin asistentes ni agenda. Eso los aliviaba de todo el proceso burocrático y podían hablar con franqueza; eran los militares más viejos y experimentados de las fuerzas armadas y no solo los líderes de las grandes organizaciones que están obligados a defender los intereses de sus jefes a toda costa. Esas reuniones transcurrían maravillosamente; mientras discutíamos los asuntos más fundamentales de la guerra y la paz.

No todas mis reuniones eran estructuradas. Por ejemplo, me gustaba terminar el día con un encuentro espontáneo, en el que tres o cuatro de mis asociados más cercanos pudieran sentarse en mi oficina, con los pies arriba y revisar cómo iban las cosas. Era un momento sin apuros en el que podíamos prepararnos para los retos y las oportunidades del día siguiente.

Los seres humanos no tenemos una naturaleza solitaria. Necesitamos conectarnos con otros seres humanos para compartir sueños y miedos, para apoyarnos unos a los otros, para ayudarnos unos a otros.

Dos personas juntas son una reunión. Conforme las organizaciones se hacen más grandes, mucho más personas se necesitan reunir formal e informalmente. Siempre he tratado de dirigir las reuniones, no importa cuán grandes sean, con la intimidad y el respeto que dos viejos amigos se muestran entre sí al recordar su pasado compartido.

CAPÍTULO TREINTA

La persona indispensable

Durante los peores días de la Guerra Civil, el presidente Lincoln solía escapar del calor veraniego de Washington cabalgando hasta una oficina de telégrafo que estaba en una colina fresca al norte de la ciudad. El telégrafo fue la primera gran tecnología de la revolución en las telecomunicaciones que al fin llevó al desarrollo de la comunicación satelital y la Internet. El presidente se sentaba en la oficina del telégrafo y recibía las últimas noticias del campo de batalla.

Una noche llegó un telegrama detallando otra calamidad que había sufrido el ejército de la Unión. La caballería de los confederados había sorprendido a un campamento de la Unión cerca de Manassas, Virginia, y había capturado al general de brigada y cien caballos. Con el operador del telégrafo observando, Lincoln se desplomó en su silla mientras leía sobre la adversidad. Y quejándose entre dientes, dijo:

—Detesto haber perdido esos cien caballos.

El operador se sintió obligado a preguntar:

—Pero, señor presidente, ¿y qué del general de brigada?

Lincoln le respondió:

—Puedo crear otro general de brigada en cinco minutos, pero no es fácil reemplazar cien caballos.

Un amigo me regaló esa cita enmarcada el día que fui promovido a general de brigada. Me he asegurado de que cuelgue encima de mi escritorio en todos mis trabajos desde entonces. Mi labor como líder era ocuparme de los caballos, obtener lo mejor de ellos y asegurarme de que estuvieran halando en la dirección que yo quería. Y, por cierto, también tenía que asegurarme de que detrás de mí había individuos listos para ser promovidos a generales de brigada, para asumir el mando después de mí.

«Si los pongo a todos ustedes en un avión, y este se estrella sin sobrevivientes», nos dijo el general Bernie Rogers, jefe del estado mayor de la armada, durante su discurso de bienvenida a mi clase de cincuenta y nueve nuevos generales de brigada, «los siguientes cincuenta y nueve nombres en esa lista van a ser tan buenos como ustedes. No hay problema».

Durante las etapas preliminares de Tormenta del Desierto, el general Norm Schwarzkopf se enfermó. Norm era vital para el éxito de nuestros planes, pero no podía permitir que se volviera indispensable. Tenía un reemplazo en mente, si alguna vez fuera necesario, y mi jefe, el secretario de defensa Cheney, sabía a quién recomendaría.

El general Max Thurman, comandante del sur desde 1989 a 1991, planificó, ejecutó y lideró nuestra campaña en Panamá para derrocar al dictador Manuel Noriega. Max era uno de los mejores soldados que jamás haya conocido y uno de mis amigos más queridos. Tras el éxito de la invasión, Max fue diagnosticado con cáncer. Durante los primeros tratamientos, permaneció a cargo del Comando Sur, pero luego de varios meses se hizo evidente que su tratamiento iba a ser muy intenso y conflictivo con sus responsabilidades. El secretario Cheney, quien mantenía una relación cercana con Max, no quería relevarlo. Al final logré convencerlo de que era necesario. Max comprendió perfectamente. En la batalla asumes pérdidas y sigues adelante. Las necesidades de la misión y los caballos tienen que ser prioridades. Con el tiempo, Max murió a causa de su enfermedad.

Cuando yo era un joven teniente en Alemania, era el oficial ejecutivo de una compañía de infantería, segundo al mando del capitán Bill Louisell. Estábamos en un ejercicio que recibiría una calificación y que probaría nuestra preparación para combate; uno de esos que tratan de duplicar lo más cercanamente posible las condiciones de combate real. En la segunda noche, en el clímax de la acción, los evaluadores mataron a Louisell y lo sacaron del ejercicio. Yo estaba al comando. Logramos sobrevivir la noche y completamos el ejercicio exitosamente. El reconocimiento fue para Bill. Me había mantenido informado, me había entrenado y me había explicado su concepto y su plan. Por eso pude asumir el mando cuando lo sacaron.

Me he encontrado con demasiadas personas en la vida pública que piensan que piensan que son los que encienden el sol cada mañana. Si no fuera por ellos, no habría luz ni calor. Me he topado con demasiadas personas que se han pasado de su fecha de vencimiento y no aceptan que es hora de jubilarse. Me he encontrado con demasiados líderes que nunca han pensado en su sucesión ni tampoco han considerado con seriedad desarrollar un equipo de líderes. Demasiados líderes se sienten demasiado inseguros para enfrentar esas realidades.

Y me he topado con demasiados líderes que no enfrentan la realidad de que la persona indispensable está reteniendo a su organización. Los líderes tienen la obligación de examinar constantemente sus organizaciones y deshacerse de las personas que no estén llevando a cabo sus funciones. Los buenos seguidores saben quiénes son los que se están desempeñando, mal y están esperando que el líder haga algo al respecto.

Cuando una purga necesaria no se realiza a tiempo, los buenos seguidores comienzan a aflojarse. Sin embargo, si se hace bien, las nubes negras se alejan del equipo.

Aun los mejores, más apreciados y más exitosos miembros del equipo, pueden perder su temple y volverse improductivos. Los líderes necesitan estar listos para reemplazar a cualquiera que ya no esté a la altura del cargo. No reorganices alrededor de un seguidor débil. Reentrénalos, muévelos o despídelos. A la larga, le estás haciendo un favor a esa persona. E inmediatamente le estás haciendo un favor a tu equipo.

CAPÍTULO TREINTA Y UNO

Hora de bajarse del tren

Uno de mis más queridos amigos de la milicia, el coronel Frank Henry, era un compañero comandante de la brigada en la 101ª División Airborne en el año 1976. Un gran comandante y tan lleno de energía como pocos como pocos, en ocasiones Frank se metió en problemas midiendo fuerzas con nuestro comandante de división.

Un día estábamos hablando de las expectativas de nuestras carreras. «Yo no sé si voy a llegar más alto en el ejército», me dijo, «pero estoy orgulloso de haber llegado a coronel. Lo próximo que espero del ejército es que me diga cuándo llegó el momento de bajarme del tren».

Una vez compartí aquel relato con el famoso presentador de televisión Larry King; y nunca la olvidó. En 2010, su programa de muchos años en CNN, *Larry King Live,* estaba perdiendo audiencia. La revolución de la información estaba cambiando los medios de comunicación. Era evidente que CNN podía cancelar el show. Larry no esperó, en un repentino anuncio expresó que se retiraría después de haber estado veinticinco años en el aire. Cuando hizo el anuncio recontó mi vieja historia de Frank Henry. Había tenido un gran viaje, explicó, pero había llegado a su estación. Era hora de bajarse.

Yo intenté mantener la misma actitud a lo largo de mi carrera. Trabajar duro y dejarle al ejército la decisión sobre cuándo debía jubilarme se convirtieron en mis criterios. El ejército nunca me prometió cuán alto llegaría. «Solo haz tu trabajo bien y nosotros te ascenderemos. Te vamos a dejar saber cuando hayas llegado a tu estación». Le pregunté varias veces al conductor si la próxima estación sería la mía. «Todavía no», continuó diciéndome. Y yo seguí el viaje.

Mi familia estaba complacida con mi decisión de enlistarme en el ejército. Era un deber patriótico y ellos amaban a nuestro país. Sin embargo, por mucho tiempo les dio trabajo entender por qué me quedé. Mi tía Laurice, la jefa del clan, fue la encargada de presionarme con el tema cuando regresé de mi segundo tour en Vietnam. Laurice era experta metiéndose en los problemas de los demás y no me dejaba en paz. Finalmente dejó tranquilo cuando le expliqué que si trabajaba duro me podía retirar como teniente coronel a los cuarenta y un años con el cincuenta por ciento de la pensión. Para una familia de inmigrantes, una pensión de por vida es el equivalente a ganarse la lotería. Ya nunca tocaron el tema.

Llegué a teniente coronel. Todo lo que vino después de eso fueron beneficios de viajero frecuente y una bendición.

El ejército tiene políticas muy estrictas con respecto a los ascensos, con la finalidad de mantener renovado el cuerpo de oficiales y desarrollar a oficiales jóvenes. Me sentí honrado y complacido, cuando en 1986 me seleccionaron para un ascenso a teniente general de tres estrellas y asumir el mando del Quinto Cuerpo en Alemania.

Una carta del general John Wickman, jefe del estado mayor del ejército y mi mentor por muchos años, me notificó sobre mi ascenso y mi nueva misión, me felicitó y terminó con una nota diciendo que la comisión era por dos años. Después de dos años, *justo ese mismo día,* si no había sido elegido para otro puesto de tres estrellas, o si no había sido seleccionado para uno de cuatro, él esperaba ese día tener mi carta de jubilación en su escritorio. Si no lo hacía, hubiera estado esperándome en su estación con uno de esos viejos ganchos de las bolsas de correo para botarme de un tirón.

No fui comandante de cuerpos por mucho tiempo. Luego de seis meses fui reasignado a la Casa Blanca, primero como consejero de seguridad nacional auxiliar y luego como consejero de seguridad nacional. Esas fueron posiciones de gran responsabilidad y me honró el haber sido elegido; sin embargo, lesionaron malamente el patrón de mi carrera militar.

«Servimos donde nos necesiten y al diablo con el avance profesional», me recordó el general Wickham.

Cuando Ronald Reagan estaba saliendo de la Casa Blanca, el presidente electo George H. W. Bush me ofreció varias posiciones de alto nivel en su nueva administración. Visité al jefe del estado mayor del ejército, el general Carl Vuono, para que me aconsejara.

«En años recientes, he estado lejos del ejército, ocupando posiciones civiles y, ciertamente, tengo alternativas en el mundo civil», le dije, «por tanto, asumo que es momento de jubilarme. Pero el ejército sigue siendo mi primer amor. Me encantaría quedarme en el ejército, pero aceptaré cualquier decisión que tomes».

«El ejército te quiere de vuelta», me dijo Vuono sonriendo, «y te estamos guardando un cargo de cuatro estrellas». Aquel fue uno de los momentos más felices de mi vida.

Cuando le conté al presidente Reagan al día siguiente, solo me preguntó: «¿Es un ascenso?».

«Sí», le contesté.

«Muy bien», dijo, en su forma directa y simple.

El recién electo presidente Bush fue cortés, pero sospecho que se sintió aliviado, pues ahora tenía otra silla desocupada en el vagón de primera clase que podía llenar con uno de los muchos que esperaban por un trabajo.

A través de los años, me he topado con personas que no se dan cuenta de que hay una estación esperando por ellos o que creen que tienen un boleto con millas ilimitadas. Generales de cuatro estrellas con treinta y cinco años de carrera eminentes han venido a mi oficina a lloriquear y rogarme que no les dé de baja... como si tuvieran el derecho a quedarse.

Personas que habían sido nombradas al Departamento de estado y que habían servido a gusto del presidente se escandalizaron cuando les dije que era hora de jubilarse o de buscarse otro trabajo. Uno de ellos organizó todo un esfuerzo de cabildeo, sugiriendo que no era posible que yo hiciera algo así. Lo hice de todas formas. Los gemidos y el crujido de los dientes se escucharon por todo el departamento. Es decir, hasta que la ceremonia de jubilación terminó y todo el mundo comenzó a ver cómo sus expectativas laborales se habían afectado.

Tal vez el Congreso sea la peor organización en este sentido. Comprendo la importancia de la experiencia y el valor de una o dos décadas de servicio. Pero, ¿treinta años o más? Jubílate y dale una oportunidad a tu bisnieto. ¡Cuántos edificios federales y calles más necesitas que se bauticen con tu nombre!

No importa cuál sea tu trabajo, estás allí para servir. No hay diferencia si es el gobierno, el ejército, un negocio o cualquier otra institución. Ve con el compromiso de servir de modo generoso, nunca de forma egoísta. Y con alegría y gratitud recibe tu placa y tu reloj de oro, y bájate del tren antes de que alguien te empuje; ve y siéntate en la sombra con una bebida, y mira a los otros andenes y los otros trenes a tu alrededor. Toma un momento para mirar al viejo tren mientras se aleja, y luego comienza un nuevo viaje en un nuevo tren.

CAPÍTULO TREINTA Y DOS

Después del adiós

El bajarse del tren no trata solo de cuándo hacerlo, sino también del cómo.

Los oficiales del ejército tienen una vieja tradición. Cuando dejas tu puesto, escribes «PPC» en el dorso de tu tarjeta de presentación y la fijas al boletín de anuncios en el club de oficiales o en un lugar público similar. «PPC» es un acrónimo de la frase en francés *pour prendre conge,* que significa: «para tomar licencia». Era nuestro último gesto de cortesía cuando estábamos haciendo un cambio permanente de estación, con énfasis especial en «permanente».

Hay una forma más directa y coloquial de decirlo: «cuando acabes de bombear, suelta el mango».

He visto demasiados ejecutivos en la empresa privada seguirse aferrando a sus posiciones mucho después de haber cedido su puesto. Mantienen posiciones honorarias, eméritas, o similares; lo que les da el derecho a oficinas, asistentes y la oportunidad de asistir y molestar en reuniones, disfrutar los beneficios del cargo y hasta recibir compensación. Sin embargo, no tienen responsabilidad ni tienen que rendir cuentas a nadie.

En el ejército, cuando es momento de irse, te vas. Cuando eres el comandante de salida, en la ceremonia de cambio de mando recibes tu medalla, le pasas los colores al nuevo comandante, dices unas breves palabras y ves a las tropas desfilar en tu honor. Luego le das la mano al nuevo comandante y sales del campo. Si haces todo esto como es debido, tu camioneta está estacionada detrás de las gradas, y tus maletas estás amarradas en la capota. Tu esposa, tus hijos y tú están apretujados adentro, y manejan hacia la puerta de salida, mientras el nuevo comandante está saludando a su línea de recibimiento. Es importante que los espejos retrovisores del carro estén orientados de tal forma que puedas ver detrás de ti. Es aun más importante que todas las ventanas estén arriba y que la radio esté encendida a gran volumen para que no puedas oír el ruido de las tapas de los basureros sellando todas tus grandes ideas. Se acabó. Ya pasó tu turno al bate.

Durante varios meses, la gente te llamará para decirte cuánta falta haces y todos los problemas que están teniendo con el nuevo tipo. Todo es una tontería. Sé paciente. Las llamadas cesarán antes de que el nuevo individuo termine de calentar su hierro de marcar.

Siempre le digo a mi sucesor que nunca lo voy a llamar, pero que sienta la libertad de llamarme si tiene alguna pregunta. Si está recién ascendido, y hemos trabajado juntos, mi trabajo fue entrenarlo para que me reemplace. Y ahora ya lo hizo.

Detesto los largos períodos de transición. Estudia mucho antes de llegar. Tienes que saber todo lo que necesitas antes de tomar el mando. Pero mantén el período de transición corto. Sé cortés y pasa tiempo con tu predecesor, pero no te excedas. En realidad, no quieres oír toda su travesía y probablemente él esté un poquito resentido contigo.

Cuando recibí el puesto de Madeleine Albright como ministro de asuntos exteriores, nos reunimos tres veces durante dos meses, una en su casa y dos en su oficina. Era una buena amiga y me beneficié de sus ideas. Pero, fuera de eso, me mantuve fuera de su camino.

Luego que asumí el puesto, Madeleine siempre estuvo disponible, pero nunca me llamó ni tampoco discrepó conmigo en público. Cuatro años después tuve una experiencia del tipo «después del adiós», con mi sucesora, Condi Rice. Luego de tu turno al bate, camina al banquillo, al bullpen o al estacionamiento.

La mayoría de las transiciones no son hostiles. Sin embargo, cuando un líder ha sido relevado por incompetencia o mala conducta, la situación es siempre tensa. El nuevo líder tiene que limpiar todo rápidamente, mientras toma el control, pero no debe maltratar más al que fue relevado de su puesto. Ya lo llevaron hasta la calle sin paradas ni medallas. Él sabe lo que ocurrió. Está sufriendo por ello. No sigas golpeando su cadáver profesional.

PARTE VI

Reflexiones

CAPÍTULO TREINTA Y TRES

La Doctrina Powell

E s imposible no sentirse halagado y honrado cuando nombran una doctrina en tu honor. Todavía no puedo entender cómo me sucedió esto.

La llamada Doctrina Powell no existe en ningún manual militar. El término apareció por primera vez a finales de los años noventa, después de que el presidente Bush, por recomendación del general Schwarzkopf y mía, decidió duplicar las tropas en Irak. Luego de Tormenta del Desierto, el término comenzó a usarse oralmente, aunque no en los manuales. La doctrina reflejaba mi creencia sobre el uso de toda la fuerza necesaria para lograr el tipo de resultado, decisivo y exitoso, que ya habíamos logrado en la invasión de Panamá y en la operación Tormenta del Desierto.

Al discutir sobre cuál es el elemento esencial de la doctrina, los comentaristas tienden a utilizar la frase «fuerza aplastante», pero siempre he preferido el término «decisivo». Una fuerza que logra un resultado decisivo no necesariamente tiene que ser aplastante. O, para decirlo de otra manera, una fuerza aplastante puede ser demasiada fuerza. Lo que es importante es el resultado existoso, no cuán exhaustivamente puedas aniquilar a tu adversario o enemigo.

Siempre he sostenido el punto de vista de que para solucionar un conflicto militar debe usarse una fuerza aplastante. La razón es simple: ¿por qué no utilizarla si puedes hacerlo? Luego de Tormenta del Desierto, durante una ronda de preguntas luego de un discurso que di para un grupo de la Academia Naval en Annapolis, me preguntaron por qué había enviado al general Schwarzkopf dos grupos de portaaviones de batalla adicionales si él solo había pedido uno. Mi respuesta fue simple: «No tenía el tiempo para ir a buscar a todos los demás. Esto es una pelea entre pandillas». Fue una gran respuesta, pero la razón real fue que sentí que un portaviones más de los que Norm había pedido nos garantizaría la victoria final.

La Doctrina Powel se compara muchas veces con la Doctrina Weinberger: seis reglas para el uso de la fuerza militar formuladas en 1984 por el ministro de defensa, Weinberger.

Aunque hay similitudes entre las ideas del ministro Weinberger y las mías, nunca he puesto por escrito una lista de reglas. Mis opiniones no son reglas. Siempre las he visto como una guía que los líderes experimentados deben considerar como parte de su proceso de toma de decisiones. El presidente decide si son importantes o no para cada situación en particular. La milicia ejecuta lo que el presidente decida.

El concepto de la Doctrina Powell parte de la premisa de que toda guerra debe evitarse. Se deben usar todos los medios políticos, diplomáticos, económicos y financieros para tratar de resolver el problema y lograr el objetivo político que el presidente haya establecido. Al mismo tiempo, hay que dejar claro que la fuerza militar existe para apoyar a la diplomacia y tomar el control cuando la diplomacia se agota. No hay una clara diferencia entre las dos. Si la diplomacia no implica la posibilidad del uso de fuerza, puede resultar ineficaz. Si el nivel de preparación de las tropas, el despliegue militar, los ejercicios y las amenazas de uso se mantienen siempre sobre la mesa, a menudo podremos apoyar la diplomacia y lograr el objetivo político del presidente sin disparar un solo tiro.

Sin embargo, cuando el presidente decide que la fuerza es el único medio para alcanzar su objetivo político, entonces debe ser aplicada de una forma decisiva. Sin objetivo político claro, no se puede hacer un análisis del tipo de fuerza que requiere la operación.

Cuando se está decidiendo qué tipo de fuerzas usar y cómo se han de aplicar, los planificadores deben pensar en la operación en su totalidad, desde el principio hasta el final. ¿Qué sucede cuando has alcanzado tu objetivo militar inicial? ¿Cómo sabes cuándo ha terminado la operación? ¿Cómo y por qué te quedas o te retiras?

Luego, mientras la operación se lleva a cabo, las autoridades al mando deben explicarla a los estadounidenses, a sus representantes, y al resto del mundo. Al principio, la aprobación del público no es esencial, pero si no la ganas con el paso del tiempo, vas a tener problemas para continuar con la operación.

Todo esto supone que tienes tiempo para pensar, discutir y planear. Sin embargo, no siempre ocurre así. Llegan las sorpresas. Las crisis estallan repentinamente.

Cuando los presidentes toman decisiones importantes tienen que usar toda la información que esté a su disposición, seguir sus instintos y evitar estar a merced de guías o reglas absolutas. La necesidad del uso de fuerza puede surgir de manera urgente cuando, como dicen los ingleses, «estás en una situación comprometida». Tienes que actuar, con decisión o no, con objetivo político claro o no, con el apoyo del público o no. Esos son los momentos difíciles cuando te ganas tu salario.

Estos principios se aplican en cada nivel de las operaciones militares más grandes y complejas. No obstante, en realidad descansan sobre los mismos principios fundamentales de guerra de hace miles de años. Pudieron haberse llamado la Doctrina de Sun Tzu o la Doctrina Clausewitz.

En el ejército estadounidense se enseñan como «Principios de guerra». Los aprendí primero como cadete del ROTC. Actualmente se enseñan como nueve principios:

- Masa
- Objetivo
- Ofensiva
- Sorpresa
- Economía de fuerzas
- Maniobra
- Unidad de comando
- Seguridad
- Simplicidad

Los dos primeros son la formulación clásica de la doctrina Powell, con el orden invertido. Así es como se definen en los manuales del ejército:

Objetivo: Dirige cada operación militar hacia un objetivo claro, definido, decisivo y asequible.

Masa: Concentra el poder del combate en un punto y tiempo decisivos.

Nota la repetición de la palabra *decisivo*. No solo la masa debe estar concentrada en un lugar y un tiempo decisivos, también el objetivo debe ser decisivo. Si lo consigues, ganas. (Clausewitz la llamó «estrategia del centro de gravedad»).

Cuando se inició la invasión de Panamá en 1989, nuestra estrategia no solo era sacar al dictador, Manuel Noriega, sino también a todo su gobierno y a su fuerza militar, para luego reemplazarlo con un presidente que ya había sido elegido legalmente pero que se encontraba escondido. Usamos más de veinticinco mil tropas en un ataque sin previo aviso, para eliminar rápidamente la amenaza de las fuerzas panameñas y consolidar nuestra posición. Luego nos enfocamos en proteger a la sociedad panameña, establecer el nuevo gobierno y reconstituir la armada. Fuimos ampliamente criticados alrededor del mundo por atacar unilateralmente a un país pequeño en virtud de lo que muchos consideraron una provocación insuficiente. El resultado rápido y exitoso de la operación silenció las críticas de inmediato. Hoy día no hay tropas estadounidenses en Panamá y en las dos décadas tras la invasión los panameños han celebrado cuatro elecciones democráticas.

Inicialmente, el presidente George H. W. Bush trató de contraatacar la invasión iraquí a Kuwait de 1990 a través de sanciones económicas y diplomáticas, y movilizó a toda la comunidad internacional para que apoyara las sanciones. Nuestra misión militar durante ese periodo era desplegar tropas para defendernos de la armada iraquí que se movía hacia el sur en dirección a Arabia Saudita. Completamos con éxito esa misión.

Sin embargo, cuando fue evidente que las sanciones no lograrían el retiro de las tropas iraquíes de Kuwait, el presidente George Bush, con la recomendación del general Schwarzkopf y del Estado Mayor Conjunto, ordenó duplicar el tamaño de las tropas en Arabia Saudita. La principal misión política y militar de aquella fuerza armada era clara: «expulsar al ejército iraquí de Kuwait». La operación se conoció como Tormenta del Desierto. Estábamos seguros de que el uso de fuerzas numerosas sería decisivo, y ese fue el resultado que le garanticé al presidente.

Ese era el objetivo principal del presidente y de todos los planificadores principales de Tormenta del Desierto.

Durante la planificación, ni durante la ejecución de la operación, consideramos entrar en Bagdad, ni tampoco había ningún interés político ni internacional de perseguir ese objetivo. No hubiéramos tenido el apoyo de la Organización de las Naciones Unidas, ni hubiéramos podido establecer una coalición internacional y el presidente Bush no tenía ningún deseo de conquistar un país. Al final de la operación Tormenta del Desierto, el ejército iraquí ya no estaba en Kuwait. Kuwait estaba firmemente en las manos de sus gobernantes. Fue un éxito político y militar.

Al final de su mandato, el presidente Bush envió tropas a Somalia para restaurar el orden y permitir el flujo de comida y otras
maneras de sustento a gente desesperada. La operación comenzó
ante las cámaras de televisión. Por supuesto, la prensa se mofó de
los soldados del grupo SEAL cuando los vieron en la pantalla de
televisión atravesando el agua con dificultad para llegar a tierra.
El efecto sorpresa se había esfumado. Sin embargo, la verdad era
que nosotros no queríamos sorprender a esa bandada de milicianos
irregulares que hacía miserable a todo el mundo en el país. Queríamos que vieran lo que se avecinaba. Queríamos que temiéramos
lo que estábamos preparando para ellos y nuestra exposición en la
prensa nos ayudó a ello. En pocas semanas, completamos la misión
que nos habíamos propuesto.

La nueva administración de Clinton estaba decidida a alcanzar
metas mucho más ambiciosas. Asumieron la tarea de establecer de-
mocracias donde nunca había existido una y donde tampoco había
muchas ganas de establecerla. Después que la tragedia de Black
Hawk Down en octubre de 1993 demostrara la inutilidad de aquel
esfuezo, nos retiramos de Somalia.

Después, en Bosnia, el presidente Clinton lo hizo bien. El ejército serbio estaba llevando a cabo una limpieza étnica violenta y
algunas veces genocida, en la región de la antigua Yugoslavia. La
situación era extremadamente compleja: no existía un claro objetivo político alcanzable ni había forma de tocar todas las bases
favorecidas por la doctrina militar. A pesar de que las reglas no
cuadraban en la situación, el presidente decidió que era necesario
tomar acción. En un periodo de dos años la OTAN incrementó
paulatinamente las operaciones militares contra los serbios. El presidente estaba en lo correcto, y las operaciones de la OTAN tuvieron éxito.

En septiembre de 1994, el presidente Clinton decidió que la
fuerza militar sería necesaria para reinstaurar como presidente legí-
timo de Haití a Jean-Berthand Aristide, quien había sido removido

de su cargo por un golpe de estado liderado por el general Raoul Cédras. Mientras nuestras tropas estaban organizando y abordando los aviones, el presidente Clinton nos envió al expresidente Jimmy Carter, al senador Sam Nunn y a mí para tratar de persuadir al general Cédras y a la junta militar al mando para que cediera el poder. Discutimos por dos días con Cédras y sus generales.

En la reunión decisiva, el presidente Carter me pidió que le explicara lo que pasaría si no cedían el mando. Le describí la fuerza militar que se había organizado y las tácticas que usarían. «Las tropas llegarán mañana», le dije.

Cédras me miró de arriba a abajo. Finalmente, para romper la tensión, dijo: «Mmm, Haití solía tener la armada más pequeña del Caribe. Mañana tendremos la más grande».

Cédras y la junta directiva vieron que era tiempo de recoger sus cartas y retirarse.

A la mañana siguiente llegó la 82ª División Airborne y fue recibida por el general Cédras. Cuando todo había terminado, me acordé de una de mis máximas clásicas favoritas, a veces atribuida a Tucídides: «De todas las manifestaciones de poder, la coerción es la que más impresiona a los hombres».

En sus etapas iniciales, la invasión de Afganistán en el 2001 y la de Irak en el 2003 fueron sumamente exitosas. Tanto Kabul como Bagdad fueron tomadas rápidamente. Los gobiernos fueron removidos, pero la falta de objetivos claros y de seguimiento alcanzables, o de los medios para alcanzarlos, convirtió las fases siguientes en fracasos que requirieron de años y de un aumento sustancial de tropas para comenzar a revertir el proceso. Las fuerzas adicionales debieron haber estado allí desde el principio. La ilusión optimista había reemplazado la realidad estratégica.

Podría citar muchos ejemplos adicionales de la historia militar estadounidense y también podría extraer otro centenar de la historia corporativa y política estadounidense; de hecho, de cualquier otra empresa humana.

Los líderes corporativos tienen que analizar sus mercados, sus competidores, y las fuerzas que tienen a su disposición. ¿Cómo concentras tus fuerzas de investigación y desarrollo, producción, finanzas y mercadeo para lograr tus metas corporativas? ¿Cómo despliegas tu liderazgo? ¿Cómo te proteges contra las sorpresas? ¿Cuándo te arriesgas a economizar tus fuerzas? ¿Cómo aprovechas el éxito o conviertes una crisis o un fracaso en una oportunidad?

Incluso la Biblia toca esos temas. Lucas 14.31 dice:

> ¿O qué rey, al marchar a la guerra contra otro rey, no se sienta primero y considera si puede hacer frente con diez mil al que viene contra él con veinte mil?

Prefiero ser el segundo rey con veinte mil que el primero con diez... y también tener un objetivo más claro y una estrategia más decisiva.

CAPÍTULO TREINTA Y CUATRO

La regla Pottery Barn

Cuando era un soldado de infantería joven, me enseñaron que una vez alcanzas tu objetivo, ya sea una colina, un pueblo, un puente o una intersección de camino clave, debes consolidar tu posición, conseguir comida caliente y calcetines secos para los soldados, traer más municiones, excavar y prepararte para el contraataque. La batalla todavía no ha terminado y va a cambiar de forma. Mientras consolidas su posición y evalúas la reacción del enemigo, tienes que buscar oportunidades para seguir avanzando. Es posible que hayas destruido al enemigo de tal forma que puedas sacar provecho de tu éxito y vencerlo de manera definitiva. O, quizás ha reforzado sus fuerzas y va a regresar para enfrentarte, y va a usar estrategias en las que tú no has pensado. Sea lo que sea que suceda después, puedes estar seguro de que enfrentarás más acción. Prepárate para ella. Toma las riendas.

En la tarde del 5 de agosto de 2002, el presidente Bush y yo nos reunimos en su residencia de la Casa Blanca, para discutir los pros y los contras de la crisis en Irak. El ímpetu por la acción militar estaba creciendo dentro del gobierno y el presidente poco a poco se estaba inclinando hacia esta opción.

Yo quería asegurarme de que entendiera que una acción militar y sus secuelas generarían serias consecuencias, muchas de las cuales serían imprevistas, peligrosas y difíciles de controlar. La mayoría de los informes que el presidente había recibido giraban en torno a la opción militar: vencer al ejército iraquí y derrocar a Saddam Hussein y a su régimen. Sin embargo, no se estaba poniendo suficiente atención a la opción no militar ni a las repercusiones de la conquista militar.

No tenía duda de que nuestro ejército vencería fácilmente al pequeño ejército iraquí, que se encontraba muy debilitado a causa de la operación Tormenta del Desierto, así como por las sanciones y otras acciones en su contra que surgieron a raíz de la operación. Pero estaba muy preocupado con las impredecibles consecuencias de la guerra. De acuerdo con los planes que confidencialmente se manejaban, se esperaba que noventa días después de que tomáramos Bagdad, Irak se transformaría de alguna forma en un país estable con el surgimiento de líderes democráticos. Me parecía que aquellas expectativas no eran reales. Estaba seguro de que estaríamos en Irak por mucho más tiempo y en una lucha más larga.

Las guerras rompen cosas, matan gente y dejan a su paso una horrenda confusión, caos y trastornos tanto físicos como sociales. La victoria no llega automáticamente con la captura de la capital del enemigo. Un país vencido y ocupado no es un lugar limpio ni organizado. Los antiguos instrumentos de seguridad y del orden son gravemente debilitados o incluso destruidos. Los medios de transporte y comercio son seriamente interrumpidos. A pesar de que el ejército invasor llegue como libertador, puede que no sea muy bienvenido. Puede haber disturbios, saqueos, una amplia hostilidad hacia los ocupantes e incluso sabotajes y asesinatos. Rivalidades religiosas, políticas o étnicas que se encontraban contenidas antes de la invasión, podrían aparecer impredeciblemente como resultado de la misma.

La guerra no es nunca una solución alegre, aunque a veces es la única solución. Tenemos que explorar exhaustivamente las otras soluciones posibles, antes de optar por ir a la guerra. Todos los esfuerzos políticos y diplomáticos deben enfocarse en evitar la guerra, pero al mismo tiempo alcanzar los objetivos.

Le resumí mis ideas al presidente con una expresión muy sencilla: «Si lo rompes, es tuyo». Era una forma abreviada para la realidad profunda de que si tomábamos por la fuerza el gobierno de otro país, nos convertíamos instantáneamente en el nuevo gobierno, éramos responsables de gobernar el país y de la seguridad de su gente hasta que pudiéramos transferir el poder a un gobierno nuevo, estable y funcional. Ahora estamos a cargo nosotros. Tenemos que estar preparado para tomar las riendas.

Tras escuchar mi presentación atentamente, el presidente me pidió mi consejo. «Debemos llevar el problema ante las Naciones Unidas», le dije. «Irak ha violado múltiples resoluciones de la ONU. La ONU es la parte legalmente agraviada. Veamos si existe alguna salida diplomática con el asunto de las armas de destrucción masiva. Si no es así y la guerra se vuelve necesaria, se encontrará en una mejor posición para solicitar la ayuda de otras naciones para crear una coalición».

«Y, por supuesto», agregué, «si la ONU certifica satisfactoriamente que no existen armas de destrucción masiva en Irak, ese problema quedaría solucionado, pero Saddam seguiría en el poder. ¿Es acaso su eliminación suficiente razón para ir a una guerra?».

Tanto el presidente como su Consejo de seguridad nacional, incluyendo al vicepresidente Cheney y el secretario Rumsfeld, estuvieron de acuerdo con esa línea de acción. El 12 de septiembre de 2002, el presidente se presentó a dar su discurso anual ante la Asamblea General de la ONU. En su discurso le pidió al Consejo de seguridad que publicara una resolución en la que declarara el incumplimiento de Irak de algunas resoluciones previas de la ONU y que le exigiera dar cuenta de sus programas para desarrollo de armas de destrucción masiva.

Tras ocho semanas de intensos debates y negociaciones, la resolución 1441 de la ONU fue aprobada unánimemente por el Consejo de seguridad. La resolución también responsabilizaba a Irak por su funesto historial en materia de derechos humanos y de su apoyo al terrorismo.

A principios del 2003, el presidente y otros líderes mundiales determinaron que los esfuerzos de la ONU no tendrían éxito, y la guerra comenzó. La victoria militar llegó rápidamente. Bagdad cayó el 9 de abril de 2003, Hussein y su régimen fueron derrocados, dijimos «misión cumplida» y celebramos la victoria... y estalló el caos. No logramos establecer el control ni la autoridad en el país, especialmente en Bagdad. No llevamos con nosotros la capacidad de imponer nuestra voluntad. No tomamos las riendas.

Irak tampoco se transformó mágicamente en cuestión de pocas semanas en una nación estable con líderes democráticos. Al contrario, una feroz insurgencia tomó al país. Y a pesar de que se encontraba dividido, algunos de los miembros de más alto nivel del gobierno se referían a los insurgentes como unos cuantos «pobres diablos» que rápidamente iban a desaparecer. No desaparecieron.

Tres años después, el presidente entendió la seriedad del deterioro de la situación y ordenó aumentar las tropas para revertir la catástrofe.

Los medios de comunicación le dieron un nombre a la expresión «si lo rompes, es tuyo» y la bautizaron «la regla Pottery Barn». A pesar de que yo no le puse el nombre; sin duda, la expresión era gráfica, memorable y prediciblemente acertada, y la prensa la adoptó. El problema era que la compañía Pottery Barn no tenía esa política, y les disgustó que la gente pensara que la tenían. Y como la regla se relacionaba a mí, estaban disgustados conmigo. A pesar de que hice lo que pude para aclarar la confusión en una entrevista que me hicieron en televisión, la expresión perduró. A decir verdad, no me sentí apenado. Pottery Barn obtuvo muchísima publicidad a raíz de aquella política que no tenían.

Otra verdad: no estaba pensando ni remotamente en las tiendas o el comercio cuando inventé la expresión «si lo rompes, es tuyo». Para mí la regla solo trata de responsabilidad individual; cuando estás al mando, tienes que tomar las riendas. La regla no tiene que ver ni con Pottery Barn ni con ninguna otra tienda.

«Tomar las riendas» es una de las primeras lecciones que aprende un joven recluta en el ejército. El joven soldado aprende a cumplir con sus turnos de guardia: una tarea rutinaria, pero esencial. Cada recluta memoriza un grupo de reglas que describe cómo llevar a cabo su tarea de acuerdo a los estándares establecidos. Esas reglas son colectivamente conocidas como «Órdenes generales».

Una de esas «Órdenes generales» sobre los turnos de guardia se ha quedado en mi cabeza todos estos años y se convirtió en un principio básico de mi estilo de liderazgo: la responsabilidad del guardia es «tomar las riendas de este puesto y de toda la propiedad gubernamental que esté a la vista».

En otras palabras: «Cuando estás al mando, toma las riendas».

Imagínate a un soldado de dieciocho años caminando alrededor de una flota de vehículos de veinte tanques, estacionados uno al lado del otro. Hace frío, es tarde en la noche y está solo. El soldado no es responsable únicamente del lugar donde se encuentra parado o donde está caminando, es responsable de todo el puesto. Está a cargo de todas las propiedades del gobierno que están a la vista, incluyendo el estacionamiento de los tanques, los edificios, los compañeros que duermen, las rejas, todo. Tomar las riendas no significa echarle un vistazo o revisarlo ocasionalmente. Significa que eres el encargado, eres el responsable y que se supone que actúes si algo anda mal. A pesar de que eres solo un soldado raso —el rango más bajo en el ejército— tienes la autoridad de tus superiores, y mejor es que actúes como tal.

Orden general que sigue inmediatamente a la anterior es que llames a alguien cuando las instrucciones que tienes no son suficientes para cubrir tu situación. Si estás confundido o algo extraño ocurre, pide ayuda. Llama al «cabo de guardia». No obstante, hasta que la ayuda llegue, sigues estando a cargo.

Esto establece un «impulso de acción»; es decir, el sentido de estar preparado para abordar cualquier reto. Por esto inculcamos en nuestros oficiales y sargentos: «No se queden ahí parados, ¡hagan algo!».

En los días, semanas y meses posteriores a la caída de Bagdad, nos resistimos a reaccionar a lo que estaba sucediendo ante nuestros ojos. Nos enfocamos en aumentar la producción de petróleo, el suministro de electricidad, echar a andar el mercado de valores y establecer un nuevo gobierno iraquí. Valía la pena hacer todas estas cosas, pero tendrían muy poco significado y no serían posibles hasta que nosotros y los iraquíes tomáramos las riendas de este puesto y aseguráramos todas las propiedades a la vista.

A los iraquíes les alegró liberarse de Hussein, pero también tenían vidas y familias de las que tenían que ocuparse. El fin de un régimen monstruoso no alimentaba a sus hijos, ni les ofrecía seguridad para cruzar la ciudad camino al trabajo. Más que nada, los iraquíes necesitaban un sentido de seguridad y la certeza de que alguien estaba al mando; alguien que evitara que quemaran las oficinas de gobierno, robaran los museos, destruyeran la infraestructura, que el crimen se saliera de control, y que las conocidas diferencias sectarias se tornaran violentas.

Cuando llegamos, teníamos un plan que el presidente había aprobado. No desmantelaríamos al ejército iraquí. Usaríamos el mismo ejército, pero reconstituido bajo el mando de nuevos líderes, para que nos ayudara a asegurar y mantener el orden en todo el país. Disolveríamos el Partido Baaz Árabe Socialista; el partido político en el poder, pero no dejaríamos en la calle a todos sus miembros. En los tiempos de Hussein, si querías ser oficial de gobierno, maestro, policía o empleado postal, tenías que pertenecer al partido. El plan era eliminar a los líderes partidarios que estaban en posiciones de autoridad. Sin embargo, los oficiales de menor rango tenían la educación, las detrezas y el entrenamiento necesarios para gobernar el país.

Sí, Irak era una tiranía de un solo partido. Sí, algunos elementos peligrosos permanecieron en el partido y en el ejército. Tendrían que ser identificados y despedidos. Sí, muchos soldados iraquíes desertaron. Sin embargo, se mantuvieron varias estructuras viables, cuyas vacantes serían fáciles de rellenar.

El plan que el presidente había aprobado no se implementó. En su lugar, el secretario Rumsfeld y el embajador L. Paul Bremer, nuestro hombre a cargo de la Autoridad Provisional de la Coalición en Irak, desmantelaron al ejército iraquí y despidieron a los miembros del partido Baaz, desde el más alto cargo hasta los maestros. Eliminamos a los oficiales y a las instituciones que nos hubieran podido ayudar en la reconstrucción, y dejamos sin empleo y enojados a miles de las personas mejor adiestradas en el país: candidatos perfectos para la insurgencia.

Aquellas acciones sorprendieron al presidente, a la consejera de seguridad nacional Condi Rice y a mí, pero una vez se pusieron en marcha, el presidente consideró que tenía que apoyar al secretario Rumsfeld y al embajador Bremer.

Mientras tanto, en aquel momento decisivo, comenzamos a enviar soldados de regreso, a remover de sus puestos a comandantes y personal con experiencia, y a reducir el envío de soldados adicionales. En casa, celebrábamos la misión cumplida y la Casa Blanca se preparaba para organizar desfiles para celebrar la victoria.

La colina había sido tomada, pero la batalla continuaría por muchos años. La victoria sobre el régimen de Hussein fue solo el principio de una larga campaña que debíamos haber anticipado, y para la que no nos preparamos.

Lo rompimos, era nuestro, pero no tomamos las riendas.

En 2006, el presidente Bush ordenó su ahora famoso aumento en el envío de más soldados, y en conjunto con el nuevo ejército iraquí y las fuerzas policiales, comenzaron a revertir el caos. Sin embargo, se perdieron muchos años y muchas vidas. Las fuerzas de Estados Unidos y la coalición se han retirado de Irak. Las condiciones en el país han mejorado considerablemente, pero la campaña no ha terminado. Todos tenemos la esperanza de que los iraquíes alcancen un final exitoso, y que logren dejarles a sus futuras generaciones un país libre, democrático y en paz con sus vecinos y entre ellos mismos.

Cualquier líder que esté enfrentando una decisión del tipo «si lo rompes, es tuyo», debería anteceder su pensamiento con un «trata de no romperlo». Sin embargo, si existe la posibilidad de que lo rompas, si planificas romperlo o si no hay manera de evitar que lo rompas, debes considerar el costo de ser el propietario y tener planes listos para lidiar con las posibles consecuencias por haberlo roto.

Los planes no tienen éxito ni fracasan hasta que los ejecutas. Y la ejecución exitosa de un plan es más importante que el plan en sí mismo. Fui entrenado para esperar que un plan necesite revisión al momento en que comienza la ejecución, y para siempre tener a un buen número de personas en el cuarto trasero pensando en lo que puede salir bien o mal, y haciendo planes contingentes para lidiar con cualquiera de las dos posibilidades.

El líder debe ser ágil en pensamiento y acción. Debe estar listo para revisar el plan, o descartarlo, si no está funcionando o si surgen nuevas oportunidades. Por encima de todo, el líder no debe cegarse por lo brillante que pueda lucir el plan o su inversión personal en el mismo. El líder debe observar la ejecución de principio a fin, y hacer lo que esta le señale.

CAPÍTULO TREINTA Y CINCO

5 de febrero de 2003

Las Naciones Unidas

Apesar de que han pasado muchos años desde que di mi famoso —o infame— discurso sobre las armas de destrucción masiva en Irak frente a la ONU y el mundo, todavía me preguntan o leo sobre él prácticamente todos los días. El 5 de febrero de 2003, el día del discurso, está grabado en mi memoria como si fuera mi cumpleaños. Seguramente ese acontecimiento tendrá un prominente párrafo en mi obituario.

«¿Es una mancha en su carrera?», me preguntó Barbara Walters en mi primera entrevista tras mi salida del Departamento de estado.

«Sí», le respondí, «y no hay nada que pueda hacer al respecto».

Lo hecho, hecho está. Ya pasó. Me toca vivir con eso.

La mayoría de las personas en la vida pública han pasado por alguna experiencia decisiva que preferirían olvidar, y que fuera olvidada, pero no será así. Entonces, ¿qué puedes hacer al respecto? ¿Cómo cargas ese peso?

En enero de 2003, mientras se aproximaba la guerra con Irak, el presidente Bush sintió que necesitábamos presentar nuestros argumentos contra Irak ante el público y la comunidad internacional. Para entonces, el presidente pensaba que la guerra no podía evitarse. Él había cruzado la línea en su mente, a pesar de que el Consejo de seguridad nacional (NSC) no se había reunido y —ni se reuniría— para discutir la decisión. El 30 de enero de 2003, en la Oficina Oval, el presidente Bush me dijo que era el momento de presentar nuestro caso en contra de Irak ante las Naciones Unidas.

La fecha que seleccionó para la presentación fue el 5 de febrero, solo unos pocos días después.

La presentación cubriría diferentes áreas, desde el historial espantoso en materia de derechos humanos del régimen de Hussein y sus violaciones a las resoluciones de la ONU, hasta su apoyo a terroristas. Sin embargo, el enfoque principal eran sus armas de destrucción masiva. Aunque Saddam no utilizó tales armas durante Tormenta del Desierto, sí las tenía. Había utilizado armas químicas contra su propia gente años antes y las había usado contra los iraníes en la guerra entre Irán e Irak entre 1980 y 1988. La comunidad de servicios de inteligencia pensaba que no solamente tenía almacenadas armas de destrucción masiva, sino que todavía las estaba produciendo. En el ambiente posterior al 11 de septiembre existía una gran preocupación de que esas armas llegaran en manos de los terroristas.

Aunque la comunidad de servicios de inteligencia difería sobre algunos aspectos del programa de armas de destrucción masiva de Irak, no existía ningún desacuerdo sobre la existencia del programa. Estaban seguros de que Saddam tenía armas de destrucción masiva y que estaba produciendo más. (Los inspectores de armas de la ONU siempre tuvieron dudas de estas conclusiones).

Tres meses antes de mi presentación ante la ONU, el director central de inteligencia, por solicitud del Congreso, había llevado al pleno el resultado de una evalución de las agencias de inteligencia estadounidenses (NIE por sus siglas en inglés), que respaldaba la opinión de la comunidad de servicios de inteligencia. Basándose en dicha evaluación, el Congreso aprobó una resolución que le daba al presidente la autoridad de iniciar acción militar si el problema no podía resolverse pacíficamente a través de la ONU.

La evaluación de las agencias de inteligencia nacionales contenía muchos argumentos fuertes y concluyentes, incluyendo uno que afirmaba que Irak estaba reorganizando su programa de armas nucleares. Otro decía: «Es probable que Saddam tenga disponible por lo menos cien toneladas métricas, y posiblemente hasta quinientas toneladas métricas de agentes para armas químicas, *la mayoría añadidas en el último año*». En otra sección de la evaluación, la inteligencia nacional aseguraba que los iraquíes habían construido unas camionetas para producción móvil de armas químicas.

Aunque la mayoría era circunstancial y deductivo, la evidencia sometida por las agencias de inteligencia nacionales era persuasiva. Fue aceptada por nuestros comandantes militares, la mayoría en el Congreso, el equipo de seguridad nacional y el presidente, así como un gran número de amigos y aliados. Después del 11 de septiembre de 2001, el presidente no creía que la nación podría aceptar el riesgo de dejar la capacidad de las armas de destrucción masiva en manos de Saddam.

Ante la realidad de que tendríamos que presentar nuestros argumentos ante la comunidad internacional, el presidente ordenó a los miembros del Consejo de seguridad nacional que prepararan el caso.

En algún momento luego de mi reunión del 30 de enero con el presidente, mi equipo recibió los argumentos sobre las armas de destrucción masiva en los que había estado trabajando el equipo del Consejo de seguridad nacional. Era un desastre. Era incoherente. Las afirmaciones que se hacían o no poseían fuentes o no establecían conexiones con la evaluación de las agencias de inteligencia nacionales. Le pregunté al director central de inteligencia, George Tenent, qué había sucedido. Me dijo que no había tenido que ver nada con ello. Él le había entregado la evaluación NIE y todo el material que tenía a la oficina de la consejera de seguridad nacional, Condoleezza Rice. No tenía idea de qué había ocurrido después con aquel material.

Luego me enteré de que Scooter Libby, jefe del equipo del vicepresidente Cheney, había sido el autor de la inservible presentación; no había sido el equipo del Consejo de seguridad nacional. Y muchos años después me enteré, por la doctora Rice, que la idea de usar a Libby había sido del vicepresidente, quien había convencido al presidente para que Libby, que era abogado, escribiera el «caso» como un expendiente legal y no como una evaluación de inteligencia.

Una evaluación de inteligencia presenta la evidencia y las conclusiones que se derivan de la evidencia. Un expediente legal argumenta culpabilidad o inocencia. Nuestro principal problema con la presentación de Libby era que no podíamos rastrear los hechos ni las afirmaciones con la evaluación de inteligencia nacional ni de ninguna otra agencia de inteligencia. El director central de inteligencia no podría respaldar la presentación; por lo tanto, era completamente inútil para nosotros.

No había forma de que pudiéramos usar la presentación como la recibimos y teníamos solo cuatro días para volverla a hacer. Pedí una extensión, pero el presidente ya había hecho anuncios públicos sobre la fecha de mi presentación y la ONU la había puesto en su calendario.

«Listo», pensé. «Manos a la obra». Me sentía inquieto, pero no profundamente preocupado. No estábamos trabajando desde cero; teníamos la evaluación NIE de inteligencia nacional y todo el material de la CIA con el cual podríamos trabajar. Por otro lado, nuestro caso no podía tener puntos débiles. Enfrentábamos un momento como el de la presentación ante la ONU de Adlai Stevenson en 1962 sobre la crisis de los misiles en Cuba, cuando demostró al mundo que los soviéticos estaban, sin lugar a duda, instalando misiles con capacidad nuclear en Cuba.

Todo mi equipo se mudó a la CIA, para trabajar con el director Tenet, su asistente John McLaughlin, y sus analistas. Trabajaron cuatro días y cuatro noches. Cada noche la doctora Rice y otros oficiales de la Casa Blanca se unían al grupo. La sala de conferencias estaba repleta. Invertimos horas revisando cada detalle, tratando de conseguir evidencia sólida, descartando cualquier elemento que pareciera forzado o que no tuviera múltiples fuentes. Algunos de los elementos que tuve que rechazar vinieron del vicepresidente, que nos solicitó que inclináramos nuestra presentación a lo que había hecho Scooter Libby, agregándole afirmaciones que habían sido rechazadas previamente sobre los nexos de Irak con los atentados del 11 de septiembre de 2001 y otros ataques terroristas. Estas afirmaciones no tenían el respaldo de lo que la comunidad de inteligencia creía y apoyaba.

Terminamos la presentación en nuestra misión en Nueva York, la noche antes de la fecha estipulada para presentarme frente al Consejo de seguridad. Mi equipo trabajó hasta bien entrada la noche, y Tenent y McLauhhlin apoyaron cada una de las palabras.

La mañana siguiente, hablé frente al Consejo de seguridad durante hora y media, en una conferencia que se transmitió en vivo a todo el mundo. George estaba sentado justo detrás de mí. Aunque no lo habría llamado un momento al estilo Adlai Stevenson, sentía que la presentación había quedado bien. Los ministros de exterior británico y español nos apoyaban. El ministro de exterior francés se opuso... justo como esperábamos. Todo considerado, parecía que habíamos presentado un caso contundente.

La guerra comenzó seis semanas después y Bagdad se rindió ante nuestras fuerzas el 9 de abril. En las primeras semanas no se encontraron armas de destrucción masiva. En las siguientes semanas, miles de inspectores escudriñarían todo Irak. Piezas dispersas relacionadas con armas de destrucción masiva fueron encontradas en escombros, pero ningún arma de destrucción masiva en funcionamiento. Como el mundo lo sabe, no se encontró ningún arma de destrucción masiva. No había ninguna.

Aunque tenía la posibilidad de comenzar de nuevo, Hussein no tenía ninguna capacidad de armas de destrucción masiva.

(Prediciblemente, algunas teorías conspiratorias afirmaban que había enterrado o enviado sus armas de destrucción masiva en Siria, pero ninguna de esas teorías tenía fundamento).

Por ejemplo: las camionetas biológicas reportadas por la CIA. En un momento, se descubrió y se fotografió una camioneta que parecía cumplir las descripciones de las camionetas biológicas reportadas por la CIA. El presidente Bush alegó rápidamente que aquellas fotos eran pruebas de nuestro argumento. Sin embargo, cuando mi equipo de inteligencia en el Departamento de estado las analizó, concluyó que aquellas camionetas no eran laboratorios biológicos. Yo estuve de acuerdo. La camioneta que había sido fotografiada era rudimentaria, estaba abierta y pobremente construida; aquello no parecía ni remotamente una instalación sofisticada donde podían producirse armas biológicas. Eso fue lo más cerca que alguien estuvo de encontrar armas de destrucción masivas en Irak.

Aunque para mí y para mi equipo era obvio que no había forma en que aquellas camionetas pudieran producir armas biológicas, un mes después de que vimos las fotos, la CIA publicó un folleto de veintiocho páginas donde insistían que, en realidad, aquellas camionetas eran para eso.

Durante las semanas siguientes, la CIA comenzó a enviar fragmentos de información al presidente y luego a mí que destruían la credibilidad de otras fuentes que previamente la CIA había dicho que eran sólidas. Yo estaba desconcertado. ¿Cómo habíamos podido errar tanto del blanco? ¿Cómo era posible que nuestro caso, supuestamente tan sólido, se hubiera hecho añicos de esa manera? ¿De dónde había salido la evaluación NIE y el argumento de que los iraquíes tenían toneladas de agentes para armas químicas, *«la mayoría añadidas en el último año»*?

En agosto, cuatro meses después de la caída de Bagdad, a pesar de que sus fuentes habían colapsado y que no se había encontrado ningún arma de destrucción masiva, la CIA continuaba diciendo formalmente que, según lo que ellos sabían y creían en el momento en que habían emitido sus evaluaciones, seguían afirmando sus conclusiones originales. Los descubrimientos de la Comisión sobre inteligencia en Irak, creada por orden ejecutiva del presidente y dirigida por el ex senador Chuck Robb y el juez Laurence Silberman, detallaban los fallos del análisis y de las conclusiones de la comunidad de servicios de inteligencia. Fue uno de los peores fracasos de inteligencia en la historia de Estados Unidos.

Todo el mundo recuerda mi presentación ante la ONU. Tuvo un enorme impacto e influencia en este país y a nivel mundial. Convenció a muchas personas de que íbamos por el camino correcto. Algunos miembros del Congreso me dijeron que los había convencido para votar a favor de la resolución que apoyaba al presidente, a pesar de que las votaciones se habían realizado tres meses antes de mi presentación en la ONU. Mi presentación se convirtió en *el* caso en contra de Irak. ¿Quién recuerda a algún otro?

Sin embargo, raramente se menciona que cualquier alto oficial de Estados Unidos hubiera presentado un caso similar al mío o que otros estaban presentando casos similares en televisión y en otras apariciones públicas. Todos habíamos sido convencidos por la misma evidencia. Ninguno sabía que la mayoría de esa evidencia era errónea.

Si hubiéramos sabido que no había armas de destrucción masiva, no habría habido guerra.

Como el caso contra Irak se ha identificado tanto con mi presentanción ante la ONU, a menudo me preguntan sobre ella y es objetivo constante de ataques en la Internet. ¿Estábamos mintiendo? ¿Sabíamos que la evidencia era falsa?

La respuesta a esas preguntas es no.

Hay otras preguntas: ¿Por qué tanta gente con altos cargos fue persuadida por fuentes tan poco confiables? ¿Por qué y cómo la CIA fracasó tan rotundamente? ¿Decidieron los analistas decirnos lo que ellos pensaron que queríamos oír? También era posible que los iraquíes nos hubieran tendido una trampa con desinformación. Si Saddam quería convencernos de que tenía armas de destrucción masiva, lo logró.

No tengo respuestas para esas preguntas. Ojalá las tuviera.

Mis preguntas no terminan allí. Me he preguntado una y otra vez: «¿Debí haber visto las debilidades en la evaluación de los servicios nacionales de inteligencia? ¿Debí intuirlas? ¿Me fallaron mis instintos críticos?».

Y luego leo artículos y libros escritos por exagentes de la CIA donde describen su asombro ante las afirmaciones infundadas en mi discurso ante la ONU donde describen su asombro ante los reclamos inválidos en mi discurso ante la ONU. ¿Dónde estaban ellos cuando la evaluación de inteligencia nacional se estaba preparando meses antes o cuando aquellas mismas afirmaciones fueron incluidas en el discurso sobre el estado de la Unión pronunciado por el presidente en enero de 2003?

Sí, estaba molesto y sigo molesto. Y sí, me gustaría que no quedaran tantas preguntas sin respuestas. Y sí, me enfurece cuando algunos blogueros me acusan de haber mentido; de que sabía que la información era falsa. No lo sabía. Y sí, una mancha, un fracaso siempre se me adjudicará por mi presentación ante la ONU. Sin embargo, estoy molesto especialmente conmigo, por no haberme dado cuenta del problema. Mis instintos me fallaron.

Tal vez, si hubiéramos tenido más de cuatro días las debilidades se habrían descubierto. Tal vez no, pues la comunidad de la inteligencia me estaba diciendo lo que ellos creían que se sabía.

No obstante, sabía que tenía que poner a un lado mi molestia, mi angustia y mi decepción. Sabía que tendría que vivir con esa mancha.

Todavía era ministro de asuntos exteriores y tenía muchísimas responsabilidades. Tenía que quitarme aquel peso de encima, continuar con mi trabajo y aprender de la experiencia. Aprendí a ser más exigente con los analistas de inteligencia. Aprendí a afilar mi escepticismo natural hacia los aparentes expertos sabelotodo.

Nunca antes había hecho mi recuento personal sobre los acontecimientos en torno a mi presentación de 2003 ante la ONU. Probablemente nunca escriba otro.

De ninguna forma fue mi primer fracaso, pero definitivamente fue el peor de ellos; el de mayor impacto. Y, sin embargo, fue igual a todos los demás en un sentido. Intento lidiar con todas estas situaciones de la misma manera. Trato de seguir las siguientes pautas:

Siempre intenta superar el fracaso lo más rápido posible. Aprende de él. Evalúa cómo contribuiste a él. Si eres responsable, acepta la culpa. Aunque es posible que otros tengan mayor responsabilidad que tú, no busques en ello una puerta de escape. Una vez hayas analizado lo que salió mal y lo que hiciste mal, internaliza las lecciones y sigue adelante. Como siempre, ve por la vida mirando a través del parabrisas y no del espejo retrovisor. No te conviertas en una de esas plagas que no deja de hablar sobre antiguos desaires, traiciones, heridas y penas. No te recargues de más en el hombro de un amigo comprensivo. Aprende y sigue adelante.

Me alegra que Saddam haya sido expulsado del poder. Si hubiera escapado de su juicio en 2003 y se hubiera liberado de las sanciones de la ONU, no tengo ninguna duda de que se habría vuelto a desarrollar y producir armas de destrucción masiva. Esa amenaza ya no existe. Admiro la dedicación de nuestras tropas y de nuestros aliados de la coalición, que pelearon sus batallas y ahora están de regreso en casa. Como soldado, comparto el dolor y el pesar por aquellos que hicieron el sacrificio máximo y por los que fueron heridos y tienen profundas cicatrices. Y por sus familias.

Y mientras seguimos adelante, tenemos que asegurarnos que nunca se olviden ni se ignoren todas las lecciones aprendidas.

CAPÍTULO TREINTA Y SEIS

Isla Perejil

Los líderes deben ofrecer soluciones a los problemas. Si no estás resolviendo problemas, ya no estás liderando. Ojalá los problemas que estás resolviendo se relacionen contigo, con tu organización o con tus propios intereses. Ese no es siempre el caso. A veces un problema llega completamente de la nada. No te interesa, no te afecta personalmente ni conoces el más mínimo detalle sobre él, y aún así, te toca atenderlo.

Solucionar un problema que llega de la nada puede ser más complicado si tu organización resulta ser el gobierno de Estados Unidos; el que —para bien o para mal— ha sido visto por mucho tiempo como el "resuelve problemas" del mundo entero.

En la tranquila tarde de un jueves, en julio de 2002, recibí una llamada de la nueva ministro del exterior de España, Ana Palacio, quien apenas llevaba unos días en su cargo. Pude decirle unas pocas palabras de felicitación, cuando ella comenzó a hablar directamente del tema por el que me había llamado. «Tenemos una crisis en el Mediterráneo», me dijo alarmada, «y ustedes tienen que hacer algo al respecto».

No tenía ni idea de qué me estaba hablando pero, en vez de parecer un tonto, intenté ganar tiempo. «He estado siguiendo las noticias de la situación, permíteme llamarte en unos minutos».

Colgué el teléfono y le grité a un empleado que se encontraba en la otra oficina:

—¿Qué crisis hay en el Mediterráneo? ¿No les he dicho que «me digan todo a tiempo» y que «nada de sorpresas»? ¿Hay alguna guerra de la que no tengo información?

Mi equipo llamó a nuestros expertos en cuestiones europeas y africanas, y estos acudieron rápidamente a mi oficina.

—Señor Ministro, esto es lo que está pasando. Hay una isla a doscientos metros de la costa de Marruecos llamada Perejil. En inglés la llamamos comúnmente «Parsley Island». Perejil pertenece a España desde hace cuatrocientos años. Marruecos afirma que le pertenece, al igual que otros dos enclaves españoles en la costa marroquí: Ceuta y Melilla.

—Nunca había oído de ese lugar —respondí—. Pensé que conocía el Mediterráneo.

—Bueno, señor, es una pequeña roca aflorante del tamaño de un campo de fútbol. Nada crece allí excepto perejil y los únicos habitantes son cabras salvajes. Los bañistas y los traficantes de drogas ocasionalmente pasan alguna noche allí.

—Sí, sí, comprendo, entonces, ¿por qué hay una crisis?

—Bueno, señor, acaba de suceder la primera invasión a Europa desde África desde la Segunda Guerra Mundial. Por razones que no están claras, los marroquíes decidieron apoderarse de la isla, tal vez para celebrar el reciente matrimonio del rey. La fuerza invasora consistió de una docena de guardias fronterizos marroquíes que remaron al otro lado y montaron una carpa y dos banderas marroquíes, además de que tienen un radio.

—Perfecto, entonces ¿qué sucedió luego?

—Unos días después, cuando los españoles se dieron cuenta de que habían perdido su isla, se desató el infierno. En España explotó una crisis política. El gobierno español le notificó a la OTAN y a la Unión Europea. La OTAN les dio un puntapié, argumentando que era un problema bilateral. Sin embargo, la

Unión Europea condenó la invasión. «Este es claramente un incidente lamentable», anunciaron. «Constituye una violación del territorio español». Los marroquíes llevaron el asunto a la Organización de la Conferencia Islámica, y obtuvieron su apoyo, como era de esperarse.

»Luego los españoles atacaron con la fuerza naval y retomaron la isla —continuaron mis muchachos— devolviendo a los marroquíes a su playa. Ahora hay setenta y cinco legionarios en la roca.

Tuve que sonreír.

—¿Estás tomándome el pelo? ¿No es esto como una escena de *Un golpe de gracia*? —refiriéndome a la comedia clásica de Peter Sellers sobre un minúsculo país europeo que se apodera de una superarma por error y hace temblar a las grandes potencias.

—No señor, esto se ha convertido en un serio asunto internacional.

Entonces me pregunté: ¿para qué Ana me está llamando? Temía responder, pero tenía que devolverle la llamada.

Cuando me contestó, le informé que ya estaba completamente informado sobre la crisis.

—¿Cómo puedo ayudarte? —le pregunté a regañadientes.

—Bueno —me respondió—, hemos recuperado nuestra isla y nuestros legionarios quieren regresar a casa, pero los marroquíes están esperando en la playa y podrían intentar de nuevo tomar la isla. La Organización de la Conferencia Islámica los apoya a ellos, la Unión Europea nos apoya a nosotros y ustedes tienen que resolverlo.

Bingo, me gané el gran premio.

Afortunadamente, nadie había sido lastimado en la invasión ni en el contraataque. Cuando los legionarios llegaron, únicamente quedaban seis marroquíes para defender la isla y los legionarios los llevaron de regreso a Marruecos.

La solución era obvia: volver al *statu quo ante bellum;* es decir, a la manera en que había estado por los pasados cuatrocientos años. Parecía fácil de hacer.

Durante las siguientes cuarenta y ocho horas hice muchas llamadas a Ana Palacio y al ministro de asuntos exteriores marroquí, Mohamed Benaissa, un diplomático distinguido que conocía desde hacía muchos años. Todo tipo de problemas surgieron, pero nos deshicimos exitosamente de ellos. Finalmente, para el sábado en la mañana teníamos un acuerdo (para entonces estaba haciendo todos los arreglos por teléfono, desde mi casa). Acordamos que los legionarios dejarían la isla a las 11:30, hora del este, por lo tanto, en unas pocas horas. Estaba felicitando a los dos ministros del exterior, cuando de repente pidieron que el acuerdo quedara por escrito.

—Adelante, escriban uno —sugerí.

No, tenía que hacerlo yo.

—¿Yo? Y, ¿quién lo va a firmar?

—Fácil. Nosotros queremos que tú lo firmes.

¿Ellos esperaban que yo escribiera y firmara un acuerdo internacional con fuerza jurídica entre dos países extranjeros? Fue bueno que estuviera en casa y que ninguno de mis abogados estuviera cerca.

Me puse a trabajar en la computadora de mi casa. Unos diez minutos después, tenía listo un acuerdo de una página. Se los envié por fax y surgieron nuevos argumentos en contra. El principal argumento era sobre el nombre de la isla. Marruecos objetaba el nombre de los españoles, Perejil, y los españoles no iban a aceptar Leila, el nombre preferido por los marroquíes.

Así que llamé al centro de operaciones del Departamento de estado. «Consigan a nuestros cartógrafos y obtengan la latitud y la longitud con minutos y segundos de esta piedra de mala muerte».

No podían discutir al respecto, por lo que los dos ministros del exterior se pusieron de acuerdo sobre un documento acerca de un lugar sin nombre.

Los españoles le llevaron el documento al primer ministro José María Aznar e informaron al rey Juan Carlos. Los dos lo aprobaron.

Sin embargo, había un problema en el otro lado. De acuerdo al ministro Benaissa, el rey Mohammed VI estaba en un carro en el desierto y no lo podía contactar. Ellos no podrían aprobar el documento hasta que él lo hubiera visto.

Ya estaba oscureciendo en la isla. Solamente teníamos treinta minutos para ejecutar sin peligro la salida de los legionarios. Si no lograban irse a tiempo, todo el acuerdo que había improvisado se desvanecería.

—El tiempo apremia —le dije a Besaissa—. Tengo otras cosas que hacer —como jugar en la piscina con mis nietos, Jeffrey y Bryan, que estaban a punto de llegar—. No sé cómo vas a hacer, pero necesito hablar con el rey en los próximos diez minutos.

Conocía al rey desde hacía varios años y había sido amigo de su difunto padre, por lo que podía tomarme algunas libertades.

Cinco minutos después el teléfono sonó. Su Majestad estaba en la línea. Le expliqué la esencia del documento y le dejé clara la urgencia de su aprobación.

—No puedo aprobarlo sin antes estudiarlo —me dijo—. Y no tengo una copia.

—El tiempo no nos permite eso —le respondí respetuosamente—. Su Majestad —continué—, Estados Unidos y Marruecos han sido amigos por más de doscientos años. Nunca haríamos a conciencia nada en contra de sus intereses, y de igual forma no se lo haríamos a nuestros amigos y aliados españoles. Señor, por favor confíe en nosotros.

Él hizo una pausa por un momento y luego anunció:

—Señor Ministro, lo apruebo. Nosotros confiamos en Estados Unidos.

Le agradecí, colgué, imprimí el documento, lo firmé y lo envié por fax a Madrid y a Rabat. Los legionarios pudieron irse un rato después y los marroquíes permanecieron en la playa. Ana fue a Rabat unas semanas después para almorzar y tener una reunión con Benaissa. Todo ha ido bien desde entonces, o por lo menos en lo que respecta a la isla Perejil.

Estados Unidos es una nación necesaria. A pesar de nuestros problemas, errores y fallas de funcionamiento, el mundo continúa buscando nuestra ayuda o soluciones a problemas y crisis, grandes y no tan grandes, sin importar si tenemos o no intereses en ellos. Confían en nosotros. Confían en nosotros para enfrentar la agresión, para aliviar el sufrimiento, para servir como inspiración a la gente que está en busca de libertad, para apoyar a nuestros amigos y para recibir a los cansados, a los pobres, a las multitudes de otras tierras que anhelan respirar la libertad. Es lo que hemos sido, ahora somos y siempre debemos ser.

Luego que todo terminó, el primer ministro Aznar me llamó para agradecerme. «Estoy pensando en irme de vacaciones con mi familia la semana que viene a Perejil».

Le recordé que la marina de Estados Unidos todavía tiene barcos en el Mediterráneo occidental. Nos reímos de buena gana. El lunes mis abogados no estaban tan felices.

Ana y yo nos hicimos muy buenos amigos.

CAPÍTULO TREINTA Y SIETE

Leche y pizza

Los programas de intercambio de estudiantes son maravillosos. Enviar a jóvenes estadounidenses a otros países, así sea por unos pocos días, les abre los ojos a nuevas experiencias, les permite comprender un mundo distinto a Estados Unidos y les ofrece una mayor apreciación sobre lo que significa ser ciudadano de este país.

Los intercambios hacia Estados Unidos no son menos importantes.

Traer jóvenes de otras partes del mundo a Estados Unidos les permite experimentar cómo es la vida real en Estados Unidos y conocer a mucha gente buena que vive aquí. Así descubren unos Estados Unidos que nunca podrían ver en una pantalla.

El fallecido Robin Cook era ministro del exterior en el Reino Unido durante mis primeros meses como ministro de asuntos exteriores. En 1997 fundé un programa llamado America's Promise, que ayuda a jóvenes en necesidad a obtener tutoría, un lugar seguro y educación.

Inspirado por ese programa, Robin me sugirió que hiciéramos un intercambio de muchachos de secundaria entre nuestras oficinas. Yo le enviaría a dos jóvenes estadounidenses para que pasaran un tiempo en Londres en el ministerio de relaciones exteriores, y él me enviaría un par de jóvenes británicos para que pasaran un tiempo con mi equipo. Funcionó muy bien y fue divertido ver cómo les iba a los chicos en el proceso de entender nuestra vasta, compleja y extraña organización. Fue especialmente divertido el último día, cuando traje a los jóvenes a mi oficina y dejé que llamaran a sus mamás en el Reino Unido. Luego de que conversaron un rato, tomé el teléfono y conversé con los padres por un minuto, lo que siempre era divertido para todos.

El programa continuó con Jack Straw, sucesor de Robin. Para ese momento, se me había ocurrido una forma de mejorarlo. «Los dos ponemos un gran empeño en buscar y escoger muchachos sobresalientes y que van a alcanzar éxitos profesionales», le dije. «¿Qué tal si me envías a unos cuantos que no estén camino a Oxford o Cambridge?».

Él entendió lo que le sugería, ¡y vaya que lo entendió! Me envió dos jóvenes que para nada tenían planes de seguir estudios universitarios, y que traían en sus costados todo tipo de problemas y que tenían cualquier tipo de problemas. Habían tenido encontronazos con la ley. Los habían detenido por drogas. Digamos que su vestimenta no era de lo más fino, como de Savile Row, sino de vivienda pública.

Durante sus dos semanas de estadía, conocieron personas importantes, visitaron nuestros monumentos y compartieron un día conmigo. Los llevé a reuniones en el Departamento de estado e incluso a sesiones del Congreso. Vieron lo que hacía un ministro de asuntos exteriores para ganarse la vida. En la tarde los llevé a la Casa Blanca y paseamos alrededor de sus fabulosos dieciocho acres. Cuando llegamos al Jardín de rosas, les sugerí que verificaran si el presidente estaba en la Oficina Oval. Si no estaba, podríamos entrar a verla. ¡Oh, gran sorpresa! Yo había hablado con el presidente Bush antes y le había comentado que pasaría por la Casa Blanca con aquellos muchachos de pasado tormentoso. Sabía que él iba a estar ahí.

Caminamos frente a la recepcionista y luego a la derecha hacia la Oficina Oval, en donde se encontraba el presidente Bush esperándonos. Los chicos estaban asombrados. Conversamos para romper el hielo y luego, en un momento que nunca olvidaré, el presidente Bush habló breve y francamente sobre su pasada adicción al alcohol, y lo que había hecho para superarla y crear una nueva vida, que al fin lo llevó a la Oficina Oval. Cuando salimos, me llevé a dos muchachos mudos de regreso a mi oficina. Sus vidas habían cambiado. De regreso a Gran Bretaña, le contaron a la gente sobre su estupenda experiencia y sobre lo maravillosas, cariñosas y generosas que habían sido las personas que conocieron.

El Departamento de estado tiene varios programas de intercambio. Uno de ellos, Jóvenes Embajadores (YA, por sus siglas en inglés), comenzó en Brasil, y fue exportado luego a Argentina, Chile, Paraguay, Uruguay y a lo largo de toda la región. Estudiantes de secundaria vienen a Estados Unidos por unas cuantas semanas, conocen gente importante, visitan los monumentos y se llevan sus impresiones a casa.

En el invierno de 2002, recibí en mi oficina a un grupo de estudiantes brasileños del programa YA. Tuvimos una amena conversación, pero pude notar que estaban inquietos. Había comenzado a nevar afuera; era su primera nevada. Como salir a jugar en la nieve obviamente parecía más divertido que pasar tiempo conmigo, los dejé salir más temprano.

Como unos seis meses después, tuve que viajar a Brasil. Llevado por la curiosidad de saber cómo había influenciado el programa a aquellos muchachos, le pedí a nuestro embajador John Danilovich, un gran tipo, que los reuniera para poder conversar un rato con ellos.

John los ubicó y nos reunimos en el jardín de su casa. Los muchachos, sentados en un semicírculo de frente a nosotros, nos contaron sobre sus vidas y sus planes para el futuro. Como eran un grupo altamente selecto, sí tenía expectativas de éxito futuro; como ser dueños de sus propios negocios o hasta presidente del país.

Les pregunté si la habían pasado bien en Estados Unidos. Quería saber específicamente si algo los había sorprendido, los había hecho especialmente felices o especialmente tristes.

Intercambiaron miradas inquietas, pero no duraron mucho tiempo; eran adolescentes.

Un joven levantó su mano. «Un día estábamos almorzando en nuestro colegio», dijo, «y me sorprendió, me sorprendió mucho, cuando los estudiantes estadounidenses se rieron de mí porque le puse ketchup a mi pizza».

«La mayoría de las personas en Estados Unidos consideran que la pizza viene con suficiente salsa de tomate», le expliqué amablemente, haciendo un esfuerzo para no sonreír.

Otro joven rápidamente siguió la conversación diciendo: «No puedo creer», dijo con expresión de disgusto chistoso, «que se sirvan leche con la pizza».

De nuevo, reprimí mi risa. El tiempo no me permitía una explicación del lugar que ocupaba la industria de lácteos en el sistema político de Estados Unidos.

Luego una joven levantó su mano con timidez y dijo: «Permítame contarle lo que nos sucedió en Chicago».

«Oh, oh», pensé.

«Luego de un día de visitar los monumentos, fuimos a un restaurante popular», explicó. «Creo que fue un Outback Steakhouse. Después de comer llegó la cuenta y contamos nuestro dinero, pero nos faltaba. No estábamos acostumbrados a pagar con dólares. No podíamos pagar la cuenta».

Allí estaban, doce jóvenes hablando portugués, sin ningún chaperón, en un restaurante de cadena en Chicago, imaginándose todos los horrores que le podrían suceder a extranjeros que no podían pagar. Cuando la mesera regresó, los muchachos le dijeron que no podían cubrir toda la cuenta. Ella los miró, cabeceó y se fue. No sabían qué esperar.

Unos minutos después, ella regresó. «No se preocupen por la cuenta», les dijo con una cálida sonrisa.

«¿Tendrás que poner tú la diferencia?», le preguntaron preocupados.

«Oh, no», dijo ella con una sonrisa. «Cuando le conté al gerente sobre su problema, me dijo que él cubriría toda su cuenta y que les diera este mensaje: "Me agrada que hayan venido a nuestro restaurante y espero que hayan disfrutado de su comida. Me alegra que estén en nuestra ciudad y espero que disfruten su estadía en Estados Unidos"».

Estaban impresionados. Nunca hubieran esperado ese tipo de amabilidad.

Cuando la chica terminó su historia, los otros permanecieron en silencio. Había sido una experiencia impactante para ellos. Les habíamos presentado a congresistas, secretarios del gabinete y otros dignatarios, pero el gerente del restaurante en Chicago dejó la mejor impresión, y les había ofrecido el recuerdo más especial de Estados Unidos.

Otra muchacha alzó la mano. «Cuando estábamos abordando el avión para irnos de Chicago», dijo. «Después de sentarme, una mujer se sentó en el asiento contiguo. "Discúlpame", me dijo. Yo estaba confundida. "¿Por qué?", le pregunté. "Bueno, porque te rocé cuando me estaba sentando en mi asiento. Espero no haberte molestado". Nunca olvidaré eso», concluyó.

Una simple cortesía que la mayoría de nosotros habría olvidado dejó una impresión indeleble en una joven brasileña. Es difícil decir por qué. Tal vez ella no esperaba ese tipo de amabilidad aquí o quizás no estaba acostumbrada a ese tipo de gesto en Brasil. Sea cual sea la razón, aquel instante se le quedó grabado.

Cuando los exalumnos de YA regresaron a casa, aparecieron en los medios de Brasil y se convirtieron en multiplicadores de las buenas acciones entre los brasileños, en especial entre los jóvenes. En la actualidad hay ex alumnos en cada uno de los estados brasileños.

Ninguno de los estudiantes de YA se ha convertido en presidente de una gran corporación ni en presidente de su país. Sin embargo algunos, como Casio, sobresalen.

Cuando Casio regresó a su pequeño pueblo, decidió compartir su experiencia. «Me di cuenta que el secreto de mi éxito era mi dominio del inglés», le dijo a John Danilovich, por lo que comenzó su propia escuela de idiomas, llamada Backpack (mochila). «Crear una marca es importante», dijo Casio. «Hay que tener un nombre que la gente siempre recuerde». Comercializó su escuela a través de su propia página web y luego fue con el alcalde de su pueblo y le dijo: «Voy a comenzar una escuela de idiomas que ayudará a la gente joven de nuestro pueblo. Debería darme libros para ellos», y el alcalde le dio los libros.

Cuando Casio le contó su historia al embajador Danilovich, John se dio cuenta de que la embajada podía ayudar, así que también le dieron libros.

Tiempo después, otro ex alumno de YA que había entrado en la Universidad de Brasilia, comenzó un programa de preparación para exámenes en colaboración con Casio, que fungió como director. Su objetivo era ayudar a los estudiantes con desventajas económicas a prepararse para el riguroso examen de admisión. Cobraban diez reales, lo que es alrededor de cuatro dólares, por un semestre de clases. «No se los puedes dar gratis», Casio le explicó. «No lo van a apreciar si es gratis». Casio va a tener un futuro brillante en el mercadeo.

El éxito de YA es el éxito del Departamento de estado, pues genera mucha buena voluntad. Sin embargo, es mucho más que eso. Es el éxito del pueblo norteamericano. Nuestra gente son los mejores embajadores y promotores.

Es el éxito del pueblo norteamericano. No puedes estar seguro de lo que los muchachos realmente están viendo (y mucho menos controlarlo), pero ellos están constantemente observando y siempre juzgando. Si les podemos ofrecer experiencias lo suficientemente ricas, se llevarán algo bueno con ellos, que luego podrán usar para mejorar su propia vida y la de los demás.

CAPÍTULO TREINTA Y OCHO

Prima Di

Mis padres se sentían orgullosos de ser británicos. A pesar de que se convirtieron en ciudadanos de Estados Unidos y amaban su nuevo país desde lo más profundo de su corazón, sus raíces jamaiquinas y sus pasaportes británicos no les permitían olvidar su hogar. Yo nací en Nueva York y, sin embargo, heredé sus sentimientos sobre su hogar. Me consideraba no solo jamaiquino, sino también un poco británico.

Me dieron un nombre bastante británico, Colin, que lo pronunciaban «Cah-lin» tanto los británicos como los jamaiquinos. En mi juventud, durante los primeros días de la Segunda Guerra Mundial, un piloto estadounidense del bombardero B-17, llamado Capitán Colin («Coh-lin») Kelly, heroica y exitosamente atacó un barco de guerra japonés. Su avión fue severamente dañado por los aeroplanos de guerra japoneses, pero se mantuvo en acción hasta que seis miembros de su tripulación pudieron salvarse. El avión explotó, matando al capitán Kelly. Él fue uno de los primeros héroes de Estados Unidos en la Segunda Guerra Mundial. Mis amigos comenzaron a llamarme según esa variante de pronunciación irlandesa. A nadie le importó hasta que me convertí en consejero de seguridad nacional, y la prensa me preguntó cómo se pronunciaba. Les respondí: «Coh-lin», para consternación de mi familia.

Las Indias Occidentales Británicas se sienten muy orgullosas de su herencia y sus conexiones con el resto de la Commonwealth. También bromean entre ellas. Mi familia jamaiquina solía reírse de un mensaje que la pequeña isla de Barbados le envió al rey Jorge VI al principio de la Segunda Guerra Mundial: «Adelante Inglaterra, cuentas con Barbados».

Eso sucedió muchos años antes de que regresara a mis raíces británicas. Luego de la primera Guerra del Golfo, en la que el Reino Unido jugó un papel importante, el gobierno de Su Majestad vio correcto premiarme con el título honorífico de Caballero, como Comandante de la Orden de Bath. Como no soy británico, sino ciudadano de una colonia que se rebeló, era únicamente un título honorario y tendría que ser presentado de forma muy modesta.

El 15 de diciembre de 1993, Alma y yo llegamos al Palacio de Buckingham para la ceremonia organizada por Su Majestad, la Reina Isabel II. El caballerizo real nos indicó que seríamos anunciados para entrar a la oficina de Su Majestad, ella haría una presentación y podría o no invitarnos a sentarnos y conversar. Ella estaría sola en el cuarto; no habría ni siquiera un fotógrafo.

En el momento indicado, entramos a la pequeña y elegante oficina de la reina. Mientras caminaba para llegar a nosotros, la reina pasó frente a una pequeña mesa y tomó una caja de cuero en la que se encontraba la condecoración y luego se acercó. «Qué grato verlos de nuevo, general y señora Powell», nos dijo. Luego agregó: «Es un gran placer darle esto», y me entregó la caja. Sin pompa, sin espada, sin manto de armiño, sin fotógrafo. Luego nos invitó a conversar y tuvimos unos adorables quince minutos. Alma y yo volveríamos a disfrutar su cortés compañía varias veces durante en los siguientes años.

Tras salir del palacio, posamos para una foto y nos montamos en una maravillosa limusina Rolls-Royce que nos proveyó la oficina de relaciones exteriores. El engalanado conductor miró sobre su hombro y le dijo a Alma: «¿Y a dónde quisiera ir ahora, señora Powell?».

«A Harrods, mi buen hombre», respondió con una sonrisa de realeza. Y desde entonces no ha sido nunca la misma.

Fuimos privilegiados al conocer a otros miembros de la familia real a través de los años. Todos ellos memorables, pero la princesa Diana fue la más memorable.

Nos conocimos por primera vez en octubre de 1994, en un almuerzo en su honor en la embajada británica en Washington. Era tan adorable en persona como parecía en las fotos. Nos llevamos espléndidamente. Sospecho que el embajador británico le dijo que, dada nuestra inclinación militar por los secretos, podía relajarse y hablar francamente con nosotros. Y así lo hizo. Ninguno de los dos traicionó nunca la confianza del otro.

Alrededor de aquella visita, un periódico londinense escribió un artículo sugiriendo que la princesa Diana y yo compartíamos una misma genealogía, que se podía trazar hasta un ancestro en común del siglo XVI, el Conde de Coote. Aunque aquello parecía muy difícil, me apropié inmediatamente de la noticia.

Nos encontramos de nuevo en 1995 en Nueva York, en una cena para recaudar fondos de caridad para la investigación de la parálisis cerebral. Era un evento de protocolo y etiqueta, en el que ambos íbamos a ser honrados. Barbara Walters iba a presentarme y entregarme el premio. Henry Kissinger haría lo mismo con Su Majestad. Innecesario decirlo, pero yo era el segundo plato en aquel acto, y Henry estaba en el cielo, y era la envidia de todos los hombres en aquel salón. Parado en la línea de recepción, al lado de Diana, pude apreciar por un momento lo difícil que debía ser para ella soportar la asfixiante vida pública que tenía. Estuve a punto de lanzar a un hombre fuera de la cola cuando de un empujón se metió entre nosotros, puso su brazo alrededor de ella y se tomó un autorretrato con su cámara.

Después de la cena, venían las presentaciones. Yo era el primero y quería jugarle una broma a Henry, un viejo y querido colega. Barbara hizo la presentación, luego yo tomé el atril, agradecí a los patrocinadores, elogié a la organización de beneficencia y cerré hablando sobre la humildad particular que me producía compartir los honores con su Alteza Real, «con quien tenía una relación». Un silencio se apoderó del recinto. Luego siguió un suave, aunque generalizado, murmullo. Alma me lanzó una mirada de esposa.

Yo me senté y Henry subió al podio, un poco desconcertado. Mas como el profesional que es, se recuperó y le dio a Diana una presentación espléndida.

Las palabras de ella comenzaron: «Doctor Kissinger, señoras, señores y primo Colin, buenas tardes». ¡Qué golazo, Henry!

Sin embargo, la diversión no duró mucho. Tras unos minutos de discurso, ocurrió otro incidente que resaltó las terribles exigencias de ser una celebridad. Una mujer en la audiencia gritó: «¿Por qué no estás en tu casa con tus hijos?». Todo el mundo quedó anonadado, pero Diana siguió adelante y dijo: «Ellos están muy bien, muchas gracias». Su respuesta despertó una ola de aplausos. Solo espero que la dama anónima haya criado a sus hijos tan bien como Diana crió a William y a Harry.

Fue un año después, en otro evento de gala para fines caritativos, cuando en realidad nos hicimos amigos. En esa oportunidad se trató de una cena con baile en Washington para apoyar la investigación del cáncer de mama. Unos meses antes, ella había estado en Chicago en otra cena con baile de gala. Antes del evento, un admirador obsesivo había enviado una enorme cantidad de flores a la suite de su hotel y una vez que el baile comenzó, se logró meter en la fila y bailar con ella. Obviamente la seguridad de Scotland Yard no estaba contenta. Como no querían que se repitiera, no habría extraños en la fila de baile del evento en Washington. Me pidieron que fuera el primer caballero en bailar con ella. A mí me seguiría Oscar de la Renta, y luego otros tantos diseñadores y consumidores de alta costura de Nueva York. Era un trabajo difícil, pero alguien tenía que hacerlo.

En un almuerzo en la embajada británica aquel mismo día, Diana y yo nos sentamos uno al lado del otro. Uno de los temas de conversación fue el baile de aquella noche. Luego del almuerzo, ella sugirió que practicáramos un poquito. Parecía sensato, así que bailamos, sin música, en una recámara contigua al comedor de la embajada. Cuando le pregunté sobre la música de esa tarde, ella me dijo que cualquier cosa estaría bien, pero me hizo una advertencia. Su vestido de la noche era escotado por detrás, por lo que tendría que decidir dónde pondría mi mano. Pensé que no habría problema y salí corriendo a comprar unos zapatos nuevos. La tarde fue todo un éxito. Los hombres me miraban con dagas de envidia.

En los años siguientes permanecimos en contacto, intercambiamos tarjetas de Navidad y una que otra carta, hasta aquella lamentable noche en París cuando falleció.

Lo célebre de su posición como «Princesa del pueblo» generó las condiciones que condujeron a su muerte. Los paparazzi, los tabloides, la expansión de la Internet, la proliferación de las redes sociales y la introducción de cámaras en los teléfonos y en aparatos aun más pequeños, han colocado en una posición más vulnerable a todos los que participan en la vida pública. Las intrusiones de los medios ya no son meras irritaciones ocasionales, sino que ocurren constantemente. Todo ello no hace sino alimentar esa insaciable y, a menudo, despiadada sed de crear celebridades en todos los ámbitos de la sociedad. Entre más escandaloso, más misantrópico y más narcisista sea nuestro comportamiento, más venderá. Y nosotros lo absorbemos todo. Ahora se mueven tan rápido los ciclos noticiosos y de chismes que cualquier falsedad puede darle la vuelta al mundo a la velocidad de la luz y depositarse en el trayecto en millones de receptáculos. La verdad que desmiente la falsedad rara vez encuentra una distribución tan vasta. Y aun si la tuviera, ¿qué se puede hacer? De cualquier

manera otra historia ya habrá captado la siempre itinerante atención de la gente.

Ir a una recepción con trescientas personas significa exponerte
a trescientas cámaras que mandan directamente fotos a la nube y
videos con audio acompañados de texto e instrucciones de edición.
Todo eso es más absurdo aun. Algunos imbéciles con cámaras me
han perseguido al baño de un aeropuerto en busca de la imagen
que les dará dinero. Ahora solo uso urinarios cerrados.

La princesa Diana fue muy amada, usó su fama y su posición
para beneficio de muchas causas meritorias, pero su celebridad fue
una cruz muy difícil de cargar.

El desafío de la vida pública es mantener el equilibrio. La mayoría de las personas son decentes y quieren acercarse con amabilidad. Sé agradable con todos los que sean agradables y civilizados
contigo. Ignora las plagas, los vividores y los parásitos. Recuerda
siempre que la celebridad te la otorga el público. Usa la influencia
que te ofrece para buenas causas y no solo para exaltar tu ego. En
otras palabras, usa tu posición para bien y no dejes que se te suba
a la cabeza. No creas todo lo que escuchas o lees sobre ti, bueno o
malo. No permitas que tu vida pública se convierta en tu ocupación de tiempo completo y escóndete con frecuencia de las multitudes frenéticas.

CAPÍTULO TREINTA Y NUEVE

Hablar es lo mío

He hablado en público de manera profesional la mayor parte de mi vida adulta. Desde mi primer día, en mi primera unidad como oficial de la armada tuve que hablar y enseñar a las tropas. Con el tiempo, aprendí a captar su atención, a hacer que un tema les resultara interesante y a persuadirlos para que se interesaran en lo que les estaba enseñando. Como se aburrían con facilidad, era esencial que tuviera toda una variedad de técnicas para captar la atención del público. Necesitas tener un gran surtido de chistes a tu disposición, y en aquellos días crudos en los que solo había soldados varones, mientras más picantes fueran, mucho mejor.

En 1966, me asignaron como instructor de la Escuela de Infantería en Fort Benning. Antes de permitirte enseñar en un aula de doscientos oficiales estudiantes, tenías que completar un curso de entrenamiento para instructores de varias semanas. Allí aprendes a preparar de manera minuciosa el material de la asignatura. Te enseñan a establecer contacto visual, cómo no toser, ni tartamudear, a no poner tus manos en tus bolsillos, a no sacarte los mocos ni rascarte lo que te pique. Te enseñan a caminar el escenario, a usar un puntero, diapositivas y lenguaje corporal, así como las maneras de subir o bajar la voz para mantener despiertos a los estudiantes.

Me gradué con honores y recibí el visto bueno para enseñar. Sin embargo, aún después de aprobar el curso de entrenamiento, no te dejaban que lo hicieras solo. En la parte trasera de los enormes salones del Pabellón de infantería había ventanas de cristal unidireccionales, y allí tu jefe podía pararse a evaluar tu desempeño, sin que lo supieras. Dar clases allí era un trabajo difícil.

La clase más exigente que impartí fue sobre cómo completar el Informe de preparación de la unidad (donde se mide la preparación de tus tropas llenando un cuestionario sobre el estado de los entrenamientos, los equipos, las armas, los abastecimientos, etc.). No hay nada más aburrido que eso. Pero lo peor era que yo tenía que enseñar cómo llenar esos informes a los aspirantes a oficiales que habían terminado el programa de entrenamiento y estaban a punto de ser asignados. La gran mayoría de ellos serían enviados a Vietnam. Cuando les tocó mi curso, estaban regresando de su ejercicio de campo de graduación: tres días sin dormir en medio de los bosques de pino de Georgia, donde hacía mucho frío o mucho calor. Mi clase era la última de todas: a las cuatro de la tarde, de su último día. Llegaban del campo, se daban una ducha caliente para quitarse la tierra, almorzaban espagueti con albóndigas y luego me los enviaban por cincuenta minutos, a un salón con aire acondicionado, para aprender a llenar una forma de preparación que ellos sabían que no verían en años... y quizás nunca.

Los primeros minutos siempre transcurrían sin problema, pero luego comenzaban a dormirse. Intentaban mantenerse despiertos. Se empujaban los unos a los otros. Sus oficiales tácticos merodeaban la sala dándoles miradas penetrantes y empujándolos. A los quince minutos y el sonido de cabezas golpeando las mesas significaba que era hora para un buen chiste. A los veinte minutos les decía que podrían morir en Vietnam si no sabían cómo completar el informe de preparación, esto me hacía ganar unos cinco minutos en lo que se preguntaban si estaba loco.

Cerca de los treinta minutos de clase, aquellos que habían sucumbido completamente al sueño tenían que pararse y recostarse de las paredes laterales. A los cuarenta minutos casi todos estaban fuera del juego. Me quedaba un solo truco. Hacía una pregunta y preguntaba si alguien quería contestarla. Pero antes de que pudieran captar lo que les había preguntado, me agachaba, buscaba debajo del atril y sacaba un pollo de goma desplumado, que parecía bastante real. Le daba vueltas encima de mi cabeza y lo lanzaba a la clase. Los doscientos pares de ojos de pronto se abrían de par en par, observando lo que estaba sucediendo. Al que le callera el pollo tenía que contestar la pregunta. La tensión desaparecía y comenzaban a reírse.

Eso me daba el tiempo necesario para resumir la clase, felicitarlos por las barras de oro que se les colocarían al día siguiente y desearles lo mejor en su viaje al extranjero. Muchos de ellos, tristemente, no regresaron vivos. Todavía me encuentro muchachos que me dicen: «General, nunca olvidaré aquel bendito pollo».

En Benning también impartí una clase sobre guerra anfibia, junto con el teniente coronel de marina P. X. Kelly, (quien luego se convirtió en el comandante del cuerpo de marina). Kelly era considerado el mejor profesor en la academia y me enseñó mucho. Durante los cuarenta y cinco años desde aquellos primeros días de profesor, me he divertido diciéndoles a los marines que yo le enseñé a P.X. todo lo que sabe sobre guerra anfibia.

Todo lo que aprendí durante la academia y en mi trabajo en Benning se grabó en mi mente, y todo lo que he hecho durante los años posteriores ha sido añadir sobre ese fundamento. En mi vida pública, les he hablado a presidentes y a reyes; he hablado a grandes audiencias y a grupos íntimos y pequeños. He hablado en dos convenciones de candidatos republicanos y en muchísimas sesiones del Congreso.

Cuando dejé el gobierno en 1993, me embarqué en una nueva carrera como orador profesional, tanto a nivel nacional como internacionalmente. Con excepción de los cuatro años que fui ministro de asuntos exteriores, el hablar en público ha sido mi principal actividad empresarial y fuente de ingreso. Cuando lleno mis planillas de impuestos, pongo en mi ocupación «orador», o si el espacio me lo permite, «autor/orador».

A pesar de que he tenido muchas otras oportunidades laborales, prefiero hablar en público a cualquier otro trabajo que implique sentarme en juntas corporativas, trabajar para algún contratista de defensa, o ser un empleado a tiempo completo en el mundo académico o de negocios. Como tengo la libertad de escoger cuántas conferencias quiero dar, tengo la flexibilidad de involucrarme en negocios que consumen menos tiempo, trabajar con organizaciones sin fines de lucro o simplemente sentarme y pasar el tiempo donde quiera. A mi edad, absolutamente lo último que quiero es un trabajo de tiempo completo que me exija estar en el mismo lugar todos los días, desde la mañana hasta la noche. No importa qué tan emocionante pueda ser la labor o cuán importante sea la posición, ya no son para mí.

Me encanta hablar en público por otras razones además de la flexibilidad de tiempo. Para comenzar, es muy divertido, y aun más importante, trae nuevas experiencias y aprendizajes. Me permite conectarme con mundos que nunca me había imaginado. Mis audiencias van desde compañías y asociaciones de comercio, hasta universidades o eventos motivacionales grandes. Cada público es diferente y cada uno me exige analizar quiénes son, qué es lo que hacen, cuál es su propósito, qué necesitan de mí. Para poder adaptar mi conferencia a cada público tengo que leer informes anuales, investigar infinitamente sobre las organizaciones y saber lo suficiente sobre ellas como si fuera a solicitar un trabajo. Les dejo saber a mis clientes que puedo hacer cualquier cosa que quieran. Puedo hacer una presentación tanto cuadrada como redonda.

Es importante recordar siempre que un orador tiene más de una responsabilidad. Para empezar, tiene la responsabilidad con su audiencia de darles lo que necesitan escuchar. A veces es lo que esperan y en otras oportunidades, toca sacudirlos. Segundo, si el orador está en el podio representando a una organización, tiene entonces una responsabilidad con la organización que representa. No puede solo hablar por su cuenta. Cuando era ministro de asuntos exteriores, hablaba en nombre del gobierno de Estados Unidos. La mayoría de mis discursos oficiales del Departamento de estado eran escritos, revisados, aprobados y bendecidos (aunque hubo oportunidades en las que me tocó improvisar). Y por último el orador tiene una responsabilidad consigo mismo. Él es dueño de lo que salga de su boca. Nunca debe decir palabras con las que no esté de acuerdo. Cuando hablé en la Convención nacional del partido republicano en 1996 y en 2000, yo escribí mis discursos. Nadie del comité nacional republicano me dijo qué tenía que decir. Por supuesto, trabajé con un representante del comité nacional republicano y presenté mis discursos al comité un día antes de pronunciarlos ante el público. No tuvieron ningún problema. Pero, en ambos casos, las palabras eran mías, no de ellos.

Raramente uso un libro de texto. Sin embargo, tengo en mi cabeza muchos módulos de presentaciones orales. Uso los que se adapten a las necesidades de la audiencia y modificándolos cuando hace falta. Puedo hacer la presentación de acuerdo con el nivel de sofisticación que quiera el cliente.

Los módulos de las presentaciones cambian con el tiempo, pues quito o agrego elementos para mantener la autenticidad. Una nueva audiencia o una nueva necesidad, me obliga a componer un nuevo módulo.

Cada charla sigue un patrón básico. Comienzo hablando de mí y de lo que está sucediendo en mi vida. Al principio de mi carrera como orador solía decir muchos chistes, pero ya no lo hago. En cambio, ahora cuento historias críticas sobre mí mismo o mi familia, en las que Alma suele ser frecuentemente la figura central. Mi audiencia no espera oír historias casuales y personales de un general de cuatro estrellas, por lo que las reciben con gratitud. Esas historias sirven para captar su atención desde el principio, mientras les muestra que soy mucho más ser humano que la imagen formal que tenía que presentar cuando era director de las fuerzas armadas o ministro de asuntos exteriores. Les abro una puerta y los dejo entrar en mi mundo real, pero solamente por un rato.

En mis discursos siempre incluyo un segmento dedicado al liderazgo. Basándome una y otra vez en mi experiencia en Fort Benning, hablo sobre la misión, sobre el sentido de propósito y expongo los vínculos necesarios que existen entre el líder y el seguidor. Me enfoco en las nociones elementales del honor y la honestidad, en las maneras en que uno debe ocuparse de las tropas y comunicar la pasión desinteresada y la intensidad del propósito de una organización. Las tropas, los seguidores, subirán la colina por un líder con carácter, integridad y valentía física y moral.

Luego, amplío mi presentación para hablar sobre los modos en que ha evolucionado el mundo y las fuerzas que están moldeando el futuro. Esto me lleva a hablar de eventos actuales que sean de interés para la audiencia. La forma en que concluyo suele cambiar constantemente, pero siempre termino con algo positivo. Me gusta dejar a la audiencia con optimismo y entusiasmo.

Puedo contar cientos de anécdotas de mis experiencias como orador. He aquí algunas de las más memorables y de las que más he aprendido.

Hubo una noche en el 2007, en la que volé a Puerto Rico, y luego manejé hasta el Hotel Conquistador, en la costa este de la isla. Mi cliente era la compañía de calentadores de agua Bradford White y yo era el orador sorpresa para un auditorio repleto de cientos de vendedores de la compañía. Bradford White estuvo en manos de un grupo australiano hasta 1992, año en el que los empleados compraron la compañía y la fábrica de Michigan para independizarse. Ellos se sienten muy orgullosos de que ahora hacen productos ciento por ciento estadounidenses cuya alta calidad les permite competir exitosamente con cualquier otra compañía.

En aquel momento la compañía estaba bajo el liderazgo de Bob Carnevale, un muchacho de la calle como yo. Nos hicimos amigos al instante. Minutos antes de subir al escenario, le pregunté por qué me había arrastrado hasta allá como orador sorpresa.

«No quería que mis representantes de ventas vinieran emocionados únicamente para verte y escucharte», me dijo. «Quería que vinieran para aprender cómo vender más calentadores de agua. Tú eres solo el postre».

De inmediato comprendí por qué era exitoso.

Muchos de mis clientes me dan pautas específicas sobre qué están buscando, pero en todos mis años como orador hay una compañía que sobresale por encima de todas: Safelite AutoGlass, cuyo negocio es reparar parabrisas rotos. Tom Freeney, el presidente y director ejecutivo, estaba decidido a aumentar las ventas de la compañía, enseñándoles a los distribuidores la forma de obtener los mejores resultados de su gente y sus relaciones con los clientes. Durante semanas me enviaron notas, memos diapositivas (que al final llegaron a tener una pulgada de grosor), sobre cómo querían que hablara sobre su estrategia de liderazgo en su reunión «Cómo avivar el fuego del liderazgo». Me gustaría que todas las compañías en Norteamérica estuviera tan comprometida con el desarrollo de los recursos humanos.

No conocía mucho sobre las subidas y caídas del mercado de bienes raíces hasta el 2007, cuando me presenté ante la Asociación International Housewares, cuyos miembros producen cuchillos, tenedores, platos, vasos, ollas y otros accesorios para el hogar. Según me explicaron, sus ventas son un indicador fundamental de la situación del mercado de los bienes raíces. Si se venden menos vasos, cuchillos y tenedores, significa que menos hogares han sido construidos (los divorcios y los nuevos

solteros pueden alterar un poquito esos números). Los fabricantes de utensilios para el hogar, pueden decirle qué está pasando
en el mercado de bienes raíces antes que HUD, Fannie Mae o
Freddie Mac.

Nunca olvidaré la convención de de la compañía de bienes
raíces, Century 21, en Las Vegas en el 2007. Fue abrumadora.
Detrás del escenario había seis cabinas de interpretación simultánea
con más intérpretes de los que solía ver en la ONU.

Eso era lo que necesitaban para comunicarse con sus filas de
agentes alrededor del mundo. Luego de ver una cabina donde
traducían al chino, inocentemente pregunté a mi anfitrión si era
para Taiwán o para tierra firme. Ambos, me dijo, con mayor presencia en China, en donde contaban con más de quince mil representantes de ventas y millones de propiedades publicadas. «Y,
por cierto», me dijo, «estamos promoviendo que nuestros agentes
vuelvan a usar sus famosas chaquetas doradas. Queremos reforzar
nuestra cultura. La imagen de las chaquetas doradas es icónica y
nos mantiene juntos como equipo».

Ahora que Century 21, Amway, Estée Lauder y otras firmas
orientadas hacia el consumidor están penetrando China, el país
nunca será el mismo.

Una de mis presentaciones más alegres ocurrió en la Convención familiar de Whataburger 2011 en Dallas. Establecida como
una empresa familiar, Whataburger es una cadena mediana de restaurantes de hamburguesas, la mayoría ubicadas en el sur, y ahora
operadas por la segunda generación de la familia Harmon Dobson.
Harmon comenzó la cadena hace medio siglo con una sola tienda y
con el propósito de hacer la mejor hamburguesa posible. El primer
día un cliente dijo: «Whataburger!» [¡Qué hamburguesa!], después
de darle un mordisco. El nombre pegó y la cadena creció hasta
llegar a unas setecientas tiendas.

Cuando les pregunté a los dueños actuales, tres de los hijos
de Harmon, por qué no tienen miles de tiendas como las otras

cadenas de hamburguesas que comenzaron aproximadamente al mismo tiempo, me contestaron: «Nosotros usamos ingredientes extremadamente frescos. No podríamos mantener nuestra calidad si fuéramos más grandes. No hay ningún problema con los demás, pero ese no es nuestro propósito». Se refieren a los empleados como miembros de la familia y de esa forma los tratan.

Una tercera generación de adolescentes está a la espera de tomar el control y mantener la calidad de sus abuelos.

Ante algunas de mis audiencias puedo ser un poco descarado. En 1997, estaba en Las Vegas dando una conferencia ante la American Trucking Association, y de allí saldría a un evento para jóvenes con el gobernador Mike Leavitt, en Salt Lake City. Durante la parte de preguntas y respuestas, me preguntaron qué quisiera hacer en la próxima etapa de mi vida. ¡Qué bombita! «Me encantaría ser camionero», respondí. Un caballero llamado Bill England brincó y dijo: «Eso va a suceder hoy mismo». Su familia era dueña de la compañía de camiones C. R. England, con sede en West Valley, Utah.

Volé a Salt Lake City y asistí al evento con los jóvenes. Luego el gobernador me acompañó hasta el aeropuerto, donde me estaba esperando un hermoso camión de bomberos rojo con un largo tráiler pegado. El chofer, nervioso, me invitó a tomar el volante. El gobernador Leavitt brincó y se subió a la litera que se encontraba detrás del chofer, probablemente porque sabía que él nunca había visto un gran accidente. Para tranquilidad del conductor, logré dar una vuelta por el aeropuerto y regresar al punto de inicio sin golpear nada ni estropear ningún cambio.

Es posible que todavía sea camionero en la próxima etapa de mi vida.

Amo a este país. Cualquier lugar que visito renueva mis energías. Cada día, cada cliente trae nuevas experiencias y una dosis de fe restauradora en Estados Unidos. Sí, es cierto que tenemos problemas, siempre los hemos tenido y siempre los hemos superado.

Viajando por todo Estados Unidos puedo ver personas que trabajan
duro, innovando, creando empleos, creyendo que pueden triunfar,
de la misma forma que creen que la nación seguirá triunfando.
Todos son gente buena y mientras sigan trabajando con ese ahínco,
nuestro futuro no me asusta.

CAPÍTULO CUARENTA

De viaje

Paso mucho tiempo viajando, tanto aquí como al extranjero. En promedio, estoy de viaje de dos a tres días a la semana acumulando decenas de miles de millas al año. Casi siempre viajo solo; Alma me acompaña pocas veces. Ella ha escuchado todos mis discursos y se conoce muy bien toda la rutina: llegar, dormir, dar el discurso o presentarme en el evento y salir. No hay turismo, compras ni ocio. Trato de minimizar mi tiempo fuera de casa. Para mí es estrictamente trabajo. Aunque tengo admitir que me gusta viajar. Me expone a experiencias que no podría ver ni escuchar en Washington.

Claro está, la mayoría del tiempo en mis viajes lo paso fuera del evento en sí; en aeropuertos, aviones, trenes, limosinas y hoteles. Me gusta sentarme en el área de las puertas de embarque, con una gorra de béisbol, escondido detrás de unos lentes oscuros, y ver a Estados Unidos desfilar delante de mis ojos. Sí, muchos necesitamos hacer dieta y hacer más ejercicio. Y sí, un código de vestimenta también sería de gran ayuda. Pero la gente luce feliz y ocupada. Me encanta ver a las madres jóvenes luchar con sus pequeñas criaturas y toda la parafernalia que ahora se necesita para criar a un niño. Me encanta que los ancianos son cada vez más capaces de usar sus teléfonos inteligentes y iPads. El creciente número de sillas de rueda esperando un vuelo muestra que estamos envejeciendo como pueblo, pero no nos hemos vuelto inactivos. A menudo visito los salones de estar de la United Service Organizations (USO, por sus siglas en inglés, es una entidad que ayuda a los miembros de las fuerzas armadas) para agradecer a los voluntarios y conversar con los miembros de las fuerzas armadas. Siempre observo con aprecio y admiración a las personas que limpian, la mayoría inmigrantes, que vacían los contenedores de basura, lavan los pisos, limpian letrinas y hacen su trabajo con mucha eficiencia. Me recuerdan a mí hace mucho tiempo, limpiando los pisos de la planta embotelladora de Pepsi-Cola en Long Island.

A nadie le gusta pasar por el puesto de control de seguridad, pero realmente no me puedo quejar de ello. Trabajé para la administración que creó la Administración de Seguridad en el Transporte (TSA). Me paro en mi cola y espero mi turno como todo el mundo. Si intentas saltar tu turno en la cola, la Internet se encargará de convertirte en villano inmediatamente. Intento aceptar lo que me toca con la mejor cara posible, aunque a veces es difícil. Una vez, en el Aeropuerto Nacional Reagan un sensor detectó un agente explosivo en mis manos. Me examinaron dos equipos de desactivación de artefactos explosivos y tres supervisores, y eso fue lo que empezó a enojarme. Aquello tomó treinta minutos. Decirles que había sido director del estado mayor conjunto y ministro de asuntos exteriores no sirvió para nada. Al final especularon que la alarma fue activada por la pastilla para la presión arterial que tomo en las mañanas.

Los viajes aéreos de corta distancia usualmente implican ir hacinado en un pequeño avión brasileño o canadiense. Es como viajar en un resonador magnético. El logo en la cola del avión puede sugerir que se trata de una aerolínea grande; sin embargo, es difícil saber quién realmente es dueño del avión y quién lo vuela. A pesar de todo, te lleva a tu destino, aunque necesites un quiropráctico cuando te ayudan a salir.

No tengo sino elogios para los miembros de la tripulación, aeromozas, agentes de la puerta, maleteros, porteros, mecánicos y todos aquellos que con mucha presión nos mantienen viajando.

Periódicamente voy y vengo de Nueva York en el Acela, lo más cercano que tenemos a un tren de alta velocidad en el país. Es rápido, cómodo y confiable... y no hay que pasar por seguridad. Viajo en clase de negocios, pero Alma siempre viaja en primera por el servicio y el sándwich (grrr). Muchos de mis amigos todavía vuelan en shuttle. Pero Dios te ayude si hay mal tiempo en algún lado en la costa este parando el tráfico aéreo desde Maine hasta Key West.

En tierra, por razones de eficiencia y comodidad, siempre me empeño en un servicio de limosina profesional y un sedán común y corriente. Estoy muy viejo para encaramarme en una de esas limosinas largas que usan los chicos en sus bailes de secundaria. No soy engreído. Simplemente ya he tenido demasiadas experiencias en las que un cliente alquila un carro nuevo, con la intención de conversar conmigo en el camino, y luego, errático y distraído, intenta simultáneamente manejar, hablar y ver cómo funcionan todas las perillas y botones.

No soy exigente en lo que respecta hoteles. Todos me funcionan, desde el Days Inn hasta el Ritz-Carlton. Evito los hoteles donde hay mucho servicio. No necesito un equipo fastidiándome constantemente y explicándome cómo ajustar el termostato o bajar la cama. No necesito deambular en una habitación grande. Cuando llego a la recepción del hotel, uso un seudónimo. Hasta el momento de escribir este libro, usé el nombre de Edward Felson que proviene, por supuesto, de una de mis películas favoritas: *The Hustler*.

Mis exigencias son sencillas: un radio despertador barato, no uno que necesite instrucciones impresas o haga funcionar mi iPod. Estoy viejo. Necesito los números en rojo y de no menos de tres diez centímetros de alto. Compra el más barato que encuentres y dile a la gente que puede llevárselo.

Necesito un clóset lo suficientemente grande para colgar algo adentro y que no esté ocupado con una caja de seguridad, plancha, mesa de planchar y ese tonto estante plegable para maletas, residuo de los días de las lujosas suites de los trasatlánticos.

Y por favor, por favor, no me des una ducha con controles lujosos y manillas que uno no tiene idea de cómo abrir, apretar, empujar, ni cerrar. Solo necesito una regadera, no un sistema de riego de descontaminación. El jacuzzi puedes ponerlo en la suite de luna de miel.

Nunca he tenido una necesidad urgente de tener televisión o teléfono en el baño. Tampoco necesito una balanza. Y realmente me asustan esos asientos de retrete japoneses acolchados y con calefacción que tienen en los hoteles de lujo. La complejidad del panel de control sugiere que existen otras funciones de las que el retrete es capaz, pero siempre he temido probarlas y dudo que las necesite.

Aquí viene uno bueno: por favor, te lo suplico, pon letras grandes en las etiquetas de los tubos y envases de champú y acondicionador. ¿Te parece que es mucho pedir que nos dejen saber en una letra legible que nos estamos poniendo champú y no loción de manos en nuestras cabezas?

Una cafetera simple, por favor. No necesito moler granos de café. Esto no aplica a Las Vegas, donde generalmente no te ponen cafetera en el cuarto. Ellos te quieren en la planta baja tirando de las tragamonedas mientras esperas tu turno en la fila para la cafetería.

Mantengan la televisión simple. No la quiero para conectarme a la Internet ni para usar videojuegos. Si aprietas el botón errado en el control remoto, vas a tener que llamar al servicio de habitación para arreglarlo.

Por favor reduzcan el número de cabeceras, cojines y toda la pila de cosas rellenas sobre la cama que hacen difícil encontrar las almohadas y que no tienen otra función más que motivar a las huéspedes a hacer lo mismo en casa. Los hombres no entendemos nada de eso.

Los interruptores de las lámparas deben estar en la base de la misma. No me obliguen a seguir el cable hasta el suelo o que me queme la mano al tentar a ciegas alrededor del foco.

Por último, vivimos en la era de la información. Por favor, no nos hagan gatear debajo de los escritorios para encontrar un enchufe para nuestros iPhones, laptops, iPads y todos los aparatos electrónicos que necesitan ser cargados.

A parte de todo esto, me gusta viajar. Me hace feliz estar en un lugar diferente, donde puedo observar una inmensa variedad de norteamericanos. Y me encanta dictar conferencias o charlas, o estar en alguna escuela, o en un Boys and Girls Club, o en eventos caritativos, o en cualquier otra actividad que esté ocurriendo alrededor de nuestra nación. Todas ellas nos impulsan hacia el futuro.

CAPÍTULO CUARENTA Y UNO

Los regalos

A medida que vas ascendiendo de rango en el ejército, acumulas un gran número de placas y certificados conmemorando varias de tus unidades y premios, así como un gran número de fotos firmadas y enmarcadas de veteranos y de otros oficiales. La mayoría están expuestas en esa pared que uno dedica a sí mismo en la oficina o en el estudio. Luego de unos pocos años, no hay necesidad de pintura o papel tapiz; tienes suficientes placas y fotos para cubrir el espacio.

Al momento de convertirme en coronel, tenía una gran colección, más de lo que una pared podía aguantar. Un viejo y encantador general de brigada que estaba a punto de retirarse pasaba frecuentemente por mi oficina. Como siempre era una fuente de consejos sabios, le pregunté qué iba a hacer con todas aquellas placas cuando se retirara.

«Colin, mi esposa y yo hemos diseñado una hermosa cabaña de madera en Shenandoah Mountains. Planificamos vivir allí la mayor parte del tiempo, disfrutando la belleza de las montañas. Y en las noches frías de invierno, nos acurrucaremos en el sofá frente a la chimenea, beberemos chocolate caliente y lanzaremos las placas al fuego, una a una. Nuestros hijos no las quieren».

Bueno, yo terminé guardando la mayoría de las mías, y ahora muchas de ellas reposan en mi colección de archivos de la Universidad Nacional de Defensa en Washington. También en el archivo y en casa hay una gran colección de objetos de arte de vidrio, acrílico, piedras y bronce. El más memorable de ellos es una plancha de granito oscuro sobre la que está grabada con láser mi imagen y una dedicatoria. Aquello luce como la lápida en la tumba de una mascota. Estoy totalmente seguro de que los amigos que me la dieron la mandaron a hacer con un grabador de tumbas.

Las monedas de desafío son otro regalo popular en el ejército, usualmente tienen el emblema y el lema en relieve, y algunas incluyen el nombre del comandante. Se espera que cada soldado de la División Airborne 101 lleve consigo la moneda de desafío de la misma. Cuando sea y donde sea en el mundo, si te encuentras con otro soldado de la 101, este te «desafiará» con su moneda. Si no tienes la tuya, tienes que invitarle a un trago y sufrir una vergüenza profunda. Llevé mi moneda de la 101 en mi cartera por décadas, hasta que una pequeña marca redonda en mi trasero comenzó a ser ulcerosa.

En los viejos tiempos, las monedas de desafío se repartían en raras ocasiones, pero en algún momento en los años ochenta, la tradición se volvió viral. Muchos soldados tienen docenas de ellas. Cada unidad y cada líder experimentado tienen sus monedas de desafío; se las muestran a cualquiera que encuentran ante la más mínima oportunidad. Con el tiempo, las monedas se han convertido en más elaboradas y más costosas, y cada vez más líderes jóvenes y unidades poco convencionales han comenzado a repartirlas. He recibido monedas personalizadas de un oficial de la comisaría e incluso recibí una de un joven sargento que manejaba un sedán. Esa práctica también se ha extendido al mundo civil. Oficiales del gabinete y otros civiles designados también las reparten.

Comencé a rechazarlas cuando mi colección sobrepasó el centenar. Parecía ser más una cuestión de ego de los donantes y un cuestionable uso de los fondos (la mayoría, no todas, son costeadas por el gobierno). Por otro lado, a los soldados les encantan y están deseosos por recibirlas, así que la tradición ha crecido. Yo repartí monedas de desafío cuando era director y ministro de asuntos exteriores. Aún tengo algunas que reparto en ocasiones especiales a personas que parecen apreciarlas profundamente, por ejemplo, a un soldado en el Hospital Walter Reed.

Mientras ascendía a posiciones más altas en el gobierno y viajaba con más frecuencia alrededor del mundo, los regalos de los líderes internacionales comenzaron también a llegar. Naturalmente, cada regalo me obligaba a responder de alguna manera. El Congreso nos restringe a no gastar más de trescientos dólares en los regalos que hacemos y, maldita sea, no podemos aceptar regalos que tengan un valor mayor a los trescientos dólares, según lo determinan los tasadores en el departamento y en la Administración de servicios generales. Mi oficina de protocolo era muy creativa al momento de encontrar regalos típicos que se mantuvieran dentro de los límites establecidos por el protocolo para nuestros invitados y otros visitantes.

En una de sus visitas, mi querido amigo Igor Ivanov, ministro de relaciones exteriores de la Federación Rusa, me dio una botella de vodka en forma de un rifle de asalto AK-47. Como alguien en alguna oficina en algún lado decidió que valía más de trescientos dólares, no pude quedarme con ellas ni tampoco beberla. No me pregunten cómo hacen sus cálculos. Triste decirlo, pero probablemente la botella está apilada en algún deposito del gobierno.

Relojes de pared, de pulsera, gemelos y juegos de plumas siempre han sido los regalos que más me ha gustado recibir. Ahora tengo muchos relojes de pared, de pulsera y plumas, y disfruto cada uno de ellos.

Y luego están los retratos. Con el paso de los años, he recibido varias docenas de retratos de mí mismo, de parte de distintos países. Hemos colgado los mejores en nuestro cuarto de ejercicios en casa. Siempre me ha fascinado que la forma en que los artistas pintan mi cara revela con seguridad de dónde vienen. Un artista no puede evitar añadir su cultura a una imagen. En un excelente retrato realizado por un famoso pintor japonés, tengo un notable parecido con el almirante Yamamoto. En uno realizado sobre papiro egipcio luzco sorprendentemente como Hosni Mubarak. En el de Rumania, me parezco a Drácula. Un artista de la National Association for the Advancement of Colored People, en Detroit, pensó que yo no lucía lo suficientemente negro, así que ensanchó mi nariz y engrosó mis labios. Los dos cuadros de Bermudas son en colores pasteles y lucen muy serenos. Lo único que falta es Jimmy Buffett tocando «Margaritaville». No recuerdo qué hicimos con el que estaba hecho con alpiste. Cada vez que mi personal lo movía, dejaba un rastro de alpiste detrás.

El presidente ruso Gorbachev una vez me dio una hermosa escopeta. Como quería conservarla, le pagué a mi gobierno $1,200 para comprarla a los estadounidenses.

Luego de la caída de la Unión Soviética, recibí muchas pistolas, bayonetas, cuchillos de asalto y binoculares de los líderes de los países ex miembros del Pacto de Varsovia. Para ellos, era una forma de liberar inventario y obsequiar sin costo alguno. Incluso mis perspicaces valuadores no pudieron pretender que aquellas cosas costaban más de trescientos dólares.

Mi colega francés Dominique de Villepin solía regalar botellas de vino tinto francés. Él insistía que el vino tinto era el elixir de la salud y me recomendaba que nunca tomara vino blanco. Por alguna extraña razón, todas esas botellas se rompían antes de someterlas a la tasación.

Al primer ministro de Italia, Berlusconi, le encantaba regalar a los hombres estadounidenses hermosas corbatas confeccionadas por su sastre y diseñador de corbatas. Lástima que muchas de ellas se mancharan y no llegaban a la tasación. Una vez, él me regaló un reloj de alta tecnología que en casos de emergencia también funcionaba como un dispositivo de rastreo para los pilotos en caso de un accidente. De uno de los lados del reloj, salía una antena. Tuve que entregarlo.

Consciente de mis años de servicio en Alemania y mi afición por la cerveza de ese país que viene en botellas con abrazaderas metálicas y tapones de porcelana, Joschka Fisher, mi contraparte alemán y líder del Partido Verde, me trajo una caja de fina cerveza alemana. En su siguiente viaje, me quemé la cabeza pensando en qué regalo podía hacerle. Puesto que era el líder del Partido Verde, le di una caja con envases vacíos para que recibiera el depósito en el centro de reciclaje. Sin embargo, como también le gustaba cocinar, le regalé un juego de instrumentos para hacer barbacoas.

El presidente Nazarbayev de Kazajstán, un anfitrión muy cortés, organizó un almuerzo formal en su palacio de la capital, Astana. Aunque los brindis con vodka aparecían uno tras otro, me las ingenié para mantener la compostura y defender el honor de la nación. Con anticipación me advirtieron sobre uno de sus hábitos: si le cae bien alguno de sus invitados, se quita el reloj y se lo ofrece. Se espera que el invitado le dé su propio reloj a cambio. Luego del almuerzo, nos tropezamos en un pequeño ascensor camino a las escaleras. Allí se quitó el reloj y me lo regaló. Entonces, me quité el mío y orgulloso, con un abrazo, se lo di. A él le tocó un Timex, a mí no.

Los oficiales árabes, sobre todo los de las naciones del Golfo, son extremadamente generosos. Normalmente sus regalos están lejos, pero bien lejos del límite de los trescientos dólares. Ellos saben que tenemos que tasar nuestros regalos, pero no pueden hacer otra cosa. Es una señal de amistad y respeto, y está bastante arraigado en su cultura. Aceptaba los regalos en ese espíritu. Terminé con una colección bastante grande de dagas árabes. Algunas de las más simples las pude conservar. Otras, las que tenían joyas incrustadas, las tuve que devolver.

Una noche en el año 2004, un amigo árabe bastante cercano escuchó decir a Alma que su carro favorito había sido un Jaguar 1995 que había vendido hacía tiempo. En el 2005, poco tiempo después de haberme retirado, un Jaguar 1995, idéntico y completamente restaurado apareció frente a nuestra casa. Como ya no era empleado del gobierno era completamente legal quedármelo. Lo conservé por un tiempo, pero lo regalé antes que el Washington Post se enterara y escribiera un artículo.

Tras dejar el Departamento de estado, continué recibiendo regalos de gobiernos extranjeros. Un país árabe por poco me regala una hermosa alfombra una semana antes de retirarme de mi cargo. Pero nuestro perspicaz embajador les sugirió que quizá deberían lavarla una vez más y enviármela después de que me jubilara. Aquel muchacho va a llegar bien lejos.

Por último, durante mi periodo como director, hace alrededor de veinte años, me sentaron junto a Arnold Schwarzenegger en una cena de beneficencia.

«¿Cómo te mantienes en forma?», me preguntó.

«Troto», me contestó, «pero se pone más difícil a medida que envejezco».

Días después una bicicleta de ejercicios LifeCycle apareció en mi casa. La usé por años hasta que la sustituí por un modelo mucho más moderno. Todavía conservo en el sótano la bicicleta que me regaló Arnold. Como es algo que no se puede regalar ni desechar fácilmente, dejaré que mis hijos decidan su destino cuando yo no esté.

A pesar de las bromas sobre el intercambio de regalos, la verdad es que en nuestra casa tenemos una cantidad de obsequios maravillosos que hemos recibido a lo largo de los años. Algunos son costosos, otros no. Cada uno de ellos nos proporciona alegría y recuerdos afectuosos de gente y lugares alrededor del mundo que hemos tenido el privilegio de visitar y conocer muy bien. También nos dio la oportunidad de dar a nuestros amigos extranjeros regalos que transmitieran el espíritu y la tradición estadounidense.

CAPÍTULO CUARENTA Y DOS

Lo mejor y lo peor

A menudo me preguntan cuál fue mi mejor o peor trabajo, cuál de los presidentes para los que trabajé fue el mejor o el peor, o quién fue mi modelo más importante. ¿Tuve un mejor mentor? ¿Cuál ha sido mi logro más importante? ¿Cuál ha sido mi fracaso más grande?

No contesto esas preguntas. Destacar un éxito o un individuo es disminuir otros que pueden ser o no ser menos importantes. Destacar tu peor fracaso o la persona que peor te cae seguramente será noticia... y le harás el día al escritor de tu obituario.

Tengo una razón aun más profunda para no responder. No importa cuán importante o cuánto te haya transformado, tu más grande logro o fracaso, ni siquiera comienza a definir todo lo que eres. Cada uno de nosotros es producto de todas nuestras experiencias y de todas nuestras interacciones con otras personas. Para expresarlo a través del cálculo, somos el área debajo de la curva.

Haber nacido en una buena familia puede haber sido una de las mejores cosas que me ha pasado. Pero ese fue solo el comienzo. Mis padres fueron maravillosos, pero también lo fue el sacerdote de mi parroquia, mi competente hermana mayor, mis tías y mis tíos, mis maestros, mis vecinos y mis amigos de la calle. También me formé gracias a los niños abusadores de la calle, a los maestros indiferentes, a las personas que me veían como un niño de color que merecía ser tratado como inferior por ese simple motivo.

Las personas que mas influenciaron en mi vida nunca aparecerán en el buscador de Google. Todos ellos me marcaron mucho tiempo antes de que alguien soñara con computadoras personales, Internet o la búsqueda de algoritmos.

Entre ellos está mi primer jefe, un inmigrante ruso-judío dueño de una tienda de juguetes. «Termina tus estudios Colin», me dijo. «Tu futuro no es trabajar en mi tienda».

Está Sammy Fiorino, cuya tienda de reparación de zapatos estaba a la vuelta de la esquina. Sammy me enseñó a jugar póker, a arreglármelas con los policías del vecindario y a nunca jugar cartas con un hombre llamado Doc.

Está la Señorita Ryan, mi maestra de inglés de la secundaria, la única maestra que recuerdo por su nombre. Ella me amenazaba y me aterrorizaba para que estudiara mucho más en su clase de lo que había estudiado en toda mi vida escolar. Sus clases de inglés fueron uno de los mejores regalos que jamás haya recibido.

Está el coronel Harold C. Brookhart, mi profesor de ciencias militares en CCNY y egresado de West Point. El coronel Brookhart fue mi mentor durante aquellos primeros y rudimentarios intentos por hacer las cosas a la manera del ejército. En mi último año de secundaria, me envió a West Point para una estadía de tres días a fin de exponerme a los principios y estándares de la casta militar y tener una idea de mis contemporáneos. En 1958, cuando estaba a punto de partir para Fort Benning, me advirtió con sus mejores intenciones que no esperara que Georgia fuera como Nueva York para un joven negro.

Está el capitán Miller en Alemania, mi primer comandante de la compañía. Un día cuando yo estaba fuera haciendo maniobras, me di cuenta de que mi pistola calibre .45 no estaba en mi funda. Perder un arma es una cosa bastante seria. Así que lo llamé diligentemente por radio para reportarle aquel horrible error. Cuando volví al lugar de nuestro campamento, él estaba esperándome en la entrada. Me dio el arma. «Unos niños del pueblo la encontraron», me dijo, un escalofrío recorrió mi cuerpo. «Dispararon una ronda. Nosotros los escuchamos y los fuimos a buscar antes de que dispararán otra ronda e hirieran a alguien. Hijo, por el amor de Dios, no dejes que pase algo así de nuevo».

Me asustó a morir. Pero cuando revisé la pistola vi que no había sido disparada. De hecho, nunca había estado perdida. Alguien la encontró al lado de mi catre, donde se había caído de mi funda cuando salía de prisa del campamento. Miller había pensado en una forma de enseñarle una lección a un joven teniente con aspiraciones que nunca pudiera olvidar.

Como un joven soldado negro busqué inspiración en los pocos oficiales veteranos afroamericanos que había en el ejército en aquel entonces y en la historia de los soldados negros que habían servido orgullosamente a la nación, aun cuando esta no les sirviera a ellos. Tenía la obligación de pararme en sus hombros y llegar más alto. Tenía que dejar que mi raza fuera problema de otro, pero no el mío. Fui un soldado estadounidense que era negro, no un negro que fue soldado estadounidense.

En el camino me topé con muchas personas con las que no me llevé bien y con otros tantos que pusieron en duda mis capacidades y mi potencial. Aprendí a aceptar la posibilidad de que sus críticas fueran acertadas. Aprendí que en los casos en que así resultara, todavía tenía la oportunidad de corregir mis errores y seguir adelante.

A medida que fui ganando experiencia, otros oficiales veteranos fueron entrando en mi círculo, y vieron algo de utilidad en mí, se acercaron para guiarme y acompañarme, y muchas veces para señalarme mis debilidades y problemas. Todos ellos me influenciaron. No me atrevo a comenzar a nombrarlos, porque este libro sería demasiado largo.

Mi enfoque ha sido en la influencia temprana, porque el proceso de formación comienza en los primeros años. Muchas veces le digo al público que comienza cuando el infante escucha la voz de su madre y reconoce que esa es la voz de ella. Esa es la voz que habla el idioma que el infante hablará. Es la persona que formará un nexo de amor extraordinario con el niño. Es la persona que lo criará y comenzará a darle educación, carácter, valores, felicidad y bondad en su mente y en su corazón. En esos primeros días, semanas y meses, la madre es la persona más importante que el niño conoce. Si ella no está ahí o no desempeña su rol, el niño se enfrenta a un camino mucho más difícil.

Probablemente aprendí de mis fracasos y detractores tanto como de mis protectores. El fracaso viene con experiencia.

Recuerdo que unos años atrás di una conferencia en una muy estructurada secundaria japonesa elitista. Los chicos venían de buena familia y la mayoría de ellos eran brillantes. Luego de mis observaciones, unos niños escogidos del cuadro de honor me hicieron preguntas escritas en fichas y previamente examinadas por sus maestros.

Tras el primer par de preguntas, me salí del libreto e invité a cualquiera de la audiencia a preguntar, con un particular interés en las filas de atrás, donde yo solía tratar de sentarme.

Una joven de unos trece años levantó la mano y le di la palabra. «¿Alguna vez tienes miedo?», me preguntó. «Yo estoy asustada todo el tiempo», continuó. «Tengo miedo a fracasar». Mostró una enorme valentía al hacer aquella pregunta en público, sobre todo tratándose de una secundaria japonesa tan estructurada.

Sí, le dije, algo me asusta todos los días y fracaso en algo todos los días. El miedo y el fracaso siempre están presentes. Acéptalos como parte de la vida y aprende a manejarlos. Ten miedo, pero continúa. Usualmente el miedo es transitorio. Pasará. Si fracasas, arregla las causas y sigue adelante.

El salón quedó en silencio. Cada uno de los jóvenes altamente triunfadores tenía la misma pregunta en mente, a pesar de que todos estaban muy asustados para pronunciarla en voz alta.

Muchas veces el fracaso es solitario. No ocurre lo mismo con el éxito. Esto me acuerda a Michael Phelps, el nadador que ganó la cantidad récord de ocho medallas de oro en los Juegos Olímpicos de Beijing de 2008. Su habilidad física y su determinación durante las muchas horas nadando solo en el carril de una piscina son legendarias. Sin embargo, él nunca se olvida de dar crédito a sus padres, a sus entrenadores, a sus compañeros de equipo y a todos aquellos que le ayudaron a superar el Síndrome de Déficit de Atención y varios obstáculos más.

Según te acercas al éxito, recuerda que no lo hiciste solo. Siempre existe un nosotros.

CAPÍTULO CUARENTA Y TRES

Perros calientes

Una de mis actividades favoritas es simplemente salir a caminar, en bella tarde de primavera o de otoño por Park Avenue o por la Quinta Avenida en mi ciudad, Nueva York. Me encanta mirar los edificios e iglesias clásicas y ver los aparadores de las tiendas finas. El ver a tanta gente yendo y viniendo me conmueve profundamente; el mundo entero está representado, confirmando una vez más que somos una nación de naciones.

Ver toda esa diversidad de personas me recuerda la historia del billonario japonés a quien un periodista de la televisión le preguntó cuál era su ciudad favorita al viajar alrededor del mundo para atender a sus compañías. «Nueva York», respondió inmediatamente.

«¿Por qué Nueva York?», le preguntó el reportero. «¿Por qué no Roma, París, Londres?».

«Porque», dijo, «Nueva York es la única ciudad en el mundo en la que, cuando camino por la calle, la gente se me acerca y me pide direcciones».

Es verdad, el mundo entero está ahí, así como en otras tantas ciudades de Estados Unidos.

En mi caminata siempre me detengo en la esquina de una de las calles numeradas, donde siempre está estacionado un carrito

Sabrett de pan con salchichas o perros calientes, operado por un inmigrante. Me encantan esos perros calientes, cariñosamente conocidos por los neoyorkinos como «los perros de agua sucia» porque los preparan en una olla de agua casi hirviendo.

Siempre tengo que comerme uno, adornado con mostaza y el particular sabor a cebolla roja que solo he encontrado en Nueva York. Me transporta a mi juventud, cuando costaban solo diez centavos.

Incluso cuando era ministro de asuntos exteriores, separaba tiempo para hacer esto. Podía salir de mi habitación del Waldorf-Astoria y caminar hacia el norte por Park Avenue o quizás por la Quinta Avenida. En aquellos días estaba rodeado por guardaespaldas y usualmente había un par de patrullas de la policía de la ciudad de Nueva York siguiéndome para evitar que fuese atacado en la acera.

Caminaba con mi séquito hasta el carrito de perros calientes más cercano y pedía uno. Un pobre hombre, desconcertado por la atención, por todos los policías y los guardias, inmediatamente dejó de preparar mi perro caliente, levantó sus manos y gritó: «¡Tengo residencia, tengo mi tarjeta verde!». Le aseguré que todo estaba bien y que todo aquello era por mí, no por él.

Todavía me detengo a comerme un perro caliente en mis caminatas, pero los guardaespaldas y los carros de policía ya no están, ni tampoco la habitación en el Waldorf. Poco después de haber dejado el Departamento de estado, fui a un carro de perros calientes en la Quinta Avenida y ordené lo de siempre. Mientras el encargado estaba terminando de preparar mi perro caliente, noté una mirada de reconocimiento en su cara, pero le estaba dando trabajo recordar mi nombre. «Yo te conozco», me dijo «Te he visto en la tele». Cuando estaba entregándome mi perro caliente, se acordó. «Claro, usted es el general Powell». Cuando le iba a pagar, rechazó el dinero. «No, general. Usted no me debe nada. Ya me han pagado. Estados Unidos me ha pagado. Nunca olvidaré de dónde vengo, pero ahora estoy aquí, soy estadounidense. Me han dado una vida nueva, a mí y a mis hijos. Gracias y, por favor, disfrute su perro caliente».

Le agradecí y continué caminando por la avenida, sintiendo una cálida sensación de bienestar y pensando de nuevo: ¡Qué país!... sigue siendo el mismo que les abrió las puertas y les dio la bienvenida a mis padres noventa años atrás. Nunca debemos olvidar nuestro pasado, pues seguramente será nuestro presente y nuestro futuro.

Esta historia tiene un complemento muy simpático. En el 2009 apoyé al alcalde Mike Bloomberg para su tercer mandato como alcalde de Nueva York. Su equipo estaba buscando una foto que ayudara a darle publicidad al endoso. El equipo pensó que una foto de nosotros dos en un restaurant sería una buena idea. Pero les sugerí que una compra en uno de los carros de perro calientes de las esquinas sería más neoyorkino y mostraría al alcalde mucho más humilde, en un ambiente «de gente». A ellos les encantó la idea y se pautó una sesión de fotos.

Era una mañana fría, pero yo no llevaba un abrigo puesto. Me acerqué a Mike en la esquina. Él llevaba un sobretodo. Las cámaras comenzaron a sonar y los reporteros y el equipo de campaña revolotearon a nuestro alrededor. Caminamos hasta el mostrador y ordenamos dos perros calientes. En ese momento, Mike interrumpió y le dijo al muchacho: «El mío con el pan tostado». Oh, muchacho, ese no es exactamente el pedido de un hombre de pueblo.

Sin embargo, funcionó y la foto apareció en la primera plana del *New York Times* a la mañana siguiente.

He llevado mi amor por los perros calientes a los más altos niveles de la diplomacia.

En abril de 2002, cuando todavía era vicepresidente de la República Popular de China, Hu Jintao visitó Washington. Mientras estuvo allí, fue bastante cuidadoso en mantener su discurso muy cerca de la posición de su gobierno. Así que, como se dice en Washington, nos mantuvimos intercambiando puntos de conversación oficiales y estándares.

Una noche, invité al vicepresidente a una cena en el Departamento de estado, donde quería llegar a algo más que mero intercambio de puntos de vista oficiales. Hu acababa de llegar de Nueva York. Le pregunté acerca de su visita. Me dijo que había tenido unas reuniones formales y en la ONU, pero no mucho más.

Le dije que él había visitado Nueva York pero que no había visto realmente la ciudad. La próxima vez que visitará Nueva York, yo quería ser su anfitrión. Limitaríamos al mínimo los eventos oficiales, y nosotros, junto con nuestras esposas, iríamos a los shows de Broadway, caminaríamos por la calle 42 y visitaríamos una variedad de vecindarios, incluido el Barrio Chino.

Sobre todo, le dije, quería invitarle a un perro caliente de un carrito de esquina operado por un inmigrante. Le tomó un tiempo al traductor entender qué era todo eso, pero una vez que lo hizo, a Hu se le dibujó una sonrisa en la cara. Me agradeció y me dijo que esperaba que lo hiciéramos.

En noviembre de 2002, Hu se convirtió en presidente de la República Popular de China. Lo he visto varias veces en los años subsiguientes, incluyendo una cena formal en Washington después de mi retiro. Él siempre me busca y pide a su comitiva que me lleve hacia él. Nos damos la mano y nos abrazamos brevemente. Sus primeras palabras, siempre en inglés americano y con una gran sonrisa, son: «¿Cuándo nos vamos a comer los perros calientes?».

Puede ser que la diplomacia de los perros calientes no sea la más trascendente, pero permite que dos personas desarrollen una relación humana que ayudará de forma sustancial a la relación oficial en tiempos buenos y malos.

Y no olvides que la apertura de nuestra nación al intercambio con China comenzó con un juego de tenis de mesa. Yo soy mejor en materia de perros calientes.

CAPÍTULO CUARENTA Y CUATRO

El regalo de un buen inicio

Durante mi incumbencia como director del Estado Mayor Conjunto, con frecuencia me reunía con líderes militares extranjeros durante mis viajes. Durante nuestras primeras reuniones, siempre esperaba que la pregunta usual saliera a relucir: «¿Cuándo te graduaste de West Point?». Aparentemente ellos seguían con la idea de que graduarse de West Point era la única forma de llegar a la cima.

«No fui a West Point», respondía, «aunque hubiera sido un gran honor».

«Bueno, ¿entonces fuiste a Citadel, el Instituto Militar de Virginia o Texas A&M?», preguntarían después, refiriéndose a las reconocidas instituciones productoras de oficiales.

«No», respondía. «Cuando estaba entrando a la universidad, una persona negra no podía ir a esas escuelas».

Usualmente seguía una tos vergonzosa y luego venía la siguiente pregunta: «Ah, bueno, ¿de dónde te graduaste?».

La respuesta era del City College de Nueva York, en Harlem, no muy lejos de donde nací. Fui comisionado por el programa del ROTC de CCNY; fui el primer graduando del ROCT, el primer afroamericano y el más joven en convertirse en director del Estado Mayor Conjunto

Inmediatamente les daba curiosidad. Nunca habían escuchado sobre CCNY.

«Es una gran escuela», les decía, «abierta a todo el mundo». Por lo general, sigo explicando que CCNY fue fundada en 1847 y en aquel momento se llamaba Free Academy. Fue la primera universidad en Estados Unidos completamente abierta y gratuita. Aquello era una innovación muy atrevida en esos días, al igual que su presidente, un egresado de West Point, el doctor Horace Webster, que el día de la inauguración en 1849 dijo:

«El experimento es para probar si los hijos de la gente, los hijos de toda la gente, pueden ser educados, y si una institución de alto grado puede ser controlada por la voluntad popular y no por unos pocos privilegiados».

El experimento fue exitoso. CCNY se convirtió en una universidad de primera línea, pero como era gratis y velaba por los intereses de los inmigrantes y la población pobre, comenzó a reconocerse como la «Harvard de los pobres».

El tiempo pasa y yo aparecí en el recinto universitario en febrero de 1954. No estoy seguro de cómo entré. De ninguna manera era una estrella académica. Mis notas de la secundaria estaban por debajo de los estándares de admisión de CCNY. ¿Me dieron algún tipo de preferencia? No lo sé.

Antes, cuando era un adolescente en busca de una escuela secundaria, como la mayoría de los chicos de la ciudad de Nueva York, soñaba con entrar a la High School of Science del Bronx, en aquel entonces la secundaria más prestigiosa de Nueva York (la historia dice que Bronx Science ha producido más premios Nobel que Francia.) No tenía la más mínima posibilidad que ocurriera.

Cuarenta años más tarde, me encontré con una nota devastadora de mi consejero académico en mi tercer año de secundaria: «El joven Powell quiere ir a Bronx High School of Science. No lo recomendamos».

Así que, fui a la secundaria Morris, donde me tenían que dejar entrar. No fui un mal estudiante, tampoco fui el mejor, pero me gradué y fui a CCNY.

Inicialmente, iba a estudiar ingeniería en CCNY, pero rápidamente desistí. Luego decidí por la geología, pero entonces descubrí la ROTC. Me enamoré de la ROTC y con el ejército.

Después de cuatro años y medio, de educación gratuita y desempeño académico mediocre, CCNY tuvo compasión y permitió que mis notas de A del ROTC se incluyeran en mi promedio general. Aquello subió mi promedio a un poco más de 2.0, y era suficiente para poder graduarme. Para el gran alivio de la facultad, me gradué para entrar al ejército de Estados Unidos.

Casi sesenta años después, me consideran uno de los grandes hijos de CCNY. He recibido casi todos los premios que la universidad puede dar; un instituto de CCNY fue nombrado en mi honor, el Centro para el liderazgo y servicio Colin L. Powell; y he sido nombrado fundador y profesor visitante distinguido. La mayoría de mis profesores deben estar revolcándose en sus tumbas con todo eso.

Mi ciudad creyó que los chicos como yo merecían una oportunidad de llegar a lo más alto. Las personas en Nueva York estuvieron dispuestas a pagar impuestos para educar a «toda la gente»; chicos pobres como yo con padres inmigrantes: judíos que no podían entrar a otras escuelas porque eran judíos, adultos jóvenes y trabajadores que solo podían ir a la escuela nocturna (les podía tomar siete años terminar), chicos que vivían en casa y venían cada mañana en metro y autobús. La educación como la que recibí en CCNY fue la vía por la que las masas cansadas, pobres y amontonadas que anhelaban ser libres fueron integradas a la vida social y económica estadounidense. La educación era, y sigue siendo, la puerta dorada.

Aunque salí con un diploma casi por un pelo, egresé de la universidad con una maravillosa formación en Artes liberales. En los años siguientes me di cuenta de que era capaz de desempeñarme bien junto a mis compañeros de West Point, Citadel, VMI y A&M tanto como mis otros compañeros de las otras escuelas y universidades alrededor del país. Todos formábamos una banda de hermanos.

Cuando dejé el Departamento de estado en enero de 2005, tuve tiempo para ir a visitar CCNY y ver qué había estado haciendo el Centro Powell desde su fundación ocho años antes. Me senté en el salón de conferencias del presidente y escuché, uno a uno, cerca de una docena de becarios del centro Powell, contándome acerca de ellos, qué estaban estudiando y qué querían hacer con sus vidas. La mayoría pertenecía a las minorías, casi todos inmigrantes, casi todos los primeros de sus familias en ir a la universidad y la mayoría provenientes de familias de bajos recursos. Muchos de ellos trabajaban. Pero sus ojos brillaban, estaban emocionados y tenían ganas de hacer las cosas bien. Tenían grandes ambiciones, esperanzas y sueños, y estaban trabajando duro para tener éxito. Sus palabras me marcaron profundamente. Eran exactamente como yo hace más de cincuenta años. CCNY era todavía la Harvard de Harlem, preparando otra generación de ganadores de la educación pública. Les dije que me hacían sentir orgulloso y que pasaría mucho más tiempo en el Centro.

En los años siguientes a aquel encuentro nuestros programas han crecido enormemente, enfocándose en el entrenamiento en cuestiones de liderazgo para esos futuros líderes y en el aprendizaje de servicio público, para que puedan llevar su trabajo académico a las comunidades y así ayudar a otros. Cambiamos el nombre del centro —originalmente Centro de estudios de políticas públicas— a Centro para el liderazgo y el servicio. Rápidamente, el centro mejoró su oficina de dos cuartos. Y espero que pronto el edificio del Centro Powell se erija sobre el campus. No solo será la casa del centro, sino también una pieza central para todo el recinto y un lugar de reunión para la gente del centro de Harlem.

Me llena de orgullo que el Centro lleve mi nombre, pero no estoy menos orgulloso de que hayan bautizado con mi nombre unas siete escuelas elementales y secundarias. Adopté una escuela en Washington, D.C., y me asocié con los párrocos de mi iglesia en un suburbio de Virginia. Esto tiene más significado para mí que cualquier medalla que haya recibido. Además, como parte de mi pasión por el desarrollo de los jóvenes, trabajo para la junta directiva de Howard University y del United Negro College Fund. Además, soy parte del consejo de directores de Boys and Girls Clubs of America.

A menudo me preguntan si los programas juveniles y educativos se han vuelto una prioridad en mi vida. Mi respuesta es bastante simple: quiero que cada niño tenga la oportunidad que yo tuve. West Point no estaba en mi destino, pero me mostró el nivel que necesitaba alcanzar. La secundaria Morris y la CCNY me dieron los recursos para alcanzar ese nivel.

He aprendido una simple y obvia verdad a través de la experiencia que me dio mi educación: tenemos que darle a cada niño en Estados Unidos acceso a la educación que yo recibí. Tenemos que colocar la educación pública en la cima de nuestras prioridades y en el centro de nuestra vida nacional.

La educación se ha convertido en la gran cruzada de mi familia. En 1997, por petición del presidente Bill Clinton y otros expresidentes vivos, fundé la America's Promise Alliance con el fin de movilizar al país para darles a nuestros niños las habilidades y el apoyo básico que necesitan para triunfar en la escuela y en la vida. Ahora Alma es la presidenta de la alianza y nuestro hijo Michael está en la junta directiva.

America's Promise se enfoca en las cinco promesas básicas que tenemos que hacer y dar a nuestros hijos. Les prometemos que tendrán a su alrededor un adulto amoroso, cuidadoso y responsable que los guíe por el camino correcto. Cuando la familia no está en capacidad de hacer eso, nosotros proveemos mentores. Les prometemos sitios seguros donde puedan aprender y crecer protegidos de las malas influencias que se encuentran en muchas de nuestras

comunidades. Les prometemos tratar de dar a cada niño un comienzo saludable y acceso continuo a la salud. Les prometemos una
buena educación con destrezas que les servirán para el mercado de
trabajo. Y finalmente, les prometemos la oportunidad de servir a
otros, de modo que puedan crecer con la virtud del servicio en sus
corazones. Hemos creado una poderosa alianza asociándonos con
escuelas, organizaciones para jóvenes sin fines de lucro, gobiernos
y negocios, todo ello para asegurarnos de volver a ser una nación
de graduados, y no de desertores escolares. Necesitamos hacerlo
por el bien de nuestros niños, por el bien del futuro del país que
amamos y por el bien de nuestros ideales más nobles.

Me encanta contar la historia de mi educación inestable a los
más jóvenes. Mi punto es, lo que cuenta no es dónde comienza
tu vida, es dónde la terminas. Entonces, cree en ti mismo, estudia
bastante, sé tu propio modelo a seguir, cree que todo es posible y
siempre da lo mejor de ti. Recuerda que tu pasado no es necesariamente tu futuro.

Poco después de jubilarme del ejército, en 1993, di un discurso
en el Centro Kravis en West Palm Beach, Florida, para un grupo de
líderes civiles que estaba recaudando dinero para el Boys and Girls
Club del condado de Palm Beach. Antes del evento, visité Boys
and Girls Club en Delray Beach, también en West Palm Beach, una
ciudad donde viven los menos ricos y los trabajadores que trabajan
para los ricos. Quizá había centena de niños, entre diez y dieciocho
cho años, sentados en el piso frente a mí. Les hablé sobre cómo
fue crecer entre Harlem y el Bronx, y acerca de mi familia y mi
experiencia en la escuela. Los traté de arengar con el tono de las
historias de éxito de Horatio Alger. Cuando terminé, les pregunté
si tenían preguntas. Los más pequeños hicieron preguntas de niños
pequeños, como cuánto pesaba, sí había disparado a alguien y cuál
era mi color favorito. Los adolescentes preguntaron sobre mis aspiraciones y pensamientos sobre postularme para presidente o vicepresidente. Luego, un miembro de diez años de edad levantó su

mano y preguntó: «Quiero saber si piensas que estarías aquí hoy si a tus padres no les hubiera importado que estuvieras vivo o muerto». Estaba hablando sobre sí mismo. Mi primera respuesta fue: «No lo sé». Tras unos segundos organicé mis pensamientos y dije: «¿Sabes? Si tus padres no están contigo, eso no significa que las respuestas no estén a tu disposición. Las respuestas están aquí en el Boys and Girls Club, en tu iglesia, en tu escuela. Tú vienes a este club todos los días. Aquí las personas esperan ayudarte, enseñarte, asegurarse de que te diviertas. Puedes lograrlo si crees en ti mismo tanto como ellos creen en ti. No estoy diciendo que va a ser fácil, pero las respuestas están allí. Solo tienes que encontrarlas». No sé si lo convencí, pero sabía que tenía que hacer tanto como me fuera posible para ayudarlo a él y a los otros como él.

Puedes dejar la estela de una buena reputación. Pero la única cosa perdurable que podemos dejar al futuro es la próxima generación, nuestros niños, todos nuestros niños. Todos necesitamos trabajar juntos para darles el regalo de un buen comienzo en la vida.

Se trata de la gente

Hace un par de años, comencé a anotar historias, anécdotas y experiencias que han persistido en mi memoria y por las que sentía afecto. Ninguna era particularmente fuerte ni profunda. Ninguna ofrecía pensamientos profundos sobre los grandes problemas de la época ni sobre las grandes estrategias para enfrentarlos. Eran, más que todo, historias de interés humano que pensaba usar en discursos y apariciones públicas. El presidente Reagan tenía un archivo de chistes. Yo pensaba en algo parecido.

La mayoría de mis historias me hacían sonreír. Por ejemplo, una noche Alma y yo fuimos al cine en un centro comercial cercano. Mientras caminábamos hacia nuestro carro, la mujer que estaba estacionada a nuestro lado nos vio y se nos acercó. «Oh», dijo, «yo sé quién eres. ¿Eres...?». No podía recordar el nombre, así que se paró por un momento para darse la oportunidad de buscar en su memoria. Alma entró en el auto. Tras un largo minuto le dije: «Señora, soy Colin Powell». Me miró desconcertada y dijo: «No, ese no es el nombre que estoy buscando». Luego entró en su carro y se fue. A menudo soy reconocido como alguien que debería ser reconocido, pero muchas veces me confunden con otra persona. Justo el otro día, en el aeropuerto de Atlanta, un turista alemán me señaló a su esposa. «Ese es el general Schwarzkopf», le dijo. Cuando ocurren esas equivocaciones, Alma no me permite decirle inmediatamente a la gente que soy Denzel Washington.... ¡Si tan solo pudiéramos escoger la gente con las que nos confunden!

A lo largo del tiempo, las historias comenzaron a acumularse, y comencé a preguntarme si podían constituir el fundamento de un libro. La mayoría se parecían a las que conté en la primera mitad de mis memorias, *My American Journey*: una compilación de historias personales sobre cómo crecí, cómo aprendí de las buenas y malas experiencias, y cómo me desarrollé como un oficial del ejército. La gente recuerda mucho más esos relatos que la segunda mitad del libro que habla de eventos más serios y profundos de los años ochenta y noventa, como el final de la Guerra Fría, la Tormenta del Desierto, la reorganización de las fuerzas armadas, la unificación de Alemania y muchas más. Quizá los historiadores puedan encontrar interesantes esas páginas, pero diecisiete años después de haber publicado por primera vez *My American Journey*, todavía me preguntan sobre las historias personales, las que hablan de la gente normal. He adaptado muchas de ellas para este libro.

Cuando la pila de historias garabateadas se volvió lo suficientemente pesada, se la mostré a un grupo de amigos cercanos y agentes de confianza. Sus respuestas fueron gratificantes. «Estas historias no solo crean una lectura placentera», me dijeron. «Sino que también te enseñan algo importante sobre la vida y el liderazgo. Otras personas pueden aprender de ellas. ¿Por qué no las conviertes en un libro?».

La mayoría de los capítulos en el libro nacieron de aquella pila de historias garabateadas acerca de gente que me he encontrado en la vida: familia, amigos, colegas, jefes, seguidores, adversarios, uno o dos enemigos, algunos ricos, algunos pobres, algunos grandes y poderosos, otros no tan grandes ni tan poderosos.

He aprendido de la mayoría de las personas que he conocido y he tratado de inspirar a la gente que he liderado. La vida y el liderazgo no pueden tratarse de *mí*. Tiene que tratarse de *nosotros*. Tiene que tratarse de la gente. Recuerdo haber ido a una ceremonia de ascenso en una pequeña oficina de Washington a principio de los setenta. No puedo recordar a quién estaban ascendiendo ni dónde fue la ceremonia. Pero recuerdo vívidamente que el que dio el discurso fue el almirante Hyman G. Rickover, el primero en implementar las fuerzas nucleares en la marina. Rickover era un líder áspero y exigente como pocos, y poseía una enorme influencia en el Capitolio.

Luego del ritual de ascenso, le pidieron a Rickover unas palabras que han permanecido en mi mente todos estos años: «Las organizaciones no hacen el trabajo. Los planes y los programas no hacen el trabajo. Solo la gente hace el trabajo. Las organizaciones, los planes y los programas ayudan o estorban a la gente».

La sabiduría de sus palabras ha moldeado mi vida.

En 1972, fui un White House Fellow. Desde entonces me he sentido cerca de los «Fellows», todos los años le hablo a la clase entrante; y todos los años les planteo el mismo punto: ninguna buena idea tiene éxito solo por ser buena. Las buenas ideas deben tener defensores, personas dispuestas a creer en ellas, a empujarlas, a pelear por ellas, a buscar nuevos seguidores y defensores, y a ejercer la presión suficiente como para que tengan éxito. Hay otra verdad que complementa a la anterior: las malas ideas no mueren solo por ser intrínsecamente malas. Se necesita que las personas se paren y peleen por ellas, que se arriesguen, señalen sus debilidades y terminen de lapidarlas.

La vida trata de sucesos; trata de retos cumplidos y superados —y los que no son cumplidos ni superados; trata de éxitos y de fracasos.

Sin embargo, más que la suma de todo esto, de lo que trata es de cuánto influenciamos y nos dejamos influenciar por las personas que conocemos. Se trata de la gente. Espero que esto se haya visto claramente en las páginas que acabas de leer.

La gente en mi vida me hicieron la persona que soy.

Agradecimientos

Quiero agradecer a mi esposa de casi cincuenta años, Alma, por su apoyo y comprensión mientras trabajé en este libro. Su motivación silenciosa y firme marcó la diferencia mientras trabajaba en mi oficina en casa, conocida cariñosamente como el búnker. No hubiera podido hacerlo sin ella, y sin el amor y el estímulo de nuestros hijos Michael, Linda y Annemarie.

Mi agente, Marvin Josephson, hizo de nuevo un extraordinario trabajo como pequeño terrateniente con HarperCollins para publicar el libro. Marvin fue mi agente con el libro *My American Journey*, hace casi veinte años. Durante el tiempo transcurrido entre los dos libros ha sido un gran amigo y confidente. Es el mejor en su trabajo.

Tony Koltz, un distinguido autor y colaborador, fue mi mano derecha y un colega indispensable para darle orden y precisión al libro. Aprecio profundamente todo su arduo trabajo y la dedicación que le brindó a este proyecto. Cuando me comprometí con Tony, no sabía que también obtendría la ayuda de su esposa, Toni Burbank. Toni, una editora muy reconocida y respetada, sirvió como mediadora cuando Tony y yo estábamos en desacuerdo. Por lo general, ella estaba a favor de Tony y, casi siempre, ambos

estaban en lo correcto. En algunas ocasiones revocaba sus sugerencias, solo para demostrarles que los generales tenemos el control, o creemos tenerlo.

Peggy Cifrino y Leslie Lautenslager han sido mis queridas
ayudantes durante veinte años, incluyendo el periodo en el Departamento de estado. Peggy maneja mi oficina y mi vida. Leslie
trabaja en el Washington Speakers Bureau, y yo soy su encargo.
Ella me lleva por el mundo entero con eficiencia y cortesía.
Hemos sido un buen equipo por largo tiempo. Ambas han trabajado en este libro desde el principio, dando ideas, comentarios y
críticas. Buena parte de esta obra representa la forma en que ellas
trabajan. Son tesoros.

Mi agradecimiento a Edwin Lautenslager, hermano de Leslie,
quien organizó el primer borrador del libro, para que tuviéramos
algo que mostrar a la gente. Si bien Edwin me hizo empezar, fue
Margaret Lautenslager, madre de Leslie y de él, quien le dio la lectura final con el ojo perspicaz de una maestra de escuela exigente
calificando a un alumno.

No puedo decir lo suficiente sobre el equipo de HarperCollins. Ellos vieron inmediatamente la virtud de este libro. Aprecio
profundamente todo lo que han hecho para darle forma, promo-
cionarlo y llevarlo al público. Un agradecimiento especial para
Tim Duggan, mi editor, por su minuciosidad y sus sugerencias.
Su aporte más importante fue comprender lo que estaba tratando
de hacer y ayudarme a hacer realidad la idea. Mi agradecimiento
a todo el equipo de HarperCollins, incluyendo a Brian Murray,
director ejecutivo; Jonathan Burnham, editor; Kathy Schneider,
editora asociada; Tina Andreadis, directora de publicidad; Beth
Harper, publicista y Emily Cunningham, editor asistente, y a todos
aquellos que trabajan para ellos.

Susan Lemke y su equipo, quienes manejan mis papeles en la
National Defense University, proporcionaron una magnífica ayuda
ubicando en un santiamén papeles escondidos y fotos viejas.

Recibí invaluables consejos de un grupo cercano de amigos que leyeron el manuscrito mientras lo desarrollaba. El comentario más esperado fue el de mi antiguo colaborador, Joe Persico, quien trabajó en mi libro de memorias, *My American Journey*. Fue un gran alivio cuando Joe nos elogió a Tony y a mí por el manuscrito.

Marybel Batjer, una de mis más cercanas amigas y colegas, me dio excelentes sugerencias. Tina Brown y Harry Evans me dieron la motivación inicial y unas observaciones sagaces por las cuales les estoy agradecido. Grant Green y Bruce Morrison fueron de mucha ayuda en el capítulo de Brainware. Larry Wilkerson, que vivió conmigo el periodo en el que trabajé en la ONU, me ayudó en el capítulo que trata sobre ello.

También me beneficié de la ayuda de muchos otros, demasiados como para mencionarlos a todos. Este es particularmente el caso de los miembros de las fuerzas armadas con los que presté servicio. Ellos fueron la inspiración para gran parte de este libro. Les doy las gracias a todos.

—*Colin Powell*